# 통합 도시

# 통합 도시

**초판 1쇄** 2019년 7월 23일
**지은이** 메릴린 해밀턴
**옮긴이** 김영
**펴낸이** 권경미
**펴낸곳** 도서출판 책숲
**출판등록** 제2011-000083호
**주소** 서울시 용산구 후암동 8
**전화** 070-8702-3368
**팩스** 02-318-1125

ISBN 979-11-86342-25-1 93300

이 도서의 국립중앙도서관 출판시도서목록(CIP)은 서지정보유통지원시스템 홈페이지(http://seoji.nl.go.kr)와 국가자료공동목록시스템(http://www.nl.go.kr/kolisnet)에서 이용하실 수 있습니다.(CIP제어번호 : CIP2019026991)

*값은 뒤표지에 있습니다.
*잘못 만든 책은 구입하신 서점에서 바꾸어 드립니다.
*책의 내용과 그림은 저자나 출판사의 서면 동의 없이 마음대로 쓸 수 없습니다.

# 통합 도시

메릴린 해밀턴 지음 | 김영 옮김

책숲

## 167    6장 외적 지능

## 196    7장 구조지능

**Evolutionary Reflections**

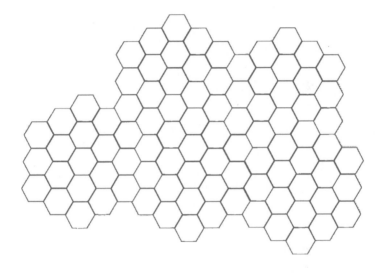

서문
———
**진화적 성찰**

●　●　●

꿀벌이 그들의 진화 계통수에서 맨 꼭대기에 있다면
인간은 우리가 속한 종에서 가장 진화했다.
　- 굴드 & 굴드, 『꿀벌 *The Honey Bee*』

모든 것이 지구적이고 참으로 우주적이다. 왜냐하면 모든 것이 다 연결되어 있고,
모든 것의 기억이 시공간 전체로 확장되기 때문이다. 이것이 바로 연결되어 있는
우주의 개념이며, 앞으로 과학과 사회의 특징이 될 세계관이다.
　- 라즐로, 『과학과 아카샤장』

## 통합 시스템으로서 도시 메타 분석

도시를 통합 시스템의 관점으로 보는 메타 분석이 지금 왜 필요할까?

지난 백 년 동안의 도시는 자생도시와 계획도시로 분류할 수 있다. 자생도시는 우리가 흔히 보는 도시를 말한다. 대부분 계획되지 않고 자체적으로 진화하며, 사람들이 무리 지어 사는, 최적화되지 않은 곳이다. 이에 반해 계획도시는 아랍 에미리트 사막에 등장한 도시처럼 개발자, 건축가, 공학자의 모니터에 떠 있는 CAD/CAM 설계도와 유사할 것이다. 계획도시는 정교하고 기능적으로 잘 정돈되어 있지만 인간의 삶을 위한 보다 최적인 환경을 창조하려면 기술적 부분을 넘어 문화적이고 사회적인 부분도 채워져야 한다. 그러기 위해서는 도시를 창조해야 하며, 문화와 사회에 정통한 사람들을 설계 과정에 참여시켜야 한다.

가장 오래된 도시의 역사는 얼마나 되었을까? 우리가 도시를 어떻게 정의하는지에 따라 기원전 5000~3000년까지 거슬러 올라가야 할 것이다.[1] 마야 문명의 도시, 태평양 제도, 전설의 섬 아틀란티스 등 인류의 잃어버린 도시[2]에 대해 우리는 얼마나 알고 있을까? 인간의 본성을 통해 도시의 본질까지 알 수 있을까? 인간 본성이 환경에 적응하고 발달하고 진화하며 환경과 함께 형성되는 복잡한 것이라면, 도시는 이러한 특성을 3차원에서 어떻게 반영해온 것일까?[3]

자생적이건 길들여졌건, 혹은 잃어버렸건 발견되었건, 아니면 자기 조직적이건 계획되었건, 도시의 기능은 인류에게 도움보다 위험 요소가 되어왔는지 모른다. 인류는 인구 2000만이 넘는 거대 도시를 만들었다. 이제 이러한 도시는 엄청난 열을 발산하면서 지구의 기후를 변화시키고 생태계를 파괴할 정도로 자원을 소모하고 있다.[4]

## 새로운 도시 과학

지금 단계에서 도시를 연구하는 새로운 과학은 어디쯤 와 있을까? 도시를 개척한 위대한 선구자들의 후손은 어디에 있을까? 패트릭 게데스Sir Patrick Geddes, 루이스 멈포드Lewis Mumford, 제인 제이콥스Jane Jacobs의 역할을 물려받은 사람은 누구일까? 어째서 우리는 인간의 집단적 욕구보다 개미나 꿀벌, 흰개미의 집단적 삶을 더 궁금해할까?[5] 인간에게 도시는 단순히 물리적 인공물일까, 인간 의식의 예술적 표현일까, 아니면 재앙을 가져올지도 모를 시행착오에 대한 거대한 실험 혹은 제한된 통찰로 해석하고 분석할 수밖에 없는 역동적 변화일까? 도시는 인류의 출현과 환경의 지속 가능성, 지구의 안녕을 어떤 방식으로 알려줄까?

도시는 토머스 바넷Thomas Barnett이 『펜타곤의 새 지도The Pentagon's New Map』(2005)에서 분명히 밝혔듯이, 세계의 연결된 부분과 연결되지 않는 부분 사이의 간극을 좁히는 문제에서 어떤 역할을 해야 할까? 토머스 프리드먼Thomas Friedman이 말했듯이(2005) 기술에 민감하게 반응하며 창발하는 세계 속에서 도시는 어떻게 변화할 것인가? 토머스 호머-딕슨Thomas Homer-Dixon(2006)이 지적했듯이 인구 과잉, 에너지 고갈, 환경 파괴, 기후 변화, 경제적 불안정이라는 집중화된 구조적 스트레스에 직면하고도 도시는 충분한 회복력을 지니고 번성할 것인가?

## 다양한 학문 분야의 통합

도시를 통합 시스템으로 재구성하기 위해 다양한 학문 분야를 어떻게 통합할 수 있을까? 『통합 도시』는 통합 시스템으로 보는 메타 분석틀을 제공하여 인간의 삶을 최적화하고 지구의 생명에 가치를 더하는 문제를 다루고자 한다. 인간은 진화계통수에서 척추동물의 정점에 있다. 우리는 자신의 의식을 의식할 수 있는 인간이다. 따라서 단순히 호모 사피엔스Homo sapiens가 아니라 호모 사피엔스 사피엔스Homo sapiens sapiens이다.

도시는 호모 사피엔스 사피엔스를 위해 창조되었고, 호모 사피엔스 사피엔스가 창조한 가장 밀집된 형태의 거주지다. 온전하며 살아 있는 시스템이라는 맥락에서 도시를 탐구하고자 나는 무척추동물 진화의 정점에 있는 종, 즉 꿀벌Apis mellifera의 벌집을 이용했다. 복잡성의 가장 깊은 수준에서 통합 메타 지도를 활용할 수 있어 이전의 분석틀보다 더 많은 통찰을 준다. 벌집을 통한 메타 분석틀은 도시의 지능을 이해하는 데 깊이를 더할 것이다.

나는 통합 시스템 사고를 이용하여, '연결되어' 있으며 영원히 형성 중인 환경이라는 맥락에서 도시를 생각한다. 이는 도시의 경제적·사회적 능력을 규정하는 존재 기반이다. 지속 가능성의 이론과 실제에 대해 고민하면서 피상적 수준의 가능성을 넘어, 창발이 함축하고 있는 바를 고민해야 할 필요를 느낀다. 인간에게는 끊임없는 적응과 변화가 요구된다. 그런 의미에서 결코 끝나지 않는 과제라고 본다. 도시는 홀로그램이며 나아가 인간 시스템의 프랙탈과 같다고 본다. 홀로그램은 사진 감광판에서 반사된 레이저 광선이 3차원으로 실체를 표현하는 것이다.[6] 프랙털은 반복되는 비선형 패턴으로 프랙털 실체에 내재된 단순 규칙을 따라 무한하고도 다양하게 자연계에서 나타난다. 그 예로 해안선, 구름, 나무, 마을, 신체, 행동, 벌집, 도시 등을 들 수 있다.

나는 사상한(주관적·상호주관적·객관적·상호객관적 측면)의 다층적 통합 분석 틀을 사용하여 도시 특유의 역량과 특성을 살펴볼 것이다. 이러한 통합 분석틀의 핵심 관점은 나, 너/우리, 그것이라는 일인칭, 이인칭, 삼인칭의 목소리로 세계의 모든 언어에서 표현된다. 다시 말해 삶을 주관적·상호주관적·객관적·상호객관적으로 경험하며 복잡하게 얽혀 있는 마음, 가슴, 몸, 정신으로 표현되는 것이다.

이 책에서는 도시 구조와 기반 시설은 지구 생태계의 자연 시스템에서 나오며 이는 서로 연결되어 있다고 가정한다. 나는 외면적인 지구 생태계뿐 아니라 내면적인 도시의 인간 생태계의 역학도 탐구하고자 한다. (나의 생각은 게데스나 멈포드의 사상과 통하며, 이들은 도시 생활의 생명력에서 개체 및 집단의 기여와 참여를 강조했다.) 연구를 통해 효과적인 도시 리더십에는 인간 개체 및 집단의 발달 역학이 필요하며, 물리적 신체뿐 아니라 마음, 가슴, 정신의 지능도 포함되어야 한다는 것을 알았다.[7] 구성원과 환경에 맞는 효과적이고 적절한 리더십은 언제나 그러한 이해를 필요로 한다.

꿀벌의 벌집이 유지되기 위해서는 들판의 꽃가루 또한 유지되어야 한다. 나는 에너지가 요동치고 흐른다는 맥락에서 도시를 인간의 벌집으로 간주한다. 도시는 지구의 에너지 시스템에서 분리된 것이 아니라 통합되어 있는 일부다. 그래서 작가 웬델 베리Wendell Berry에게서 문화와 농업의 연결을 시적으로 표현한 심오한 문장[8]을 빌리고자 한다.

"도시는 벌집과 마찬가지로 지구의 양분을 이어주는 생명의 마디이고, 우리는 그 마디를 물리적 심리적 문화적 사회적으로 경험한다."

우리는 도시를 길들였다고 생각하지만, 오히려 전체에 가치를 더하는 시

스템에서 단절되고 분리된 개별 저장고—사일로silo—를 만들었다. 위험하게
도 우리는 시스템의 연결을 보지 못하고 있다. 그리하여 통제가 어려운 새로
운 야생성이 등장했다. 이 책은 모두의 안녕을 위해 일터, 교육, 건강관리 시
스템의 변화를 통합해 진화된 지능으로 도시를 재구성하고 재설계할 것을
제안한다. 또한 자연의 이치에 따라 어떻게 이루어낼지 고민한다. 사람들과
도시가 성숙함에 따라 그 해법이 생겨나고 변화할 것이다. 게데스의 말에 귀
를 기울이면[9] 부모, 가족, 공동체, 문화 시스템은 도시의 번성을 이루는 데
통합적 역할을 하는 것으로 보인다.

　마지막으로 이제 고인이 된 제인 제이콥스[10]의 뛰어나고도 체계적인 통찰
에 깊은 존경을 보낸다. 이 책은 다양한 집단과 공동체의 구성원이 적응의
방법을 배우고, 에너지와 방향을 더 효과적으로 정렬해, 모든 시민이 일관되
고 온전하고 진화하는 삶의 경험을 만드는 도시를 생각한다. 하지만 우리는
어떤 공동체든 인간의 삶이 자연적 주기를 거친다고 추측한다. 도시 전체 삶
을 위한 역동적인 조건을 어떻게 창조할 수 있을지는 망상적인 평형 상태보
다 춤추듯이 오르내리는 주기에서 실마리를 찾을 수 있을 것이다.

　도시라는 주제에 매력을 느끼는 사람이 늘어나면서 생태도시, 생태마을,
창조도시, 혼혈도시 등 각자가 중요하다고 생각하는 부분에 대한 책들이 나
오고 있다. 어떤 이들은 도시의 기능, 다시 말해 재생 가능한 에너지, 교통[그
리고 안티테제인 스프롤(벌레가 나뭇잎을 먹어 들어가듯 도시의 주택이 도시 외곽을 잠식해
가는 상태—옮긴이)], 녹색건축, 무계획을 위한 계획 등을 다룬다. 또 다른 이들
은 지속 가능한 공동체, 지속 가능한 도시, 지속 가능성을 추구하는 비영리
기관인 내추럴 스텝(1989년에 스웨덴 과학자인 칼 헨릭 로버트가 스웨덴에 설립한 비영리
기관. 지속 가능성을 생활문화에 통합시키는 창조모델을 개발했다—옮긴이) 등 도시를 위
한 과정과 자원에 관한 내용을 다룬다. 이런 목소리나 관점은 도시에 관한 담
화에서 중요하다. 이들은 저마다 중요한 틈새를 보는 통찰과 지혜와 지식을 반

영한다. 하지만 그 어떤 것도 도시의 복잡성 수준에서 인간 시스템의 모든 분석틀을 담을 만큼 충분한 분석틀을 제공하지 못한다.

『통합 도시』에서는 전통적으로 그리고 현대와 포스트모던 시대에 등장한 도시 모델을 모두 초월하고 내포하는 발판으로서 통합 분석틀을 제안한다. 실험적인 이 책은 앞선 시대의 도시 연구에 관한 방대한 문헌을 아주 간략하게만 다루었다. 그 문헌들을 살펴보고 고찰하는 일이 앞으로의 과제다.

어떻게 통합 분석틀이 빠르게 증가하는, 도시의 수평적 포스트모던 담화를 묶어내고 거기에 통합도시를 구성할 수직적 관계 맥락을 더할 수 있는지를 대략적으로 살펴보고자 한다. 도시의 가치는 단순히 생존을 추구하는 자기중심적인 개체에서 나오지 않는다. 민족 중심적 집단의 소속감에서도 지역 혹은 국가의 생태를 지속하게 하려는 의도에서도 나오지 않는다고 본다. 이 메타 분석틀은 여러 학문 분야를 위시해 지식과 예술을 통합하고 인간의 의식과 협력, 능력의 진화를 뒷받침하는 방향으로 이끌어 세계를 고려하는 온전한 도시 시스템으로 재구성할 것이다. 그리고 지구라는 행성을 넘어 우주를 보는 삶에 가치를 더할 것이다.

각 장은 도시와 관련된 전체성의 여러 부분을 탐구하며, 전체성에 관한 원칙을 적용한 예를 사이드바에서 제시한다. 그리고 원칙을 명료하게 보여주는 규칙 세 가지를 제공하고, 통합도시에 대한 논의를 계속할 세 가지 질문으로 마무리할 것이다. 이는 모두 통합도시에서 전체성을 실천하고 도시의 내적 지능과 외적 지능을 심화시키기 위한 논의이자 접근이다.

Ecosphere Intelligence

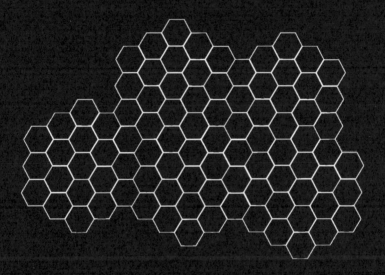

1장
—
생태지능

• • •

꿀과 고단백질 꽃가루는 곤충이 수분하는 꽃에서만 발견된다.
바람에 의존해 수분하는 꽃은 꿀벌에게 제공할 영양분이 거의 없다. (……)
수분을 해주는 꿀벌이 없으면 대부분의 꽃은 멸종할 것이다.
– 굴드 & 굴드, 『꿀벌』

'천연 자본'에는 인간의 경제활동에 필요한 천연 자원과 쓰레기 처리장뿐 아니라
생명 유지에 필수인 '서비스'를 제공하는 생태계 구성요소 간 관계 그리고 생물
의 물리적 과정도 포함된다.
– 리스 & 웨커너겔, 『생태발자국과 환경부하량』

## 기회와 한계

도시는 모두 똑같이 형성되지 않는다. 위치를 표시하는 경도와 위도는 행성의 운동 영역과 시간의 경계를 정한다. 이러한 인간이 만든 경계들은 효율적이기는 해도 도시의 환경과 생태를 형성하는 지질학적인 조건을 무시한다.

게다가 140억 년에 걸친 우주의 진화와 우주론이라는 지도에서는 지질학적 진화가 분명히 자연적 과정이겠지만, 인간이 만든 경계는 그러한 진화의 과정을 보여주지 않는다. 태양에서 세 번째에 위치한 암석 덩어리(지구)는 에너지, 물질, 빛 속에 있었고, 거기서 우리가 아는 모든 실체가 출현했다. 이런 시공간의 맥락에서 본다면 도시의 환경은 매력적이며 호기심과 경외감을 불러일으킨다. 은하계부터 태양계, 암석권, 수권, 대기권, 생물권, 인류권, 최종적으로 문명권에 이르기까지 끝없이 복잡성을 더해가는 진화의 지도에서 보아야 도시의 진정한 역사를 알 수 있다. 문명의 시작을 인류(호모 사피엔스 사피엔스)의 출현과 함께 보지 않는다면, 실제로 매우 짧은 역사로만 도시를 보는 것이다. 정체를 확인할 수 있는 인간 종의 존재는 대략 10만 년 전으로 거슬러 올라가지만, 최초의 도시는 5000년 정도에 지나지 않기 때문이다.

지질학적 조건이 서로 다른 도시는 같은 핵심 문제도 다른 방식으로 해결하면서 출현했다. 우리는 도시의 주요 서비스를 어느 시청 건물 안내판에 나와 있는 목록, 다시 말해 토지 이용, 물 관리, 폐기물 관리(고체와 액체), 교통, 건축물 등으로 생각하고 만다. 음식, 에너지 공급, 분배와 관리, 건강관리 또는 교육처럼 목록에 나오지 않는 주요 서비스에 적극적으로 관심을 기울이는 도시는 많지 않다. 민주자본주의든 혼합경제든 적어도 서구 세계에서는 이 같은 기능을 민간 부문이 담당하고 있다. 개발도상국에서는 대체로 정부 차원에서 관리한다. 어떤 형태의 거버넌스Governance(여기서 거버넌스는 공

도표 1, 1. 인류의 이동 경로를 보여주는 웰스의 지도.
출처: Wells, 2002.
(이 지도는 Y염색체 자료를 이용한 집단 유전학으로 얻은 것이다.)

| | | |
|---|---|---|
| M168 5만 년 전 | M45 3만 5000년 전 | M172 1만 년 전 |
| M130 5만 년 전 | M173 3만 년 전 | M17 1만 년 전 |
| M89 4만 5000년 전 | M20 3만 년 전 | M122 1만 년 전 |
| M9 4만 년 전 | M242 2만 년 전 | |
| M175 3만 5000년 전 | M3 1만 년 전 | |

공서비스 제공 또는 공공 문제 해결 과정에서 정부와 민간 및 비영리 부문 간의 협력적 네트워크를 적극적으로 활용하는 것을 말한다—옮긴이) 시스템이 발전하고 어떤 도시 정책이 유지되든 우리는 도시의 주요 서비스가 분리되고 단절되는 문제를 겪는다. 이것은 삶이냐 죽음이냐 하는 딜레마다. 50퍼센트가 넘는 인류가, 그들이 거주하는 외부 환경이 관리되지 못하고 있다.[1]

핵심은 도시가 어디에 있든 이런 기능들이 의식적 또는 무의식적으로 수행된다는 것이다. 그리고 이 기능들이 어떻게 수행될지 좌우하는 것은 결국 인간의 결정이 아니라 도시의 지질학적 환경이다.

혈액형 분석 기술과 인간 게놈 연구의 발전으로 이제 아프리카 사바나에서 인도 아대륙 해안 지역을 거쳐 오스트레일리아까지, 또 유라시아와 그 해안선, 태평양 섬들에 이르기까지 인류의 이동 경로를 추적할 수 있다(도표 1.1, Wells, 2002).

지리학자들마다 세계의 지리를 구분하는 방식에서 견해가 다르다. 인류의 여정을 나타내는 웰스Wells의 지도는 사실상 모두에게 적용된다. 유사한 방식으로 펠리페 페르난데스 아르메스토Felipe Fernández-Armesto[2]는 17가지 지리적 특성에 기초하여 인류 문명의 역사를 새롭게 썼다. 그는 아래와 같은 지리적 맥락에서 역사를 보았다(웰스가 면밀히 검토하여 밝힌 인류 여정의 순서를 반영했다).

1. 밀림
2. 초원 지대와 아프리카의 사바나
3. 유라시아 대초원
4. 온대 삼림지대
5. 열대 저지대
6. 습지
7. 마른 충적토
8. 구세계의 언덕과 산
9. 신세계의 언덕과 산
10. 작은 섬들
11. 아시아 해안
12. 지중해 해안
13. 남반구 해안
14. 북대서양 해안
15. 사막의 모래톱
16. 툰드라
17. 북극 빙하

어느 곳에 정착하든 사람은 물, 음식, 쓰레기 처리, 집, 옷, 에너지 등 생활의 필수조건을 확보해야 살 수 있다. 일단 사람들이 충분히 많이 모여 정착하면 일터와 교통수단을 만든다. 웰스의 Y염색체 연구와 『이브의 일곱 딸들』로 널리 알려진 여성 미토콘드리아에 초점을 맞춘 상보적 DNA 연구를 통해 인간 DNA에 남은 기록들을 읽기 전에도, 우리는 노래 가사, 서사시와 신화를 통해 다양한 환경 조건에 대한 이야기를 전파했다. 단순하게는 유적에서 과거의 정착 흔적을 발견하기도 했다. 고고학 연구로 밝힌 비밀들은 언제나 해석과 재해석이 필요하다.

## 다른 종에서 배우는 교훈

다른 종들이 자연환경(종종 세력권이라 불림)과 어떻게 관계를 맺는지 살펴보자. 우선 초원의 개나 토끼, 사회를 이루는 곤충처럼 규모가 큰 집단으로 진화하면, 그들의 역사에서 과다한 번식과 필수품 조달이 균형을 맞추는 주기가 반복된다는 것을 알 수 있다. 대부분의 경우 출생률과 먹이 공급 주기가 맞물려 작동해 균형을 유지한다. 조달이 번식의 수요를 만족시키거나 초과하면 출생률은 올라간다. 반대로 먹이 공급이 최소한의 필요보다 적으면 출생률이 낮아질 뿐 아니라 배고픔과 질병으로 인한 사망으로 집단의 규모가 준다. 이 같은 경험을 전근대적 시각에서 보면 홉스의 말처럼 삶은 "험하고 잔인하고 짧다"고 할 수 있다.

그러나 과학적이고도 지능적인 피드백 학습 구조를 통해 시스템적 사고와 복잡성을 창조해 식량 고갈 주기의 한계를 뛰어넘은 살아 있는 시스템의 예가 있다. 바로 꿀벌 시스템이다. 꿀벌은 개체뿐 아니라 벌집의 존속에도 초점을 맞춰 생명이 지속될 수 있는 시스템을 발전시켜왔다. 벌의 집단지성은 개체의 삶과 벌집의 존속을 보장하며 심지어 수분하는 꽃과 들판과 과수원에도 가치를 더하는 매우 교훈적인 사례다.

내가 그리는 통합도시는 꿀벌처럼 환경과 함께하는 것이다. 통합도시는 환경에서 얻는 자원으로 그저 살아가는 것이 아니라 적절한 자원을 의도적으로 환경에 돌려줌으로써 지속적으로 유지될 수 있다. 계절별 피드백 회로가 작동하여 도시가 유지되도록 한다. 음식과 관련해서도 새로운 가능성이 등장하고 있다. 여기에는 긍정적 요소와 부정적 요소가 공존한다. 긍정적인 예로 이탈리아에서 시작해 전 세계로 퍼진 슬로푸드 운동이 있다. 이는 지역에서 식료품을 조달해 단순하고 전통적이며 풍미를 더하는 방식으로 요리하고, 사회적으로 교류하며 음식을 나누는 데 있다.

빌 매키번의 보고서와 『100마일 식사the 100 Mile Diet』(2007)에 나와 있듯이 로컬푸드를 먹자는 제도적 움직임도 지역에서 조달하려는 시민 사회와 도시 기관의 실험에서 비롯되었다. 이처럼 도시가 다시 지역에 개입하려는 긍정적인 움직임은 식품을 수출하는 나라의 허술한 식품 공정이 야기한 끔찍한 상황과도 관련이 있다. 이들 나라에는 안전 기준이 없거나 있어도 미비하여 제초제나 살충제, 독소가 섞인 위험한 식품을 타국에서 수입할 지경이다. 또한 소의 찌꺼기 고기를 가공하여 소의 사료로 쓰는 등 동물의 일부를 재활용하여 같은 종의 먹이로 쓰는 관행이 광우병(사람의 경우 변종 크로이츠펠트-야코프 병) 공포를 낳았다. 조류 독감, 구제역 등 다른 종 사이에서 전염되는 여러 불가사의한 질병이 발생하고 있으므로, 음식의 재료뿐 아니라 애초에 어떻게 키우는지에 더 관심을 가져야 한다.

이러한 끔찍한 경험으로 인해 '자연의 종말' 논쟁에 불이 붙었다.[3] 인간의 활동은 '자연'이 기능하는 데 영향을 준다. 인간은 자신이 하고 있는 것을 스스로 안다고 생각할 만큼 오만하다. 하지만 자연 시스템을 치명적인 함정에 빠뜨린 것에 무지하고 그 사실을 무시하는 태도를 보인다. 인류의 발달 과정

중 지금 단계에서도 우리는 옳다기보다 그를 때가 많다. 나는 세계화와 기술의 발달로 더 이상 지리적 제약을 받지 않을 것이라는 '지리의 종말'을 주장하는 사람들에게 그것이 성급한 결론이라고 반박한다. 그런 생각은 인간이 만든 시스템으로 지리적 한계를 극복할 수 있을지언정 무시해서는 안 된다는 사실을 깨닫지 못한 우월적 사고일 뿐이다. 지리가 인류에게 가하는 제약과 싸우는 사람들이 있다면 지구를 중심으로 생각하는 그들의 관점을 태양계나 은하계까지 넓혀주고 싶다. 통합 지리는 이 모든 것을 초월하는 동시에 내포한다.

그런데 에너지를 북돋우는 긍정적인 식생활 운동과 에너지를 고갈시키는 부정적인 기능 장애를 겪은 결과, 이제는 도시가 시골이나 주변 생태환경과 그 관계를 재조정해야 하는 여러 전략적 이유가 있음을 알게 되었다. 도시보다 시골에 사람들이 더 많이 살았을 때 시골과 도시는 더 가까이 연결되고 관계를 맺었다. 지금은 상황이 역전되어 이들 관계가 단절되고 분리되었고 가치를 인정받지 못한다. 지능적 통합도시라면 도시와 생태 지역이 긴밀히 통합되어 있음을 인식하고 진정으로 생태 지역을 부양해야 한다.

이산화탄소를 방출하는 화석연료의 사용으로 야기되는 지구온난화의 비용과 위험을 고려한다면, 식탁에 평균 2000킬로미터를 여행하고 온 음식이 올라오는 것을 알고, 생태 지역의 자원과 도시의 관계를 재조정해야 하는 실질적 필요성이 다시 대두된다. 이는 도시의 회복력과 도시의 책임성을 나타내는 척도가 된다.

상호연결을 높이 평가하는 것 또한 도시의 성숙도를 나타내는 신호다. 지금까지 우리는 도시가 중심이 된 시대를 살아왔다. 하지만 앞으로는 개인의 발달에서 가족 중심, 집단 중심, 종족 중심과 비교되는 생태 지역 중심의 시대를 살 것이고, 도시 역시 지구 중심적으로 살 것이다. 지구 중심 시대에는 지구의 가치에 무엇을 더하고 어떻게 하는 것이 좋을지 알 수 있을 것이다.

그러기 위해서는 지역의 가치를 무시하지 않고 지역에 가치를 더하는 방향으로 나아가야 한다. 도시가 그렇게 할 수 있을 때 비로소 우리는 세상에 가치를 더할 수 있다.


### 위치, 위치, 위치

꿀벌이 지리적 환경에 적응한 것처럼 인간도 기반 시설 문제에 대해 다른 해결 방안으로 접근해야 한다. 자원 면에서 보면 위치에 따라 특유의 물질, 에너지, 정보가 있다. 오랫동안 인간은 특정 환경에 적합한 도시 기반 시설을 마련하고자 서로 다른 기술 방안을 찾고 발전시켜왔다. 여기에는 창조적 발상과 실험 정신이 필요했다. 예를 들어 건축 자재는 지리적 위치와 무관할 수 없다. 어느 지역에서 쉽게 구하거나 사용하는 것이 다른 지역에서는 아예 구할 수 없거나 적합하지 않을 수도 있다.

역사에는 이러한 교훈을 비싼 대가를 치르고 배운 경우가 많다. 한 예로, 미국 서부 해안의 캘리포니아 선벨트 지역을 들 수 있다. 그곳의 건물은 편평한 지붕 구조가 발달해 있다. 그런데 북쪽으로 2000킬로미터 떨어진 브리티시컬럼비아의 온대 우림 지역에 이 건물 디자인을 본떠 아파트와 콘도를 지었다. 얼마 지나지 않아 건물 외벽 공사는 실패하고 말았다. 편평한 지붕에 빗물이 고여 벽의 목재가 썩었기 때문이다.

이런 예를 보더라도 지리적 환경이 다르면 생존에 필요한 기초적인 일에도 다른 기반 시설이 필요하다는 사실을 받아들일 이유가 충분하다. 이러한 고려 없이 적절치 못한 기반 시설이나 기술을 도입한다면 서비스를 제공하는 도시의 능력에 심각한 제약과 한계가 생긴다. 최근에는 이러한 제약과 한계의 원인을 지리적 생태 환경의 수용 용량보다는 우리의 기술 수준에서 찾고 있다.

증거가 있다. 지구의 모든 도시가 사람의 기본 생활수준을 충족시키려고 발전하지는 않았다. 하지만 사람들은 부의 유지와 축적에 드는 비용은 고려하지 않고 부를 극한까지 축적할 수 있다고 간주한다. 도시가 마을, 소도시, 대도시 센터로 커짐에 따라 완벽한 예가 나타난다. 도시가 확장될 때마다 사람들이 정착하는 데는 교통수단과 건축재, 일반 소비재 등이 새롭게 필요하다. 거리가 늘어날수록 교통수단에 대한 딜레마도 새로이 발생한다. 하지만 지금까지 인간은 자원이나 에너지, 공기 등 생명을 위협하는 여러 환경오염 등의 문제는 전혀 상관없다는 듯 새 이동수단을 끊임없이 개발했다. 그렇게 해서 공기오염과 교통체증이 발생하는 조건을 만들었다.

지능적인 통합도시조차도 환경의 수용 용량에 도시의 크기를 의도적으로 맞추려고 제한한 경우가 거의 없다. 아주 드물게 몇몇 예외가 있다. 브리티시컬럼비아 주 휘슬러의 리조트 개발자들은 호텔의 침대 수를 제한했다. 멕시코 정부는 바하 반도의 관광지를 개발할 때 침대 수와 물 사용량 기준을 정했다. 하지만 대다수 도시들은 도시의 수요를 지질학적·생물학적 수용 용량에 맞추려는 고민 없이 물, 물질, 에너지를 무분별하게 소모한다. 한여름에 잔디에 주는 물 사용량을 제한함으로써 자원을 절약한 시청도 있지만, 대부분의 도시는 도시의 삶이 도시를 지탱해주는 환경을 위험에 빠뜨리고 있음을 알려주는 적절한 정보를 놓치고 있다.


## 회복력 찾기


지속 가능성에 대한 최근의 과학 연구는 우리가 사는 지구의 수용 용량에 한계가 있음을 확인시켜준다. 생태발자국은 이러한 가정들을 속속들이 확인시켜준다. 만약 모든 도시가 선진국 수준으로 작동한다면 지구가 넷 또는 그 이상이 필요하다고 한다.[4] 지구의 조건에 근거한 수용 용량과 한계를 존중하지 않는다면 인간의 정착은 다른 동물 종에 적용되는 것과 같이 자연 법칙의 지배를 받게 될 것이다. 혹자들은 인간이 역사의 교훈을 잊었다고 말하지만 우리가 지능적인 도시에 관해 배운 적이 있는지조차 의심스럽다. 우리가 교훈으로 삼을 만한 것은 실패한 실험이 남긴 인공물들뿐이다. 역설적이게도 그러한 흔적들은 교훈의 순간이 도시(또는 문명)의 절정기 바로 뒤에 왔음을 보여준다.[5] 변화의 시점이 도래하면 도시든 문명이든 이미 늦었다. 마야 문명의 중심지 욱스말, 고대왕국 아슈케나지, 이스터 섬의 석상 유적에 묻힌 사연들처럼 지역마다 들려줄 이야기가 분명히 있을 것이다.

현대에 재앙을 경험한다고 해서 이러한 현실의 문제가 줄지는 않는다. 세계의 위기 대처 시스템은 다양한 지진 참사를 겪은 지역(샌프란시스코, 오사카, 로스앤젤레스, 멕시코시티)에 회복의 기회를 주기도 했지만 다른 경우에는 효과가 없었다.[6] 인도양 쓰나미와 미시시피 강 범람에서는 부분적으로 효과가 있었으나, 2005년 허리케인 카트리나가 뉴올리언스의 제방을 무너뜨렸을 때는 심각한 타격을 입었다. 도시 건축물, 서비스, 유지 관리 시스템에 지능적 설계가 없다는 것은 언젠가 여러 곳을 동시에 강타할 다중 재앙이 인류의 대응력과 구조 능력을 넘어설 것임을 의미한다.

우리에게는 인류의 정착을 지속시킬 철학이나 과학이 없다. 통합도시가 주목하는 부분이다. 유엔 보고서 『세계 도시들의 상태*The State of the World's Cities*』[7]가 이미 자료를 많이 확보하고 있는 도시 기반 시설의 주된 문제들, 다시 말해 빈곤이나 슬럼화, 오염 등만 보고해서는 안 된다. 단순히 주요 문제를 다룬다는 이유 때문에 최고의 시행 사례만을 보고해서도 안 된다. 이 보고서가 생태 지역과 지구 전체의 수용 용량과 도시의 관계를 다룰 수 있어야 한다.

이 책 『통합 도시』는 조절할 수 있는 변수를 이용해 현존 도시가 회복력을 찾는 방법을 적고 있다. 인류가 지구에 기여할 수 있도록, 최적의 수준에서 시스템을 만들고 유지할 수 있는 새로운 도시를 만들기 위해 그러한 변수들을 찾는 것이기도 하다.

우리만 더 나은 방안을 찾고 있는 것은 아니다. 건축가 크리스토퍼 알렉산더Christopher Alexander가 질서의 본질을 깊이 파고들어 기준을 마련했으나 아직 그 진가를 알아보는 사람이 별로 없다. '요람에서 요람까지', 생태주의 디자이너 빌 맥도너Bill McDonough는 살아 있는 시스템을 끌어안는 디자인을 만들었다. 생명력을 부여하는 디자인을 창조하는 실험에 과감히 도전하는 디자이너가 거의 없다. 종종 신도시 또는 의도적인 커뮤니티 개발자들이 단지 자금을 끌어들이기 위해 통합 시스템 접근법을 채택하지만 그러한 시도에서도 창조물을 번성하게 할 핵심지능은 빠져 있다(일본의 수상 도시, 두바이의 사막 도시, 바하 반도의 여러 개발자들이 떠오른다).

## 생태발자국 적용하기

꿀벌은 환경과 공존하여 스스로를 진화시켜왔기 때문에 꿀벌의 전략은 지속 가능하다. 벌집을 유지하기 위해 매년 18킬로그램의 꿀만 생산하는 것은 한계를 제한하는 것이며 작동 의도를 규정하는 것이다. 벌집의 모양과 크기에는 이유가 있고 기후 조건과도 관련 있다.[8] 벌들이 열을 너무 많이 발생시켜 벌집을 서늘하게 유지할 수 없으면 벌들은 떼를 지어 이동하고 놀라운 지능을 발휘하여 과도해진 꿀벌 집단을 내보내 새 벌집을 건설한다.

그럼 이 18킬로그램의 꿀에 해당하는 인간의 목표는 무엇일까? 도시마다 인구가 환경에 부과하는 부담 전체를 측정하는 생태발자국[9]과 관련 있지 않을까? 생태발자국은 "그 인구가 소모하는 자원과 방출하는 쓰레기를 현재 수준으로 유지"하고자 할 때 필요한 토지의 면적으로 환산한다.[10] 생태발자국은 자원 소모량(에너지 사용량으로 측정)과 토지 면적을 나타내는 표준이다(음식, 주거, 교통, 소비재, 서비스의 5개 소비 범주와 에너지 생산 소비, 구조물 환경, 정원, 경작지, 초지, 인공림, 자연림, 비생산적 토지의 8개 토지 이용 범주로 나누어 총소비량을 산출하고 이를 생산하는 데 사용된 1인당 토지 면적을 추정하는 방식으로 측정 대상 지역의 연평균 개인 소비량을 도출한다. 요점은 생태발자국을 줄이는 것이 하나뿐인 지구에 이롭다는 것인데, 그러기 위해서는 자원 낭비를 최소화하고 대체 에너지를 개발하여 환경 파괴와 자원 고갈을 막아야 한다는 것이다. 7장에서 자세하게 다룬다—옮긴이).

생태발자국은 천연자원에 근거를 둔 활력 징후 모니터를 개발하기 위한 첫 단계다. 생태발자국은 자원 소모량과 토지 대체를 측정하여, 도시가 주변 환경 또는 멀리 떨어진 지리생태 지역에서 천연자원을 얼마나 빌려 썼는지를 깨닫게 함으로써 경종을 울린다. 수식으로 나타낸 자원 소모량은 특정 도시를 유지하기 위해 '꿀'이 얼마나 필요한지 알려준다. 한편 토지 대체 측정값은 인간 거주지 유지에 땅이 얼마나 필요한지 가늠케 한다.

생태발자국 계산에 따르면 우리 모두가 미 대륙의 소비 수준을 유지하기 위해서는 지구 면적의 3배가 넘는 땅이 필요하다(세계자연기금World Wide Fund for Nature, WWF이 발표한 「2014 지구생명보고서」에 따르면, 지구 생태계가 스스로 회복할 수 있는 생태발자국 한계치는 1인당 1.7ha이다. 1995년을 기준으로 한계치를 넘어선 대한민국은 31위에 올랐는데, 4.41ha를 기록해 평균에 비해 1.7배 높은 수치를 보였다. 즉 현재 한국인이 사는 방식을 유지하기 위해서는 지구가 2.5개 필요하다는 뜻이다. 8위에 오른 미국의 경우 같은 방식으로 살려면 지구가 3.9개나 필요하다. 이 상태로 가면 2050년에는 전 세계 사람들이 평균적으로 지구 3개 정도 규모의 자원을 소비할 것으로 예측된다—옮긴이). 물론 이런 계산은 현실성도 없고 받아들일 수 없을 것이다. 자연과 문화에서 얻는 교훈은 인간 스스로 행동에 책임을 지고 도시 생태발자국의 크기를 줄여 지속 가능하면서도 생존에 필요한 자원이 무엇인지 재조정하고 재창조해야 한다고 가르친다. 필요한 자원을 충분히 안다면 세계 각 지역을 유지하게 해줄 자원의 소비 수준을 계산할 수 있다.

이런 결론은 새로운 것도 아니고,[11] 논쟁의 여지가 있지도 않다. 지구온난화 진행을 보여주는 10년 동안의 기록과 최근의 기후변화 측정치는 벌들처럼 '이제 떼를 지어 이동할 때'를 알리는 열 신호일지도 모른다.[12] 우리는 또 다른 지구를 한두 개쯤 더 만들 수 있는 수준에 이르지 못했다. 그러니 '몸집을 줄여야' 한다. 이는 자원 소비를 줄이고 지역과 전 지구의 과도한 열 발생을 낮출 방법을 찾아야 한다는 의미다.

원칙은 간단할지 모르지만, 이 상위 목표를 달성하기 위해서는 서로 연결되어 있는 여러 선택지를 조절해야 한다. 단순히 많은 사람들이 이미 자신의 권리라고 생각하는 것을 낮춘다고 해서 성공할 수는 없다. 그보다는 긍정적인 상위 목표를 찾고 건강과 웰빙이라는 하위 목표를 제공할 수 있어야 한다. 단순히 국민행복지수의 문제가 아니다. 기지를 발휘하여 우리의 의식 수준을 뒷받침할 수 있도록 기후 수준, 지질학적 수준, 생물학적 수준에서 웰빙을 평가해야 한다.

일부에서는 쉬운 해결책으로 화석연료를 바이오매스나 메탄 같은 재생 가능한 에너지로 대체하면 된다고 말한다. 그 방법이 하나의 전략은 될 수 있겠지만, 재생 가능한 연료를 생산하는 데 토지를 이용하면 결국 식량 작물을 얻거나 거주지로 활용하는 등의 다른 용도에서 에너지를 돌려쓰는 셈이 된다. 생물 연료의 생산에도 귀중한 물 자원이 필요하며, 우리는 지구온난화만큼이나 물 순환의 주기와 한계에 대해서도 잘 알지 못한다.

생존에 대한 해법이 아무리 다루기 어려워도 불가능한 것은 아니다. 벌집 같은 살아 있는 지능적 시스템을 연구해 소비와 토지의 생산 능력 사이에서 균형을 맞추는 법을 알아낸다면 인간의 시스템에도 적용할 수 있다. 조지 몬비오George Monbiot 같은 창조적인 에너지 전문가들은 지구온난화 문제를 다루는 데 에너지 기술을 총동원하기 위해 필요한 지식을 모으고 있다.[13]

토지 이용에 대해 책임을 진 또 다른 예는 캐나다 원주민들의 영토 관리법에서 찾아볼 수 있다. 이는 우리가 어느 방향으로 나아가야 할지 알려준다. 북아메리카 대륙 북서쪽 태평양 해안에서는 전통적으로 원주민 부족들이 하천 유역을 나누어 관리한다.[14] 그렇게 함으로써 생명의 원천인 물에 대해 책임을 절감했으며, 겉보기에 단순한 관리 활동을 통해 각 부족은 하천 유역을 보존하는 법은 배울 수 있었다. 그럼으로써 미래 세대의 생존을 보장해줄 지혜를 발견했고, 그들 문명의 기후-지질-생물학적 상황에 기초하여 행동하는 책임감을 길렀다. 완벽하지 않더라도 (생명의 스펙트럼을 따라) 모든 시스템의 상호 연결을 존중하는 전통은 생명과 도시를 자기중심적으로 보는

## 수상 도시의 영향을 최소화하다

공해상에서 작은 도시를 관리하는 홀랜드 아메리카 라인Holland America Lines 에서는 유람선이 해양 환경에 미치는 영향을 최소화하기 위해 환경 관리 책임자를 두고 있다. 새 유람선에는 연료 정화기와 폐수를 음용 가능 수준까지 정화해 바다로 배출하는 재활용 설비가 장착된다. 그런데 캘리포니아에서 최근에 제정된 해안 관련 법률이 환경 영향을 줄이는 데 역효과를 내고 있다. 로스앤젤레스 항에서는 그 지역 해안에서 12노트로 속도를 유지하는 선박에 포상을 한다. 하지만 한 선장의 말에 따르면 법규도 따르고 선박의 운항 일정도 맞추기 위해 속도 제한 지역 밖에서 훨씬 더 속력을 올리는데 그 사실을 사람들이 잘 인식하지 못하고 있고 신경도 쓰지 않는다는 것이다. 이는 탄소 배출량을 그러한 지침이 없는 운항 경로 내 다른 지역으로 옮겨놓는 셈이다. 선장은 의도한 결과를 얻기 위해서는 경로상의 모든 도시에서 법규가 적용되어야 한다고 주장한다.

기계론적 시각을 능가했다. 통합도시의 철학은 어쩌면 캐나다 원주민의 위대한 창조주 이야기에 담겨 있는지도 모르겠다.

새로운 생물학[15]은 생명이 항상 진화하며, 인간도 다른 모든 살아 있는 시스템과 연결되어 있으므로 인간과 땅의 유대를 피할 수 없음을 보여준다. 통합도시도 땅 위, 물이나 빙하를 포함하여 적어도 지구 표면에 있으므로, 우리에게는 그러한 유대를 다시 검토하고 그 관계와 의무를 재조정할 책임이 있다. 소비로 인한 전반적인 영향을 판단할 수 있는 한, 차선의 소비와 과도한 소비 사이의 간격을 어떻게 평가할지 전망할 수 있다. 그 같은 소비 수준의 차이를 결정하는 일은 지리적 조건에 따라 다르다. 한 가지 방법으로 모두를 만족시키기는 어렵다.

생태발자국은 진지한 대화를 이어나갈 출발점이다. 지구온난화 지표는 기후 대혼란의 순간이 다가온다는 경고음이기도 하다. 우리의 지성도 흐름을 바꿀 안목을 제공하니 이제 질문을 던져보자. 지구, 각 지리생태 지역, 개인부터 도시까지 다양한 인간 시스템에서 웰빙은 무엇을 의미할까?

## 외부 환경을 도시 안의 삶과 연결하기

도시의 외부 환경을 도시가 세워진 환경이라는 맥락과 도시를 관통하는 자연환경이라는 면에서 말하자면, 도시의 존립이 물질적으로 환경에 얼마나 의존하는지 알 수 있다. 현대 도시 거주자들은 대체로 그 모든 것을 당연하게 여긴다. 그리고 마침내 자연의 힘이 재앙의 모습으로 실체를 드러내기에 이르렀다.

지진은 텔레비전 화면을 통해 자연의 힘을 이미지로 생생하게 보여준다. 하지만 환경 속에서 작용할 때는 미묘하며 막강한 파괴력이 사진으로만 스쳐

지나가 제대로 볼 기회는 드물다. 2006년에 밴쿠버 시는 주민들에게 2주 동안 물을 끓여 먹으라고 했고, 200만 명이 불편을 겪었다. 가을철 폭풍우로 진흙이 흘러내려 물의 혼탁도가 위험 수준까지 올라갔기 때문이다. 비슷한 예로, 2004년 토론토에서는 병원에 전염성이 강한 중증 급성 호흡기 증후군(SARS)이 돌았고 세계보건기구가 여행 주의보를 내렸다. 두 사례는 도시의 기반 시설이 얼마나 취약한지 예리하게 보여주며 서로 다른 유형의 위험을 보여준다. 전자가 지역적으로 발생한 사건인 반면 후자는 전 지구적 문제다. 사실 기후 문제가 전체 시스템의 현상이듯, 두 재앙 모두 실제로 서로 연결되어 있는 지구의 기후, 질병, 운송 시스템에 내재되어 있다. 중증 급성 호흡기 증후군은 대체로 토론토에 국한되어 있어 밴쿠버에서는 그다지 심각하지 않았지만, 세계 각지로부터 퍼질 수 있는 위험을 안고 있었다.

의식이나 의도, 책임 같은 쟁점이 물질적 문제를 이해하고 예방하고 전환하는 관문이라는 것이 현대 도시의 현실이다. 지역 환경의 경계에는 빈틈이 있을 수밖에 없기 때문이다. 삶의 여러 요소가 지구 반대편에서 나비 효과[16]를 일으키고 멀리 떨어진 곳에서 재앙이 다가올 때, 지략을 가지고 의식하고 주의하고 집중하는 태도만이 생존의 열쇠가 될 수 있다.

그렇다면 도시 자원을 관리하는 책임은 누구에게 있을까? 이 질문에 대한 답은 당신이 어느 나라에 살고 있는가에 따라 다를 것이다. 게일 호차츠카Gail Hochachka는 사람들의 감정과 신념, 세계관이 지속 가능한 행동에 참여하는 마음 자세와 의지에 영향을 미친다고 주장한다.[17] 나아가 그녀는 자연재해나 전쟁 같은 충격적인 경험이 사람들에게 해를 입혀 적절히 반응하지 못하게 한다고 지적한다. 도시에 사는 사람들의 내면적 실체는 주관적이고 눈에 보이지 않아 연구가 어렵다는 이유로 대개 무시되었지만 도시의 외면적·물리적 실체만큼이나 현실이다. 내면적 실체는 지질 환경만큼이나 여러 층위와 윤곽과 질감을 지닌 내면적 환경을 창조한다. 우리는 심리학, 철학, 인문학을 통해 이 점을 연구해왔지만 최근에야 외면적 특성처럼 내면적 실체도 진화하고 발전한다는 것을 알아차렸다. 우리의 광활한 내면에서 반응하고 적응하고 회복하는 능력을 성장시킨 세계관의 변화는 우리 내면의 고생물학이 되기도 한다. 내면 들여다보기의 중심은 자신과 타인(가족과 친척), 세계(사회, 영향력의 범위, 지역, 지구)다.

이러한 내면의 주관적 실체와 상호주관적 실체는 5장과 8장에서 자세히 다루고 있다. 이 장에서는 지금 존재하고 변화하며 관계를 맺는 내부 생태계를 인식하고 존중할 필요가 있다. 외부 세계와 마찬가지로 내면의 세계도 도시의 현실을 야기한 패턴에 물들어 혼란스럽기 때문이다. 에고Ego가 이란의 아마디네자드, 북한의 김정일이나 베네수엘라의 차베스 같은 지배자의 세계관을 어디로 몰고 가며, 그들의 정책이 그 나라 도시에 사는 사람들의 삶에 어떤 영향을 미치는지 보여주는 예가 있다.

부족이 도시를 지배하고 부족의 세계관이 그 도시 사람들의 관계를 지배한 예도 있다(예를 들면 아프가니스탄의 칸다하르나 이라크의 바그다드). 대부분의 나라에는 주 정부, 지방 정부, 자치 정부 등 행정기관이 있고, 토지 소유주나 군대 지휘관, 도지사 같은 책임을 맡은 여러 층위의 지배층이 존재한다. 일부 국가들은 민간 기업의 영향을 크게 받는데, 이들 민간 기업은 민간 토지 소유주나 개발업자이자, 그 지역의 경제권을 쥐고 있다. 따라서 내부 생태계에 존재하는 강력한 실체가 영향력을 가지고 도시의 외부 환경과 관계를 맺고 있음을 볼 수 있다. 전자를 바꾸지 않는 한, 후자는 결코 바꿀 수 없다.

사회적 기업과 사회 정의가 조직 구조로서 흐름을 형성하는 몇몇 지역에서는 비영리 토지 소유주들이 대화와 상담 방식으로 책임을 공유하는 계획 공동체를 형성했다(예를 들면, 밴쿠버의 자선 건축업 단체Community Builders Benevolence Society와 오타와의 다신앙적 주택 계획Multi-Faith Housing Initiative). 계획적이든 자생적이든 인간이 정착하는 곳이면 어디서든 궁극적으로 거버넌스 방식이 등장하며 지역이 요구하는 사안을 결정해야 한다.

독재부터 민주주의까지 거버넌스 방식은 도시 리더와 시민 내면의 세계관 및 마음 자세를 반영한다. 이는 늘 새롭게 출현하며 끊임없이 조정된다. 도시는 영원히 역동적이기 때문이다. 이로써 한 가지는 분명해진다. 어떤 세계관이 다른 세계관보다 더 포괄적이고 맥락이 견실하다면 권위와 힘과 영향력을 다 가지고 있는 사람들의 내면적 삶은 도시의 수용 용량을 일관되고 지속 가능하게 하는 데 도움이 된다. 지속 가능하다는 것은 우리와 실체의 관계에 대해 깨어 있는 마음으로 세상을 살아간다는 뜻이다. 내면의 능력이 외부로 향하는 의도와 잘 맞아야 한다.

인간의 내부 환경과 외부 환경의 관계를 보여주는 전형적 예가 공유지의 비극(지하자원, 공기, 물 등 공동체가 함께 사용할 자원을 시장경제에 맡기면 모든 사람의 이기심 때문에 큰 위기에 봉착한다는 이론—옮긴이)이다. 한때 신비롭게 묻혀 있던 공유지의 비극이 재레드 다이아몬드Jared Mason Diamond(2005)나 로널드 라이트Ronald Wright(2004), 토머스 호머-딕슨(2006) 같은 작가의 글을 통해 생생하게 살아났다. 이들은 위대한 문명의 유적에서 놀라운 증거를 파헤치고 "진보가 환경에 가혹했음"을 확인했다. 게다가 일반적인 견해와 전망이 종종 문명의 자원을 어떻게 평가하고 관리해야 하는지에 대해 너무 무책임했음을 보여준다. 우리가 지속 가능성의 기반을 배우지 않으면 자연이 대담하고도 극적인 방법으로 삶(많은 경우에는 죽음)에 대한 교훈을 준다는 것을 역사가 알려주었다.

그리하여 우리는 공유지의 비극을 극복하려면 깨어 있는 의식이나 책임, 활력 징후 모니터가 필요하다는 것을 알게 되었다. 우리의 내부 환경은 매우 구체적인 방식으로 외부 환경과 연결되어야 한다. 도시처럼 복잡한 인간 시스템을 운영할 수 있고 개인과 인류 전체의 삶 모두가 살아남을 수 있도록 말이다. 이 과제가 실패한다면, 예를 들어 다수의 이익을 고려하지 않고 몇몇

의 이익에 부합하게 행동한다면 자연은 다시 한 번 시스템의 다양성을 잃어
버리고 결국 회복력도 상실할 것을 분명히 보여줄 것이다. 재앙에 직면할 때
우리에게 가장 필요한 것은 다양성과 회복력이다. 더구나 다양성은 혁신에
주요하게 기여하며 새로운 조합과 발명을 일으킨다.[18]

일단 도시의 사고방식과 세계관이 중요하다는 사실을 이해했다면, 도시
의 태도와 지리생물학적 기반 사이의 기본 관계를 알게 된다. 가능한 한 넓
게 봄으로써—오늘날에는 GPS 기능이 탑재된 위성과 인간의식의 내부 지도
를 활용함으로써—무엇이 작동하며(정렬되어 있고 일관성 있으며) 무엇이 잘못되
었는지(잘못 조정되어 있고 모순적인지), 도시의 자연스러운 다음 기회가 무엇이며
어떤 변화 가능성이 있는지 살펴볼 수 있다.

그다음에 서로 다른 수준의 전문 지식과 기술 때문에 도시에 대한 관점
이 다르다는 것을 알 수 있다. 전문 관리자와 기술자들이 관리하는 도시의
기반 시설을 통해 어떻게 과학 지식과 경험의 가치가 살아나는지 이해할 수
있다. 이러한 전문 지식과 기반 시설 시스템은 가치가 있음에도 불구하고 시
스템의 건강한 운영에 기여하고자 하는 책임에서 시민을 멀어지게 만들기도
한다.

도시는 이런 전문 기술을 시민이 이해하고 책임지도록 할 도전적 과제를
마주하고 있다. 물과 연료, 폐기물, 교통, 토지 이용, 이산화탄소 발생 등을
측정해 자원의 사용을 사용자 수준에서 감시해야 하는 이유가 여기 있다.
조지 몬비오[19]가 제안했듯이 논리적이고 측정 가능한 목표를 가지도록 이산
화탄소 같은 위험 요소를 제한하는 방식을 도입해야 할지도 모른다. 식품과
주거지에 비용을 지불해야 하기 때문에 시민이 사용을 기꺼이 조정하는 것
과 마찬가지로, 자원을 소비하는 사람은 소비로 인한 폐기물, 자원 고갈과
공유지의 비극을 낳을 비효율성에 책임을 져야 한다.

## 성장 능력과 과대성장 회복력

지능적인 도시 생활을 원한다면, 우리는 머지않아 재생 가능 자원과 불가능 자원을 구분하는 의식 수준을 점검해야 한다. 식량과 생물 연료 같은 재생 가능 자원은 생산 과정을 관리해 지속 가능하게 만들 수 있다. 그런데 재생 가능 자원에도 주의할 점과 제약이 있다. 재생 가능 자원을 생산하는 데 필요한 토지나 물, 비료 등은 모두 한정적이다. 이들은 화석연료로 대표되는 재생 불가능 자원에 가깝다. 아직 자원이 충분했을 우리는 그것을, 식량이나 숲, 물, 연료, 관개용수 등으로 무분별하게 썼다.

인구가 증가함에 따라 도시는 덜 생산하고 더 많이 수입하는 경향이 있다. 도시에는 정착 주기가 있어서 필요한 것을 생산하거나 수입하고, 자급자족하면서 수입을 줄이고, 과생산하고 남는 것을 수출하고, 사치품을 수입한다. 이러한 도시의 생명 주기는 4장에서 자세히 다룰 것이다.

도시가 자원 사용에 무지하면(즉 물품의 유입을 멈추지 않고 소비를 줄이지 않으면) 자원을 과도하게 사용하는 위험을 초래하며, 자원을 영원히 고갈시킬 수 있다. 예로 한 명만 탑승한 차량이 지나치게 많아지면 화석연료가 과소비되고 온실가스가 늘어난다. 게다가 지질 생태 지역 한 곳에 여러 도시가 몰리는 축적 효과로 인해 자원 고갈이 가속되고 공유지의 비극이라는 전제 조건이 형성된다. 한 도시의 몰락이 다른 도시에도 심각한 영향을 미칠 수 있다. 물, 에너지, 식량 자원에서 문제가 생길 가능성이 크다. 다이아몬드(2005)는 현재 미국 남서부에 있었던 아슈케나지의 종말을 그림으로 자세히 묘사했다. 그는 고고학적 증거에 기초하여 물, 에너지, 식량을 놓고 경쟁하면 결국 굶주림과 야만 행위를 초래할 것이고, 지나친 관개는 땅의 염류화를 야기하며, 사회는 자체적인 문제에만 몰두하게 될 것이라고 보았다. 이는 도시와 생태 지역의 긴밀한 관계에 대한 무시무시한 경고다. 이러한 징후를 관찰하는 시스템이나 규약이 있다면, 주관적 인식과 상호주관적인 합의를 통한 정치가 미래의 독이 된다는 것을 도시에 알려줄 것이다. 그러한 경고 시스템을 만들고 주의를 기울이지 않는다면, 도시는 분명히 운이 다하여 문제를 겪고 사라질지도 모른다. 이 책을 쓰는 동안, 지구온난화에 대한 경고가 공공 분야에서도 주목과 논쟁을 끌어내기 시작했다.[20]

도시의 역사는 자신의 역사를 모르는 사람들이 그 역사를 반복한다는 것을 분명히 보여준다. 이 점을 안다면 사람들의 주관적이고 상호주관적인 삶을—개인과 전체의 의식을—통합해야 하며 그러기 위해서는 도시의 생물학적 삶과 구조적 삶에 대한 통찰이 필요하다.

의식적으로 인식한다면(의도를 가지고 집중한다면) 도시 밖의 시각으로 볼 수 있다. 그러면 물리적이고 객관적인 삶 그리고 상호객관적인 삶에서 진실로 중요한 주제들을 알 수 있다. 이는 다시 한 번 도시의 홀로그래피적 본성, 그리고 사상한이 각각 어떻게 필연적으로 네 개의 통합적 관점을 모두 내포하는지 일깨워준다.


## 도시와 생태 지역의 공생 관계

도시는 확실히 생태 지역과 특별한 공생 관계에 있다. 이는 물이나 식량, 연료부터 온갖 가공 상품까지 모든 기초 생산품의 교역이 세계화되고 있음에도 불구하고 진실이다. 싱가포르 같은 도시나 네덜란드, 코스타리카처럼 소비품을 대부분 수입하는 소규모 교역이 기반인 나라도 필요 물질과 에너지(폐기물)의 흐름을 확보하기 위해서는 지리상 생태 연관 지역과 관계를 유지하고 물, 특히 해양 시스템에 접근해 그로부터 보호받으며, 토지 이용과 관리에 대한 책임을 이웃 나라와 공유해야 한다.

2장에서는 도시란 기본적으로 오랜 기간 온전히 유지된 구조를 통해 끊임없이 에너지가 흘러야 하는 산일구조(작은 범위에서의 파괴적 에너지가 요동쳐서 큰 범위에서는 오히려 질서를 형성한다는 원리—옮긴이)라는 점을 검토한다. 기후, 지각 변동, 지리, 생물 조건을 모두 포함한 자연 환경에 대항하면서 도시를 세우고 유지하려면 에너지가 자유롭게 흘러야 한다. 이는 고도화된 지능이 필요한 놀라운 과제다. 토머스 호머-딕슨은 고대 로마 광장을 짓는 데 필요한 에너지를 계산해 그 거대한 목표를 정량화하고자 했다.[21] 그는 로마라는 도시가 로마 제국 바깥의 생태 지역과 연결되어 있음을 분명히 보여주었다. 이는 생태발자국을 역사의 사례에 적용한 것으로, 우리가 창조했지만 지금은 의존하고 있는 산일구조를 유지하기 위해 도시의 현재 요구에 맞춰 에너지-물질-정보를 끊임없이 쏟아 붓고 있는 우리의 눈이 얼마나 멀어 있는지 보여준다.

도시에 흐르는 에너지의 상당 부분이(전부는 아니더라도) 돈으로 대용되는 한, 특정한 상업적 상황을 이해하려면 '자금을 따라가야' 한다고 종종 이야기한다. 도시는 사회적 비용을 세금으로 걷어 펀드나 민간 투자에 의존한다. 따라서 자금을 따라가 보면 도시의 권력자들이 가까운 곳부터 먼 곳까지 여러 생태 지역의 광산(벌목, 수확, 개발) 사업을 통해 막대한 자금을 도시로 가져오고 있음을 알 수 있다. 일반적으로 눈에 띄지 않고 인식할 수도 없으며 인구가 감소하는 생태 지역이 도시를 위해 끊임없이 자원을 보조할 것이라 쉽게 안심해버린다. 그러나 이 장에서 살펴보았고 앞으로도 조사하는 내용대로 자원이 무한정이라는 것은 잘못된 가정이다. 생태 지역마다 고유의 부양 능력이 있고, 그 재생과 지속 가능성에는 특정 조건이 필요하다. 대부분의 경우 그러한 투자와 재투자가 어떠해야 하는지에 대해 우리는 이제 이해하기 시작했다. 우리가 실천해야 하는 주요 원칙은 꿀벌들에게서 찾아야 할지도 모른다.

## 가비오따스, 환경에 가치를 더하다

콜롬비아에 있는 작은 도시 가비오따스는 환경에 가치를 더한 선구적인 도시의 특별한 예다. 20년 전, 콜롬비아 남동쪽에 위치한 높은 사막 평원이 혁신가 파올로 루가리(Paolo Lugari)의 관심을 끌었다.[22] 그는 뜻을 함께하는 동료들과 아무것도 없는 사막 한가운데에서 지속 가능한 삶을 꿈꾸며 생태공동체를 창안해 실현했다. 그들은 필요한 식료품과 물, 에너지까지 자가 생산할 수 있는 도시 거주지를 건설하고자 했다. 이들은 대학교수, 엔지니어, 토양학자 등을 초청하여 불가능해 보이는 이 과제를 함께 수행했다. 아마도 이들의 가장 위대한 성과는 관계와 커뮤니티라는 가치에 초점을 둔 일련의 원칙을 개발했다는 점일 것이다. 그 원칙은 필요한 물질을 얻는 데 현실적인 도움을 주었다. 그들은 온갖 역경을 이겨내고 마침내 물을 끌어올릴 펌프와 태양에너지 발전 시설을 고안했다. 이런 기본 시설로 바싹 마른 불모의 땅에서 어떤 농산물을 키울 수 있을지 조사했다. 시행착오를 거쳐 비옥한 채소밭과 작은 동물을 키우는 농장을 만들었다. 그들은 단순히 가비오따스에서 존속하는 것을 넘어 번영할 수 있도록 공동체를 지원할 일들을 계속 도모했다. 세계의 다른 커뮤니티에 수출할 만한 것들을 창안해 생산하기로 했다.

사람들은 가비오따스를 오고 갔지만 설립자 핵심 그룹은 비전과 목적(3장에서 논의할 좌상한)을 지속적으로 유지했다. 공동체는 성장하여 스스로 내부 갈등을 해결하고 자신들의 생산품을 외부세계로 유통시키며, 자신들의 일을 실천해나갔다. 내적 성장을 이루면서 거둔 성공보다 더 놀라운 것은, 악명 높은 콜롬비아의 마약 전쟁으로 인한 계속된 분쟁과 고난에서도 살아남았다는 사실이다. 비록 가비오따스는 주요 운송 경로에서 멀리 떨어져 있지만, 그 때문에 마약 게릴라들이 법망을 피하거나 주변 나라로 잠입하기 위한 편리한 중간 거점으로 가비오따스를 주목했다. 주기적으로 가비오따스에 마약과 관련된 일들이 생겼지만 가비오따스는 마약계 두목과 정부 사이에서 공식적으로 중립을 견지했다. 가비오따스는 어느 편도 들지 않았고, 동시에 어떤 이득이나 편의가 있어도 마약 거래에 발을 들이지 않았다. 마약 게릴라들도 결국 존중의 의사를 보였고, 마침내 가비오따스는 위험을 벗어날 수 있었다.

이야기는 여기서 끝나지 않는다. 가장 큰 성공은 깜짝 쇼처럼 찾아왔다. 원예 산업이 자리를 잡고 채소밭의 생산물을 늘여감에 따라, 그들은 싹을 틔우고 뿌리를 내릴 나무들을 실험했다. 그들이 뿌린 종자는 대부분 몇 주 내지 몇 달 동안 살아남았으나 결국엔 영양분이 부족하거나 태양광이 너무 강하거나 물이 부족해서 죽고 말았다. 조림 실험은 효과가 없는 듯했다. 그런데도 가비오따스 사람들은 희망을 품고 계속 다른 지역에서 종자를 가져왔다. 결국 취약한 발아 시기를 넘기고 생존해 충분히 오래 살 수 있는 공동체의 숲으로 발전할 종자를 찾았다. 그리고 이와는 비교도 안 될 기적이 일어났다. 생존해 퍼져가던 숲이 어찌 된 일인지 콜롬비아 열대우림 습지에서 번성하는 나무 종들을 키워내기에 이르렀다. 어떻게 이 종자들이 가비오따스에 도달했는지 아무도 모른다. 어느 날 야생 씨앗의 싹이 인공 조림지에서 발견되었고 울창하게 자랐다. 가비오따스 사람들은 고지대 사막에서 열대우림을 창출하는 방법을 발견한 것 같았다. 숲은 계속 번창했다.

가비오따스는 소규모이며 아직 초기 단계. 그렇지만 꿀벌들이 해낸 것을 가비오따스도 성취한 것 같다. 도시는 어떻게 지속 가능하게 자원을 이용하면서도 생태에 가치를 더할 수 있을까?

도시와 시골의 관계는 자원의 흐름뿐 아니라 그 관계에 어떤 가치를 부여하는지에 달려 있다는 사실을 분명히 인식하고 나면 관계의 재조정은 불가피하다. 우리의 태도와 가치가 퍼져나가 모든 도시가 생태 지역과 책임 있는 관계를 맺고 지구 전체의 행복을 보장할 가능성을 생각한다면, 도시가 주도할 지속 가능성의 윤리학을 개발할 수 있다.

모든 도시가 도시의 산일구조를 먹여 살릴 식량과 에너지장에 책임을 진다면? 벌들이 꽃가루를 모아 벌집을 유지하는 꿀을 얻는 것처럼 그러한 일이 자연스럽게 이루어진다면?

## 결론

도시의 진화는 이제 그 개발 규모가 도시를 뒷받침하는 생태 지역과 지구의 수용 용량을 눈에 띄게 초과하는 단계에 이르렀다. 도시 기반 시설을 어떻게 지원할지에 대한 생각이 없었다면 이제 눈을 떠야 한다. 매일 우리 앞에 펼쳐지는 상황을 인식해야 한다. 변해야 한다고 단호하게 권고하는 전문가들의 말을 경청해야 하며, 자연스러운 삶의 방식을 따르기 위해 행동해야 한다. 그렇게 하지 못한다면, 우리의 생활 방식과 심지어 수명에도 심각한 영향을 미칠 것이고, 결국 우리의 방식도 어쩔 수 없이 바뀔 것이다. 2005년 뉴올리언스의 붕괴는 선진국 도시도 얼마나 취약한지를 보여준 한 예에 불과하다.

## 질문

1. 우리의 도시를 특징짓는 지리적 조건과 기후 조건은 무엇인가?
2. 생태발자국이 0이 되게 하려면 우리 도시에는 어떤 변화가 필요한가?
3. 도시는 지구의 에너지 네트워크에서 노드를 어떻게 닮았나? 하나의 노드인 우리 도시는 세계의 행복을 위해 어떤 가치와 특성을 더할 것인가?

## 통합도시 원칙을 적용하기 위한 간단한 규칙 세 가지

1. 도시의 기후 특성과 지리적 특성을 존중한다.
2. 환경을 잘 관리한다.
3. 생태계에 가치를 더한다.

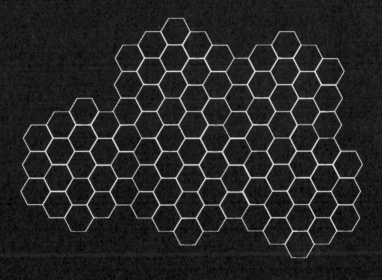

Emerging Intelligence

2장
—
창발지능

• • •

모든 종에는 알맞은 환경이 있다.
그것은 살아가는 전략으로,
같은 서식지에 사는 다른 종들의 전략과 다르다.
– 굴드 & 굴드, 『꿀벌』

존재의 장엄함에 어찌 감탄하지 않을 수 있겠는가?
– 클레어 그레이브스

## 왜 도시를 통합 시스템으로 보아야 하는가?

이 장에서는 도시를 통합 시스템으로 보는 우리의 시각을 뒷받침하는 다양한 과학 연구들을 보여줄 것이다. 우리는 살아 있음, 생존, 적응, 재생, 지속 가능성, 창발이라는 렌즈를 통해 전체성을 검토할 것이다. 만약 이 장이 부담스러운 독자라면 대충 훑어보거나 원하는 대로 읽기를 권한다.

이 장에서는 통합 시스템 사고라는 원칙을 고수하고자 한다. 이는 뒷장에서 논의할 통합도시의 네 가지 측면, 즉 주관적·상호주관적·객관적·상호객관적 측면에서도 모두 적용된다. 또한 여기서 논의하는 어떤 과학 연구도 자세히 다루지는 않았음을 미리 밝혀둔다. 이를 위해서라면 다른 책을 보기를 바란다.

도시의 복잡성을 올바르게 파악하기 위해서는 도시를 통합 시스템으로 보고, 그렇게 정의할 언어가 필요하다고 믿는다. 실제로 통합 시스템으로서의 도시에 대해 정의할 언어가 필요하다. 역설적이게도 뒤따르는 장에서 논의되는 통합 분석틀을 제대로 파악하기 위해서는 전체 시스템을 고려한 세계관과 사고방식을 이해할 필요가 있다.

자생도시든 계획도시든 도시를 통합 시스템으로 본다면 물리적 요소가 존재하는 우주라는 틀을 이해할 수 있다. 시간이라는 틀 속에서 도시의 모

# 도시의 은유

도시는 온전체다. 마누엘 드 란다[1]의 말처럼 전체성은 비유적 표현이 아니지만 파악이 쉽지 않다. 은유의 이미지는 전체를 파악하기 위한 한 가지 방법이고, 『조직 이미지*Images of Organization*』(1998)에서 개러스 모건이 보여준 뛰어난 작업에서 영감을 얻을 수 있다.

은유적 표현은 도시를 전체로 이해하는 데 도움이 된다. 어떤 것을 가리키면서 도시가 "그와 비슷하다"고 말한다면, 우리는 도시가 의미하는 바가 어떠한지 그려볼 수 있다. 이러한 은유는 3장에서 논의하는 상한에 따라 정리된다.

전통적인 사고 수준에서는 도시를 시계나 기계로 생각하는 일이 자연스럽다. 우하상한에서 기계는 기름칠이 잘되어 있을 때 모든 부속품이 잘 돌아가는 물리적 장치다. 기어와 지렛대가 부분을 이룬다. 기계는 인간의 노동을 줄여주며, 인간의 통제를 받는다. 기계로서의 도시는 정치적 기계에 관한 우리의 언어에도 반영된다. 도시를 기계로 생각하면 사람들은 구조물에서 거리를 유지하게 된다. 도시가 우리 바깥에 있는 것이다. 우리는 그 안 혹은 그 위에서 살고 있다. 이러한 은유의 장점은 공학자들이 설계하고 건설하고 유지해온 도시 구조물—도로, 수도배관, 전화선—의 기계적·선형적·순차적 특성을 파악하는 데 특히 도움이 된다. 이러한 은유의 단점은 도시의 살아 있는 비선형적 특성을 설명하지 못한다는 것이다.

이와 관련 있는 도시의 비유는 시계다. 이것도 우하상한과 관련이 있다. 도시는 시계처럼 작동한다. 버스가 중심지를 연결하듯 서로 연결된 기어가 있다. 시간이 지남에 따라 재깍거리며 영원히 앞으로 움직인다. 시계 비유는 진보성과 정확성을 전달한다. 이는 기계 이상이다. 한 번 태엽을 감거나 전기를 꽂아두면 개입하지 않아도 저절로 작동하도록 설계되어 있다. 조절이 내장되어 있다. 이러한 비유의 장점은 도시가 잘 작동하도록 하는 상호연결성을 표현한다는 점이다. 이 비유는 시계를 만든 자의 능력과 조절하는 자의 지능을 보여준다. 기계 비유와 마찬가지로 선형적이기도 한데, 공간이 아닌 시간이라는 면에서 그러하다. 이 비유의 단점은 도시의 삶에서 피할 수 없는 일부인 단절이나 뜻밖의 일, 붕괴에 여지를 남기지 않는다는 점이다. 이 비유는 시민 모두가 획일적 연대를 이룬 행진을 암시하고, 각 가정이 일상에서 겪는 우여곡절과는 모순된다.

우상상한에서는 도시를 세포, 뇌, 신체에 비유하는데, 도시에 내재된 살아 있는 프랙털 특성에 의존한다. 이러한 비유는 더 작은 규모에서도 가능하고, 도시의 복잡성에 더 잘 접근하고 그 점을 더 잘 이해할 수 있게 한다. 이 비유의 장점은 상당한 진실성을 보이며 잘 맞아떨어진다는 점이다. 도시를 인간 능력의 연장으로 볼 때 도시의 기능을 더 작은 규모와 연관시키는 것이 이치에 맞다. 이 비유의 단점은 도시를 의인화하고 지나치게 단순화한다는 것이다. 도시를 완전히 이해할 수 있다는 인상을 남기고, 수십만 명이 함께 사는 복잡성의 진실을 과소평가한다.

도시를 정원에 비유하면 살아 있는 생태계를 담고 있는 복잡한 컨테이너로 도시 이미지를 전하게 된다. 정원은 정원사와 관계를 맺고, 야생의 풍광과는 구별된다. 일반적으로 정원에는 구역이나 영역이 있고 다양한 부분이 서로 연결되어 있다. 당신은 정원을 거닐며 둘러볼 수 있다. 이 비유의 장점은 접근 가능성과 아름답게 의도적으로 키운 도시라는 이미지를 전달한다. 더 나아가 정원사는 시장, 시의원, 시청 직원, 시민을 가리킬 수 있다. 그런데 이 비유에는 실제 도시에 존재하는 것보다 더 많은 통제와 더 적은 복잡성을 전달한다는 단점이 있다. 또한 의식이라는 특성과, 실제 도시에 존재하는 다양한 신념을 간과할 수 있다.

'빅 애플'처럼 도시를 나무, 식물, 과일에 비유하는 것은 정원 전체보다 더 작은 규모에 집중시킨다. 이는 신체와 관련하여 세포나 뇌에 비유하는 것과 유사하다. 나무와 사과 비유는 시각화가 쉬우므로 도시를 전체적으로 접근하기 쉽게 만들면서, 인간의 능력을 발휘하게 하는 진짜 일과 도시라는 영원한 과제를 결합시킨다.

좌측 상한에서 도시를 보자면 별다른 비유가 떠오르지 않는다. '도시 영혼'이나 '도시 가족'의 가능성도 무시할 만하다. 우리는 개체든 집합체든 내면적 삶과 도시를 연관시키지 않았던 것 같다. 도시는 반추하거나 사색하기에 도전적인 장소다. 사실 도시는 내면으로 들어가 조용히 머무르며 사색하는 기회를 많이 주지 않는다. 안식이나 피정은 도시와 이질적이며, 강렬한 도시 생활을 떠나고 싶을 때 추구하는 것이다.

마지막으로 개미탑, 흰개미 군집, 벌집은 모두 도시를 사회적 존재인 개체들이 협력하여 일하며 생명을 유지하는 살아 있는 시스템으로 비유된다. 역동성, 상호연결성, 복잡성, 심지어 만들어진 환경까지 표현하므로 다른 비유들보다 더 정확하게 도시 전체의 복잡성을 전달한다. 장점은 가시적이고 정량화할 수 있고 분명히 이해할 수 있는, 비선형적이고 복잡한 상호작용과 적응이 일어나는 통합 시스템이라는 이미지를 전달한다는 점이다. 단점은 또 한 번 좌측 상한의 실체들을 간과한다는 점이다. 사회적 곤충들에게 지능이 있다고 생각할 수 있지만, 그들이 자신의 의식을 의식한다는 증거는 아직 없다.

따라서 도시 전체에 대한 적절한 비유는 아직 만들어지지 않았다. 지구에서 도시 말고 도시와 같은 것은 찾아볼 수 없다. 대체 공간을 우주 바깥에 건설한다면 상상해볼 수 있겠지만 그것도 결국 같은 특성을 지니게 될 것이다.

든 요소가 다양한 속도로 변화하는 것을 볼 수 있다. 또한 사람이라는 틀을 통해 도시 삶의 다양성이 개인과 가족, 문화, 역사 등 모든 수준에서 생명 주기에 따라 진화하고 발달하는 것을 알 수 있다.

### 도시는 살아 있다

도시는 살아 있다는 속성이 있다. 이는 도시에 사는 각 개인이 살아 있다는 사실에서 비롯하지만, 한편으로는 사람들이 도시에서 함께 살고 있기 때문이기도 하다. 과학자들[2]은 살아 있다는 속성이 매우 단순하다고 말한다. 시스템이 있고 환경과 연결되며 재생되는 것으로 본다.

건축가 크리스토퍼 알렉산더는 누구든 살아 있음의 스펙트럼을 구별할 수 있다고 믿는다. 흔한 소금통이라도 다른 두 가지 디자인으로 보여주면 삶과 연관된 속성이 더 부각되는 것을 선택한다고 단언한다. 알렉산더는 살아 있다는 것에는 중심이 있고 그 중심은 또 다른 중심의 주변이라고 주장한다. 중심들이 서로 도우면, 한 중심의 존재와 삶은 다른 중심의 삶을 강화할 수 있다는 것이다.[3] 게다가 그는 도시와 같은 구조가 중심의 밀도와 강도의 관계에 따라 생명력을 얻는다고 말한다.

생명이라는 현상을 연구하면서 알렉산더는 중심이 생명을 얻는 데 도움을 주는 15가지 특성[4]을 찾았다. 아래의 특성은 지금껏 논의해온 전체성 및 복잡한 적응 시스템이라는 속성들과 밀접하게 연결되어 있다.

---

1. 규모의 정도
2. 강력한 중심
3. 경계
4. 교차 반복
5. 긍정적 공간
6. 훌륭한 모양
7. 지역적 대칭성
8. 깊이 맞물림 그리고 모호성
9. 대조
10. 변화도
11. 거친 특성
12. 반향
13. 비어 있음
14. 단순함과 내적 고요
15. 분리되어 있지 않음

---

흥미롭게도 알렉산더가 제시한 기준과 특성은 생명의 생물학적 정의까지 끌어안으면서 통합 모델의 다른 측면들, 즉 총체적 지원, 질서, 전략의 아름다움(정신), 선함(문화), 공유(사회)라는 보이지 않는 삶까지 볼 수 있게 한다. 우리는 본질적으로 조상, 친구, 친척, 모르는 사람, 권력자, 전문가, 도우미, 정치가, 관료 등으로 이루어진 생태 환경을 마주한다. 섬으로 존재하지 않는다는 것은, 창조된 환경과 사람이 도시에서 진정으로 연결된다는 의미이다.

## 홀론은 온전체다

물리학과 생물학 둘 다 통합 시스템을 설명하는 방법을 찾아냈다. 물리학자 아서 케스틀러는 통합 시스템을 설명하기 위해 '홀론'(부분으로서 전체의 구성에 관여하는 동시에 각각이 하나의 전체성과 자율성을 가진 단위. 생물에 대한 기관器官, 기관에 대한 세포와 같은 단위 따위가 있다—옮긴이)이라는 용어를 창안했다. 도시에서 각 개인은 홀론이다. 실제로 홀론은 하나의 시스템일 수 있다. 생물학자 제임스 그리어 밀러(1978)가 입증했듯이, 한 사람에게 존재하는 통합 시스템은 세포소기관부터 세포, 조직, 기관, 개체까지 이른다. 홀론은 서로 다른 규모에서 시스템 생태계를 발전시킨다고 할 수 있다.

게다가 시스템 생태계는 그것을 포함하는 더 큰 전체 안에서 끊임없이 진화하며 하위 시스템을 더 분화시킬 수 있다. 이에 대해서는 6장과 7장에서 자세히 논의할 것이다. 간단한 예로 사람의 호흡계, 산소와 이산화탄소 폐기물을 교환할 수 있게 기능하는 세포 내 하위 시스템을 비교해볼 수 있다. 전자는 후자에서 진화했을 뿐 아니라 전체 기능 면에서 후자를 초월하고 포괄한다. 따라서 서로 다른 규모에서 홀론과 하위 시스템이 분화하고 통합되는 매트릭스를 창조할 수 있는데, 밀러와 그의 팀이 이 일을 했다(1978).

우리는 도시 전체의 생태를 살펴봄으로써 도시적인 삶의 패턴을 이해하는 데 도움을 주는 언어를 개발하고 있다. 도시를 인간에게 있어 벌집에 해당되는 것으로 본다면 이는 도시 전체를 은유하는 훌륭한 비유다. 벌집이 생존하려면 벌들이 각각 벌집의 생존, 적응, 재생에 기여하는 규칙과 역할을 잘 따라야 한다. 벌집을 구성하는 벌들의 지능과 행동의 집합체가 역동적으로 반응하는 벌집정신hive-mind처럼 작동하는 것으로 보인다. 통합 시스템을 살피기 위해서는 현미경을 사용하기도 하고 가까이서 또는 멀리서 보아야 한다. 그럼으로써 다양한 하위 시스템이 함께 발달시켜온 관계를 볼 수 있으며, 생태적 관계가 얽히고설켜 있음을 이해할 수 있다. 전체를 손상하지 않으면서 벌집을 쪼갤 수 없듯이 도시는 전체에 해를 주지 않으면서 부분으로 분리될 수 없는 통합 시스템임이 분명하다.

## 도시는 생존한다

이제 살아 있음의 세 가지 특성으로 돌아가서 생존이 어떻게 도시 전체에 기여하는지 살펴보자. 그리고 컨테이너, 경계, 산일구조, 복잡한 적응 시스템의 역할을 찾아보자.

한 개체를 보면 우리는 살아 있다는 생명의 특성이 그 사람이 경험하는 생존의 특성을 결정한다는 것을 알 수 있다. 3장에서 설명할 통합지도를 참조하지 않더라도, 생존에 필요한 의식주의 유무는 생물학적 조건에 제한받는 것이 일반적이다. 하지만 우리는 통합지도를 이용해 생존의 의미를 확장할 것이고 생물학적 외면의 삶을 넘어, 심리학적(정서적·지성적·영적) 내면의 삶과 도시 삶의 문화사회적 집합 측면에서 외면의 삶까지 포함할 것이다. 생존에 대한 분석틀을 이런 식으로 확대하면 "도시에서 어떤 사람도 분리된 섬이아님"을 알 수 있다. 개인은 그가 몸을 두고 있는 살아 있는 집합적 시스템에크게 의존한다.

이러한 상호 의존성을 유지하다 보면 놀랍고도 절박한 상황이 나타날 수 있다. 배리 로페즈[5]는 살아남으려면 사람에게 먹을 것보다 이야기가 필요하다고 주장한다. 이야기의 뿌리는 도시의 문화적 삶에 있다. 『생존 시스템 *Systems of Survival*』(1994)에서 제인 제이콥스는 도시의 생존 요구를 충족하려면 두 종류의 집합 시스템이 필요하다고 했다. 바로 도덕(문화) 시스템과 영리(사회) 시스템이다. 로페즈와 제이콥스는 기본적인 생물학적 요구보다 개체 생존에 더 많은 것들이 필요하다는 데 의견이 일치한다. 로페즈는 무형의 이야기를 나누는 것이 사람들의 삶에 힘을 준다고 주장한다. 제이콥스는 도덕 규칙 및 생존에 필요한 교환 규칙을 만들기 위한 집단적 일의 가치를 밝힌다.

하지만 살아 있는 전체성이 어떻게 도시에서 생존하는지를 파악하려면, 전체 시스템의 구조와 작동 원리에 대한 기본적인 이해가 필요하다. 이제 컨테이너로서의 도시를 살펴보자. 먼저 도시의 경계를 생각해보자. 그리고 어떻게 해서 도시의 생존이 적응 능력의 기초가 되는지 살펴보자.

## 도시는 경계의 모양이 변하는 컨테이너다

도시에 고유성이 있다는 말은 명백한 사실을 특보나 되는 듯 터뜨리는 것이다. 우리는 몬트리올, 리우데자네이루, 시드니, 뭄바이를 별개의 실체로 식별할 수 있다. 나는 이렇게 식별할 수 있는 실체가 인간 시스템human system이라고 주장한다. 모든 시스템과 마찬가지로 인간 시스템인 도시는 매우 독특한 컨테이너이며 그 경계는 도시를 배경, 환경, 맥락과 분리시킬 뿐 아니라 생물학적·심리학적·문화적·사회적 방식으로 모양을 바꾸게도 한다.

모양이 바뀌는 도시의 경계는 도시 시스템 전체에 기여하는 여러 시스템과 하위 시스템을 구성한다. 동일한 면에서 볼 때 이 경계들은 맵퀘스트(전 세계 도시 지도 제공 사이트—옮긴이)에서 도시의 특정 구역을 들여다보는 것처럼 명확할 때도 있다. 어떤 경우에는 구글어스처럼 각 단계를 보여주는 하이퍼링크를 클릭할 때만 경계가 명확해진다. 이러한 하위 시스템과 그 경계의 특성을 조사하면 도시 안에 얽힌 거대한 시스템이 드러난다. 하지만 천 미터 상공의 비행기에서 내려다보는 것처럼 충분히 높은 고도에서 도시를 본다면 도시 시스템과 하위 시스템 안에서 고려되는 것들이 드러나고 그 경계를 넘어 어떻게 교환이 일어나는지 밝혀진다.

철학과 심리학의 관점에서 보자면 경계는 그것을 보는 사람의 렌즈를 통해 식별되고 해석된다. 따라서 어느 정도는 해석하는 사람이 경계를 만들고 작동시키는 것이다. 그러므로 내가 통합도시를 받아들이기 위해 선택한 경계는 세상을 바라보는 내 방식이 작용한 결과다. 세상을 보는 이러한 방식을 공유하는 만큼 그 경계들도 독자들의 눈에 분명해질 것이다.

글렌다 에오양은 시스템의 경계를 단단한(고정된) 경계, 모호한 경계, 투과성 경계, 비투과성 경계, 이렇게 네 가지로 분류했다.[6] 도시에서 단단한 경계는 벽을 유지하는 콘크리트, 모호한 경계는 학교 위원회 이사들 사이의 의견차이, 투과성 경계는 강의 가장자리, 비투과성 경계는 종교 휴일을 들 수 있다. 곰곰이 생각해보면 이러한 경계를 재형성하고 재정의하며 심지어 재분류하는 방법을 생각해낼 수 있고, 그렇게 할 때 그 시스템 및 시스템과 우리의 관계도 변화한다.

3장에서 통합 모델을 검토하면서, 이 경계들이 객관적이거나 상호객관적인 생물학과 물리학 세계의 외면적이고 관찰 가능한 종류에 국한되지 않음을 알게 될 것이다. 이들은 미학과 인문학의 주관적 세계와 상호주관적 세계에서 내면적 패턴도 설명한다. 우리가 더 신경을 쓰고 개인적인 관계와 개체사이의 관계를 의미 있게 만들 때 우리의 신념과 세계관의 패턴에서 경계가자라고 확장된다.

도시 전체를 봄으로써 도시 시스템과 하위 시스템이 엄청나게 복잡하게연결되어 있고, 그 관계가 역동적이지만 주로 안정적이며 여러 종류의 교환이 일어나고 있음을 알 수 있다. 이러한 상호 연결성은 도시에서 객관적인 실체 및 상호객관적인 실체와 마찬가지로 주관적인 실체와 상호주관적인 실체에서도 나타난다. 실제로 이는 도시의 수많은 시스템이 어떻게 자기 조직화를 통해 안정된 혹은 불안정된 패턴과 관계를 형성하는지 드러낸다(이 장의사이드바 〈도시의 은유〉 참고). 그리고 이는 또한 도시라는 컨테이너에 있는 인간시스템에서 다양한 규모로 일어나는 교환의 역학을 드러낸다(이 장의 사이드바〈도시의 풍경〉 참고).

## 도시는 산일구조다

눈에 잘 보이는 구성 요소나 특성에 따라 창조도시, 녹색도시, 중세도시, 전원도시, 고산도시 등으로 분석하는 일은 늘 매력적이다. 지구에 존재하는 수많은 도시를 다른 구성 요소를 기준으로 눈에 띄게 구분하고 싶은 것은 자연스러운 일이다. 그러나 도시는 구성 요소로 이루어진 시스템이 아니라 전체적 특성을 지닌 통합 시스템이며, 그 특성들은 공동체나 조직, 집단, 가족, 개인, 그리고 우리가 창조했고 우리를 포함한 인공 환경을 초월하면서도 내포한다.

우리는 규모가 더 작은 인간 시스템의 행동과 의도에 집착하게 되는데, 이는 우리가 일상적으로 그것들과 상호 작용하기 때문이다. 그러나 이제 지구 인구의 반 이상이 도시에 거주하므로 사람이 어디에 살든 도시 기능은 모든 사람의 삶의 질에 영향을 미친다. 이는 도시가 통합 시스템으로서 복잡한 적응 시스템의 여러 특성을 지닌 산일구조로 기능하기 때문이다.

산일구조란 무엇인가? 그것은 에너지, 물질, 정보가 흐르고 흩어져도 구조의 패턴이 유지되는 열린 시스템이다. 산일구조로서 도시는 에너지, 물질, 정보가 도시를 통해 끊임없이 흐르게 하지만 동시에 매일매일 인지할 수 있는 패턴을 유지한다. 에너지, 물, 정보의 흐름이 도시를 재형성하므로 도시는 시간이 지나면서 변하지만 어느 때라도 우리는 도시를 가리켜 "전에는 어떠했고 지금은 어떠하며 또 나중에 어떠할 것"이라고 말할 수 있다.

산일구조로서 도시는 환경에서 자원을 뽑아 쓰고 생산물이나 부산물, 폐기물을 환경으로 배출한다. 세계의 모든 도시를 고려한다면 이것이 바로 우리가 도시 안에 살든 도시 바깥에 살든 어디에 살든 상관없이 사람들의 삶에 도시의 기능이 영향을 미치는 이유다.

## 도시는 복잡한 적응 시스템이다

복잡한 적응 시스템은 평형과는 거리가 멀어서 비선형적 행동 양상을 보이고 늘 환경이라는 상황에 적응한다. 도시 안에서 각 개인은 복잡한 적응 시스템임이 분명하다. 도시에 모인 개인들의 복합적인 행동을 보면 집합체에서 나타나는 프랙털 같은 패턴을 볼 수 있다. 이는 개인의 복잡한 적응 행동을 반영하는 듯하다.

이는 생존하려는 개인과 마찬가지로 구역 같은 도시 하위 시스템이 외면적 삶과 내면적 삶의 조건에 적응한다는 것을 의미한다. 이들은 불안정한 시기가 있는 밀물과 썰물 상태로 존재하며 여러 구역이 복합적으로 존재하는 도시도 복잡한 적응 시스템의 특성을 보인다.

도시를 복잡한 적응 시스템으로 보면[7], 이 특성 중 상당수가 알렉산더가 '살아 있음과 관련짓는 특성들'과 유사하다.

- **측정할 수 있다** : 도시의 특성은 개별 인간 시스템 및 커플, 가족, 팀, 조직, 지역, 도시 전체 같은 집합체에서 유래한다. 개체가 모인 컨테이너로 그 수는 (대략) 5만 내지 2000만에 이른다.
- **프랙털과 유사하다** : 어떤 규모에서 나타나는 패턴이 다른 규모에서 반복된다. 어떤 사람들은 사회적 홀론과 개체적 홀론이 다르기 때문에 완벽한 프랙털이 나타날 수 없다고 주장한다(뒷장의 논의를 볼 것).
- **역동적이다** : 도시의 기본 요소인 사람이 주변 환경에 적응하는 살아 있는 시스템이기 때문에 도시는 끊임없이 변하는 상태에 있다.
- **예측할 수 없다** : 도시에 있는 개체들이 서로 엄청나게 연결되어 있기 때문에 행동을 예측할 수 없는 조건이 형성된다. 이는 양의 피드백과 음의 피드백 고리가 전에는 결코 일어나지 않았을 상호 작용을 야기하거나,

시스템 내 작은 변화가 완전히 새로운 결과를 낳기 때문이다. 예를 들어, 출근길에 차를 운전하는 사람이 경로에 대해 항상 똑같은 결정을 내리지 않을 수 있다.

- **서로 연결되어 있다** : 도시는 신경 연결망과 같아서 소규모, 중간 규모, 대규모에서 모든 것이 다른 모든 것과 연결되어 있다.
- **둘러싸여 있다** : 인간 시스템 간의 관계는 이들이 완전히 또는 부분적으로 서로 감싸고 있는 식이다. 따라서 감싸고 있는 양태는 겹치고 서로 연결되어 있다. 예를 들어, 한 개인은 가족, 스포츠 팀, 직장, 조직, 공동체, 도시의 구성원이다.
- **단순한 규칙을 사용한다** : 어떤 도시에서든 사람들은 인사하고 눈을 마주치며 개인 공간을 존중하고 도로에서 정해진 쪽에서 운전하는 규칙을 따른다. 도시마다 다르지만 어떤 곳에서든 대규모 집단이 질서 있게 함께 살기 위한 문제를 해결한다.
- **위상 변화를 겪는다** : 사람들은 함께 살고 함께 일하면서 행동이나 생각을 동시에 하기도 하는데 이는 연결된 피드백을 통해 티핑 포인트를 형성하여 완전히 다른 위상으로 가는 문을 연다. 단기적이고 긍정적인 상황으로는 록 콘서트의 황홀한 물결 또는 화재, 눈보라, 사고 같은 비극적 상황에서 사람들이 순일하게 반응하는 기적처럼 조화로운 공동체의 모습으로 나타날 수 있다. 단기적이고 부정적인 상황으로는 축구 경기에서의 야만적인 다툼부터 분노로 들끓어 통제가 불가능한 파업까지 어리석은 군중의 행동으로 나타날 수 있다. 장기적 위상 변화의 예로 1950년대와 1960년대에 영국 북부에서 석탄 대신 유독 물질을 덜 배출하는 연료로 전환하고 나서 호흡기 건강이 나아진 것을 들 수 있다.
- **약한 신호의 영향을 받을 수 있다** : 복잡한 적응 시스템은 서로 연결되어 있어서 개인이 변화를 위한 개혁 운동을 벌이는 작은 신호로도 견인이 가

능하고 피드백 과정을 거쳐 전체 시스템의 변화를 가져올 수 있다. 일례로 1970년대에 밴쿠버의 운동가들이 시위를 벌여 밴쿠버 시로부터 도심을 통과하는 고속도로를 건설하지 않겠다는 결정을 이끌어냈다.

- 장(場)에 민감하다 : 복잡한 적응 시스템으로서 도시는 에너지장(아우라)을 잡고 있는 컨테이너다. 그 장은 컨테이너 내부와 외부의 에너지 변화에 민감하다. 예를 들어, 2001년 9월 11일의 충격 이후 뉴욕 시를 지원한 동참으로 드러나거나, 2005년에 뉴올리언스 홍수 후 나타난 스타카토 카오스처럼 에너지의 분산으로 나타날 수도 있다.


## 도시는 환경에 적응한다

도시에서 생존의 과정을 살펴보았으니, 이제 살아 있음의 두 번째 특성인 적응성의 역할로 넘어가 보자. 분화와 통합 그리고 회복을 통해 도시가 어떻게 외부 환경과 내부 환경에 적응하는지 알아보자.

### ≫ 분화와 통합

세상의 모든 자연 시스템에서 진화 패턴을 조사한 과학자들은 분화와 통합이라는 뚜렷이 구분되는 단계를 거쳐 진화가 일어났음을 알게 되었다. 분화는 홀론 하나가 앞선 시대나 동시대와 다른 역할을 해낼 때 일어난다. 노동 분업이 일어나는 것과 마찬가지다.

통합은 서로 다른 홀론이 한 우산 아래 모여 처리 과정을 조정할 때 일어난다. 통합은 온전체Wholeness가 다른 온전체로부터 출현하기에 앞서 필연적으로 일어난다. 알렉산더는 이를 기존의 중심으로부터 새로운 중심이 등장하는 것으로 볼지도 모른다. 그는 매우 매력적인 예를 들었다. 베네치아 성마르코 광장이 400년에 걸쳐 역사적으로 진화한 과정이다.[8] 일련의 도표를 통해 그는 새로운 구조물이 들어옴에 따라 광장의 중심이 어떻게 이동하고 변했는지를 보여주는데, 광장은 수세기 동안 도시의 살아 있는 중심으로서 계속 존재해왔다.

홀론 하나는(꿀벌이든 사람이든) 분리된 실체로 존재할 수 있지만 그때 홀론의 능력은 개별적으로 들어오고 나가는 과정을 처리하는 데 제한된다. 홀론들이 의도를 가지고 그러한 노력을 총체적으로 결집시킬 때 하위 시스템을 창조할 수 있다. 그렇게 함으로써 개별 노력에 힘을 보태고 더 적은 에너지로 더 많은 것을 생산할 수 있다. 생명은 이런 식의 계산을 좋아한다. 이렇게 분화하고 통합함으로써 진화해간다.

분화와 통합이 연속적으로 이어지는 물결 속에서 복잡한 진화의 기본 주기, 즉 복잡성의 진화가 시작된다. 원자부터 분자, 세포소기관, 세포 그리고 언제나 더 큰 복잡성과 의식에 이르기까지 생명은 분화하고 통합한다. 가장 단순한 것부터 가장 복잡한 것까지 그 패턴을 조사해보면 분화와 통합의 계층 구조를 보여주는, 부인할 수 없는 놀라운 증거가 발견된다.

생명은 홀론과 협력 시스템과 복잡성의 계층 구조를 형성하면서 진화했다. 어떤 생물학자라도 계통 발생 지도를 보여줄 수 있을 텐데, 그 지도를 살펴보면 종의 기원과 진화가 이러한 기본 지침을 따랐음이 확연해질 것이다. 소규모 자족 단위부터 도시에 이르기까지 호모 사피엔스 사피엔스의 진화도 다르지 않다. 분화와 통합의 계층 구조는 도시라는 배경에서도 출현하여 무질서에서 자기 조직화로 진화하고 마침내 조직화로 진화했다. 출현과 협력의 계층 구조가 등장했는데 그것을 발달시키는 것은 패턴을 만들어내는 생명의 자연스러운 경향이다.

글레어 그레이브스(2005)는 이것을 분화와 통합의 여정이라고 부르며, 개체의 경우 "결코 끝나지 않는 과제"라고 말한다. 이제 우리는 우리가 창조한 인간 시스템 생태계가 또 다른 수준의 계층 구조 형성을 요구하고 있음을 새롭게 이해하게 되었다. 우리는 시스템을 새롭게 이해해야 한다. 뚜렷이 구분되는 시스템을 분화시키는 단계를 넘어 시스템의 시스템을 창조하는 단계로 진입해야 한다. 이를 통해 밀집된 도시의 영향, 그리고 교역, 운송, 통신으로 연결되는 도시 생태계를 이해할 수 있다. 우리는 도시 시스템이 생태 지역 시스템에 미치는 영향을 이해하고 상호 의존이라는 새로운 계층 구조를 진화시켜야 한다.

고생물학자 테야르 드 샤르댕(1966, 1972)이 예견한 바와 같이 우리는 지적 창발의 시대에 살고 있다. 벌집, 홀론, 하위 시스템, 복잡한 계층 구조에 대한 포괄적 전망으로 도시의 적응성과 회복력에 관한 통찰을 얻을 수 있다.

### ≫ 발달 단계가 회복력을 창조한다

도시 생태계 내에서 사람들은 생물-심리-문화-사회적 발달상에서 서로 다른 단계에 있다. 그렇기 때문에 사람들은 개별적으로도 집단적으로도 약한 회복 능력을 지닌다. 도시 생태계에서 회복력은 스트레스 조건에서 살아남는 능력이다. 각 개인이 서로 다른 생물-심리-문화-사회적 능력을 지니고 있고 삶은 역동적인 경험이므로 회복력이라는 특성은 사람에 따라 다르다. 사회적 홀론과 관련해서는 8장에서 논의하는 것처럼 집단에 따라서도 다르다.

회복 능력의 변이는 2005년 뉴올리언스 허리케인과 홍수 재난 때 CNN에서 확실하게 볼 수 있었다. 그 도시 생태계에서 통합적으로 더 많이 발달한 사람들은 생존을 위한 회복력도 더 컸다. 다시 말해, 그들은 네 가지 상한 모두에서 그야말로 더 많은 자산과 능력이 있었다. 그들은 위험한 상황에서 빠져나올 힘이 있었고, 궁핍을 견딜 만큼 건강했고, 개인의 편안함을 위해 선택할 여지가 많았고, 강한 신념 체계를 공유하고 있어서 집단의 사기를 진작할 수 있었고, 위험에서 탈출할 운송 수단에 접근할 수 있었다. 가장 가난하고 헐벗은 사람들이 생존하는 데 가장 큰 어려움을 겪었다. 그리고 겨우 생존할 수 있었던 사람들은 마침내 조직화된 민간 시스템과 정부 시스템에서 도우러 왔기 때문에 살아남았다. 자산과 자원이 더 많은 집단이 자원이 거의 없는 개체들을 도운 셈이다.

>> **회복력에는 집합체가 중요하다**

벌집이 건강하게 기능하기 위해서는 꿀벌 개체들(홀론)이 건강하게 기능해야 한다. 마찬가지로 도시가 건강하게 기능하기 위해서는 도시에 있는 홀론들이 건강하게 기능해야 한다.

그런데 진화의 어떤 단계에서 벌집도 도시도 벌집이나 도시의 각 구성원의 건강한 기능에 완전히 의존하지 않게 되었다. 집합체의 가치 가운데 하나는 홀론 하나가 손상되거나 손실되어도 벌집 전체가 손실되지 않도록 회복력을 쌓아간다는 점이다. 우리 개체의 몸에서 이를 확인하기는 쉽다. 우리는 서로 다른 하위 시스템에서 세포를 끊임없이 교체한다. 우리 입의 표피 세포는 몇 시간 정도만 산다. 우리 뇌와 신경 시스템의 다른 세포들은 몇 해를 살지만, 본질적으로 홀론 개체는 끊임없는 생명의 흐름 속에 있다.

세포 홀론들이 안정적이고 정연하게 "교대를 하며 생명을 지키는데" 세포의 교체가 엇갈리는 흐름으로 일어나기 때문에 생명은 지속될 수 있다. 위험할 만큼 다량의 세포가 동시에 파괴되거나 손상될 때만 생명의 조건이 바뀐다. 심한 화상 같은 부상을 입거나 암, 사스, 혹은 조직이 파괴되는 질병에 걸려 막대한 수의 세포가 공격을 받을 때 그런 일이 일어난다.

스트레스가 엄습할 때 집합체의 가치를 알 수 있다는 것은 역설적이다. 개별 홀론이 벌집이나 도시에 더 많은 가치를 끌어오기 위해 관계(특수화된 조직이나 운반 시스템)를 창조할 때, 새로운 하위 시스템을 창조하여 생명의 질을 향상시킨다. 이는 홀로 생존한다면 얻을 수 없는 수준이다. 이는 가치를 더 하는 하위 시스템 때문에 더 많은 자원이 더 효과적이고 효율적으로 이용될 수 있다는 의미이다. 그러한 총체적 하위 시스템은 모두 필연적으로 사회적 홀론인데—자신 그리고 다른 사람들을 위해 가치를 창조하려는 의도를 공유 하고 함께 일하는 사람들인데—이에 대해서는 8장에서 자세히 다룰 것이다. 가장 일반적인 예로, 사회 기반 시설을 지원하는 시스템(시청의 공공사업), 교 육 및 건강 시스템, 일터, 레크리에이션 조직 등이 있다. 전적으로 에너지 관 점에서 보면, 이러한 하위 시스템은 에너지, 정보, 물질을 더 효율적으로 처 리한다. 하지만 개체들만으로는 그러한 수준에 이를 가능성이 별로 없다. 더 자세한 내용은 뒷장에서 논의할 것이다.

## 적응성의 역할

인간의 시스템은 꿀벌처럼 생존과 재생을 위해 순응 집행자conformity enforcer, 다양성 제공자diversity generator, 자원 배분자resource allocator, 내부 판정자inner judge가 집단정신을 형성한 복잡한 적응 시스템이다.

꿀벌들이 어떤 식으로 이해하는지부터 설명하고자 한다. 블룸(2000)에 의 하면, 벌집의 약 90퍼센트는 순응 집행자다. 이들은 신호를 받고 행동하며 동료들이 따르는 규칙을 따른다. 이는 꽃가루를 모으기 위해 같은 꽃밭으로 날아가는 경향이 있음을 의미한다. 벌집의 내부 판정자와 자원 배분자는 벌 집의 생존 목표에—꿀벌의 용어로 말하자면 매해 18킬로그램 꿀 생산으로 정의되는 목표에—기여한 정도에 따라 보상한다. 한편 벌집에서 5퍼센트밖에 되지 않는 다양성 제공자는 이름대로 순응 집행자와는 다른 꽃밭으로 날아 간다. 다양성 제공자의 일은 대안이 될 꽃가루 자원을 찾는 것이고, 목표를 달성하면 내부 판정자와 자원 배분자가 충분한 보상을 한다.

어떤 꽃밭이든 꽃가루의 양이 한정되었으므로 순응 집행자가 가져온 꿀의 양은 점점 준다. 내부 판정자는 생산량 하락을 감지하고는 자원 배분자에게 꿀벌 연료를 주지 말라고 지시한다. 즉 자원을 전환하는 것이다. 그렇게 되면 순응 집행자들은 다양성 제공자들이 보내는 춤 신호에 민감하게 반응하는 상태로 바뀌어 새로운 꽃가루 자원을 찾는다.

따라서 꿀벌들이 생존하기 위해서는 순응 집행자와 다양성 제공자 모두 중요하다. 홀링, 아디제스, 그레이브스의 연구를 보면 인간 시스템에 관한 복잡한 그림이 등장한다. 인간 시스템에서도 비슷한 역할 배분이 진화하여 재생과 생존을 가능하게 했다.


## 도시는 재생된다

생존과 적응성에 대한 기본적인 이해를 마쳤다면 이제는 도시가 전체적으로 어떻게 재생되는지 살펴볼 차례다. 총체적으로 연결된 우리가 자신을 재생하고 도시를 재생한다는 것은 단순히 생물학적 연계가 아니다. 그리고 오늘날의 기술과도 상관없는 총체적 행위이다. 더욱이 재생에는 집단 안의 회복과 학습 공유가 꼭 필요하다. 역할, 능력, 역량 면에서 가르치고 인도하는 일을 통해 일어난다.

생명이 생존, 환경과의 작용, 재생이라는 단순 행위에서 생겨나듯 생태계도 필연적으로 그러하다. 생태계는 가까이 사는 생명들이 얽혀 있는 결과일 뿐이다. 생태계는 생물-심리-문화-사회적 존재가 수많은 인구학적 차이, 생명 주기, 교환, 공생적 관계 속에 함께 얽혀 있는 것이다.

이는 사람들이 종종 시도하듯이 최소한의 자원을 가지고 뚝 떨어진 도시에서 살아남고자 하는 실험에서 입증된다. 사람들은 문화적으로 사회적으로 도시 환경과 연결되는 일상 행위가 도시에서 사는 가장 쉽고 참된 길임을 빠르게 알아차린다. 노숙자들을 옹호하여 자발적으로 야외에서 잠을 자는 사람조차 도시의 길거리라는 더 복잡한 환경에서 살아남기 위해서 생물학적 생존 능력 이상의 것을 활용한다.[9] 내적 결단, 영성, 신념이라는 의도가 환경과 연결되고 희망을 재생하는 능력을 부여받는다. 그들은 도시라는 생태계에서 다양성 제공자 꿀벌들처럼 변화를 위한 촉매로 행동한다.

## 회복 주기

도시의 회복은 환경에 적응하기 위해 사람들이 발달시킨 여러 능력에 의존한다. 생물–심리–문화–사회적 영역의 엄청난 자원이 도시가 적응할 수 있도록 도와주기 때문에 회복이 가능하다. 생존과 성공을 위해 도시는 지배자나 영웅 한 사람에게 의존하지 않는다. 비교하자면 봉건 영주가 지배한 성곽에서는 그러했다. 그 대신 도시는 한 종의 집단정신에서 발달한 핵심 역할들 사이의 관계, 그리고 삶의 조건에 따라 전환하고 변화하는 능력에 의존한다.

모든 살아 있는 시스템과 마찬가지로 도시도 주기성을 띤 습성을 발달시켜 자원을 축적하고 모색하고 나누고

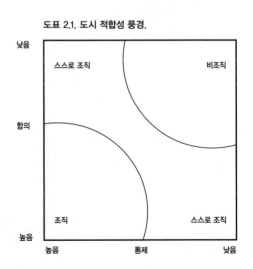

도표 2.1. 도시 적합성 풍경.

재배치하기 때문에 회복이 가능하다. 홀링(과 동료들), 블룸, 에오양, 아디제스, 그레이브스는 모두 살아 있는 시스템에는 순환을 이루는 자연적 단계가 주기적으로 이어지기 때문에 시간이 지날수록 복잡성이 진화한다는 사실을 알아냈다. 그들은 그러한 단계를 생태계, 종, 시스템, 조직, 개체 등 서로 다른 규모에서 구분했을 뿐이다.

홀링, 블룸, 그레이브스는 생명성을 갖춘 시스템의 복잡한 적응 진화 궤적을 밝혔다. 홀링은 부富(잠재력), 조절 능력(연결 정도), 적응 능력(회복력)이 "위기에 처했을 때 생태 시스템, 기관, 사람의 반응을 결정짓는 특성"이라고 주장한다.[10] 홀링과 동료들은 네 단계 주기를 제안한다.

1. 탐험(잠재력이 낮고, 연결 정도가 낮다.)
2. 보존(잠재력이 높고, 연결 정도가 높다.)
3. 방출(잠재력이 낮고, 연결 정도가 높다.)
4. 재조직(잠재력이 높고, 연결 정도가 낮다.)

이 특성들은 앞에서 언급했듯이 블룸이 꿀벌의 생활을 설명한 것과 비슷하다. 에오양은 컨테이너 내 차이와 교환을 분석하면서 이 내용을 반복하는데, 이에 대해서는 이 장의 사이드바 〈복잡한 도시〉에서 논의한다.

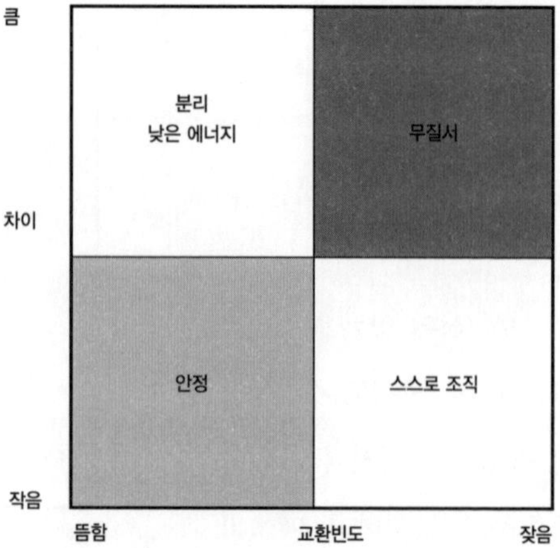

1, 2단계의 목표는 최

도표 2.2. 도시의 변화 상태 역학.

## 도시의 풍경: 조직화에 따른 분류

복잡한 적응 시스템으로서 도시는 컨테이너다. 컨테이너는 도시의 생태 지역인 풍경 속에 존재한다. 일반적으로 풍경은 지진, 해일, 산불 같은 자연의 힘이 조건을 바꿔놓거나 인간의 힘으로 물 부족, 공기 오염, 기후 변화를 초래하지 않는 한 비교적 안정적이다.

도시 내부에도 풍경이 있다고 생각할 수 있다. 이는 내 집 앞마당에 펼쳐진 것이 아니라 적합성 풍경(fitness landscape)을 말한다. 적합성 풍경을 통해 들여다보면 도시의 복잡한 요소들을 단번에 모두 가늠할 수 있다.

적합성 풍경으로 도시의 조직화와 해체 정도를 측정한다.[11] 여기에는 도표 2.1에서 알 수 있듯이 합의와 통제라는 두 가지 기본 벡터가 있다. 통제가 부족하면 상황은 모호해지고 이해나 적응이 힘들어진다. 합의가 적을수록 사람들은 함께 의미를 찾기가 어렵다. 이때 도시의 적합성 풍경으로 도시 전체가 얼마나 일관성 있게 작동하는지 가늠할 수 있다.

통제와 합의가 모두 잘 이루어지는 경우에 조직화가 가능하다. 예를 들면, 도로 주행 방향과 교통신호 등이 그렇다. 통제가 적고 합의도 낮으면, 분명히 풍경에서 해체를 볼 것이다. 한 예로 폭설로 도로 통제가 불가능한 상황에서는 어떤 합의도 이루어지지 않아서 차들이 고속도로에 줄지어 서게 된다. 통제나 합의가 중간 정도일 때 스스로 조직하는 방식으로 행동할 가능성이 높다. 차들이 속도를 유지하면서 쉽게 차선을 바꿀 수 있는 교통 상황을 떠올려 보라. 도시에서 통제와 합의를 어떻게 강화하거나 약화할 수 있는지 알게 되면, 도로의 조직화 규칙을 이용해 예측 가능성, 표준화, 신뢰성을 얻을 수 있다. 한편 부동산 시장에도 활용할 수 있는데, 이는 중앙 집중 방식으로 통제되지 않고 군중의 지혜처럼 개별 행동을 통해 나타난다. 그러면 혁신, 예외성, 유연성이 가능해진다. 보통은 조직화가 바람직한 것 같지만, 그로 인해 침체나 변화에 대한 저항이 있을 수 있다. 해체는 일반적으로 바람직하지 않지만, 시스템을 변화시키는 자연스러운 상태이기도 하다. 해체는 통제와 합의가 모두 없을 때 일어난다. 도시를 통합 시스템으로 볼 때, 우리는 합의나 통제를 통해 앞으로 나아가고 풍경을 전환할 수 있다. 이는 자기 조직화로 전환되며 결국 충분한 질서를 형성하여 전체 시스템에 도움이 되는 해법을 만든다.

# 복잡한 도시: 컨테이너, 차이, 교환

도시 시스템의 적합성 풍경은 차이와 교환이라는 면에서, 시스템 컨테이너에서 나타나는 행동을 가까이에서 들여다볼 때 더 잘 이해할 수 있다.[12] 복잡한 적응 시스템인 도시의 풍경은 사람들이 서로 교환하며 살아가는 컨테이너다. 발달 수준, 인종, 민족, 나이, 성별, 출생순, 가계도, 인지 발달, 훈련, 신념 체계, 역할 등 변수의 여러 조합으로 인해 차이는 무한하다. 교환은 물질이나 에너지를 옮김으로써—스킨십, 생각, 계약, 규칙, 판매, 노래, 화폐 교환 등으로—일어날 수 있다. 통합지도를 이용하면 모든 집합체 상한과 모든 복잡성 수준에서 차이와 교환의 위치를 파악할 수 있다.

시스템 이론에 의하면 경계가 없는 시스템은 존재하지 않는다. 도시의 경계가 컨테이너를 규정하므로 차이와 교환을 인식할 수 있다. 컨테이너인 도시 안에 개별 홀론과 집단이 있다. 개별 홀론의 독창성이 집단 내 차이의 원인이 된다.

도시는 분명 아주 긴밀하게 연결된 다수의 컨테이너들로 채워져 있다. 도시는 시스템들로 이루어진 복잡한 적응 시스템이다. 컨테이너들이 연결되어 있다는 것은 한 컨테이너의 차이와 교환이 다른 여러 컨테이너의 차이와 교환에 영향을 미칠 수 있음을 의미한다. 8장에서 논의하겠지만 분명히 가족, 스포츠 팀, 직장, 공동체, 구역, 도시 전체의 일원인 개인이 집단에 차이를 가져오고 그 모든 컨테이너에서 교환이 이루어지게 한다.

더욱이 컨테이너의 경계[13]는 견고할 수도 있고(건물처럼), 구멍이 많을 수도 있고(친교 집단처럼), 열려 있을 수도 있고(레크리에이션 센터처럼), 닫혀 있을 수도 있다(전문 협회처럼). 도시의 하위 시스템은 그러한 경계 특성을 하나 이상 지니고 있어 더 복잡한 컨테이너를 형성할 수도 있다(모든 경계 특성의 여러 측면을 지니고 있는 정부 부처처럼).

도시 컨테이너에서 인간 시스템의 역학은 차이의 정도와 교환 빈도로 측정할 수 있다. 그러한 역학은 도표 2.2에서 볼 수 있듯이 어떤 컨테이너에서든 변화의 일반적인 상태와 그 시스템의 회복력 수준을 알려준다.

도표 2.2에서처럼 차이의 정도(크거나 작음)와 교환의 빈도(잦거나 뜸함)로 네 가지 변화 상태를 규정할 수 있다. 이러한 변수에 기초하여 시스템의 변화 상태를 알면 다음과 같이 시스템을 변화시키기 위한 선택사항을 확인할 수 있다.

- 경계를 변화시킴으로써 컨테이너의 크기를 확장하거나(열거나 투과성을 높이거나) 축소한다(닫거나 더 견고하게 한다). 이로써 사람들에게 가해지는 압력과 컨테이너 안에서의 교환을 줄이거나 늘릴 수 있다. 전자의 예는 더 많은 사람들을 포함시키기 위해 선거구의 크기를 늘리는 것이다. 후자의 예는 선택된 학생들에게 집중하기 위해 학교 중심 교육에서 가정을 기반으로 하는 학교 교육으로 전환하는 것이다.
- 컨테이너 내에서 사람들의 차이를 늘리거나 줄인다. 차이가 있는 사람들을 더 많이 컨테이너로 끌어들이거나(개방적인 이민 정책), 개입을 통해 현재의 차이를 좁히거나(노인 센터의 짝 시스템), 눈에 보이지 않는 차이를 보이게 만들어서 현재의 차이를 늘림(부모와 함께 보육 가치 체계를 조사)으로써 그렇게 할 수 있다.
- 컨테이너 내에서 교환의 수나 유형을 늘리거나 줄인다. (연금 수령자들이 아이들에게 책을 읽어주든지) 사람들이 더 높은 빈도로 혹은 다른 방식으로 연결되는 생활 조건을 형성함으로써 그렇게 할 수 있다. 아니면 (다툼이 있는 파벌 사이에 벽을 세워주는 것처럼) 교환을 막음으로써도 가능하다.

이렇게 하여 복잡한 적응 시스템인 도시가 차이와 교환 정도가 다양한 컨테이너들의 그물망임을 알 수 있다. 차이와 교환을 살펴봄으로써 우리는 도시 시스템의 전체성이라는 특성에 대해 통찰을 얻을 수 있다.

대한의 생산과 축적이다. 블룸의 이론으로 말하자면 순응 집행 단계에 해당할 것이다. 종의 '내부 판정자'와 '자원 배분가'는 가장 가치 있는 것을 생산하고 축적하는 구성원들의 활동을 강화한다.

에오양은 이러한 시스템 상태를 안정성과 자기 조직화의 경험으로 인식한다(사이드바 〈복잡한 도시〉 참고). 아디제스는 조직의 생명 주기에서 생산과 전성의 시기로 본다. 그레이브스는 개체의 발달 단계에서 새로운 학습, 작용과 적응을 통합하고 강화하여 정상 상태의 지식을 유지하는 단계로 식별한다. 다음으로 홀링은 3단계와 4단계가 발명과 재분류(재분배)를 극대화한다고 주장한다. 블룸은 이러한 활동을 다양성 생성으로 설명한다. 블룸은 꿀벌의 예를 들면서 다양성 생성 활동이 언제나 진행된다고 말하지만, 사실 '내부 판정자'와 '자원 배분가'가 다양성 제공자들이 순응 집행자의 새로운 행동을 촉매하는 것은 순응 집행 단계가 하락할 때뿐이다.

홀링은 끝없이 이어지는 주기에서 하나의 목표를 달성하는 것이 다음의 성공을 위한 기초가 된다고 주장한다. 그는 삶의 조건이 주기에 따르는 자원의 흐름을 바꿀 때, 이 4단계 주기가 더 복잡한 단계나 덜 복잡한 단계로 전환되면서 적응성을 보인다고 말한다. 그는 "패나키"(pan과 hierarchy의 합성어로, 상위체계와 하위체계가 상호영향을 미치는 것을 강조하기 위해 일방성이 강한 hierarchy 대신 panarchy라는 용어를 새롭게 정의하여 설명한 것이다—옮긴이)를 "적응 주기가 겹겹이 싸인 계층 구조"로 정의한다. "그 주기 및 그 주기 사이의 정보교환 기능이 시스템의 지속 가능성을 결정한다."[14]

---

### 교환을 늘리고 차이를 줄여 파업을 끝내다

이 책을 쓰는 도중에 일어난 밴쿠버 도시 노동자 파업에서 도시 적합성 풍경의 예를 찾을 수 있었다. 노조와 시는 8시간 초과 근로 규칙에 관해 합의할 수 없었다. 근로 규칙에 대해 노조는 높은 유연성을 받아들이지 못했고 시는 유연성을 낮추려고 하지 않았다. 게다가 양측 모두 만남을 꺼렸다. 의견 교환은 적었고, 의견 차이는 컸고, 그 결과로 분리가 일어났다. 결국 해법은 제3자를 끌어들여 의견 차를 줄이고 의견 교환을 늘리는 것이었다. 그 결과 양측은 합의에 이르렀다.

## 발달의 각 단계에는 반복되는 주기가 있다

다음 장에서 살펴볼 텐데, 발달의 여러 단계에서 살아 있는 시스템의 능력은 생존, 적응, 재생의 과정을 통해 생명 유지에 서로 다르게 이용된다. 살아 있는 시스템을 면밀히 관찰한 많은 이들이 규모와 발달 수준과 상관없이 그 안에서 작동하는 역학은 본질적으로 동일하다는 점을 간파했다. 이런 식으로 반복되는 패턴의 예가 프랙털이다. 홀링, 블룸, 에오양은 역동적인 주기를 분석하여 더 큰 규모의 살아 있는 시스템 전체(세 사람이 각각 생태계, 종, 조직)의 회복력에 기여하는 적응성의 여러 단계를 더 들여다보았다. 아디제스는 조직 내 핵심 역할 정도에 중점을 두었고, 그레이브스는 개체 내 변화 상태와 촉발 지점을 알아냈다.

우리가 주목할 것은 다섯 저자 모두 시스템이 생존하고 생명조건에 적응하고 재생되는 과정에서 되풀이하는 패턴을 찾았다는 점이다. 본질적으로 이 저자들은 인간 시스템이 복잡한 적응 시스템이며, 순응 집행자, 다양성 제공자, 자원 배분가, 내부 판정자의 역할이 모두 생존과 재생을 위한 집단 정신에 기여한다는 데 동의한다.


## 도시 전체를 유지하기

도시의 지속 가능성에 수반되는 사항을 고려하기 위해 살아 있음의 기준 ―생존, 적응, 재생―을 이용할 수 있다. 지속 가능성에 관한 이 논의는 매우 간략하며 도시에 한정된다.

지속 가능성에 관해 활발한 연구를 기대하기는 어렵다. 현대의 다른 쟁점들과 마찬가지로 정의, 세계관, 분석의 틀이 다양하기 때문이다. 지속 가능성에 대한 이해는 의식의 차이에 따라 다르다. 사상가인지 작가인지 지지자인지 혹은 활동가인지에 따라 다른 틀이 만들어진다.

도시의 지속 가능성에 대한 탐구는 도시를 대표하는 복잡한 적응 시스템의 규모 때문에도 도전이 된다. 행동이나 의도, 관계, 그리고 도시를 구성하는 생산 시스템의 영구적 역동성을 고려한다면, 도시를 유지한다는 개념은 가능성보다 모순으로 보일 것이다.

고고학적 탐구로도 도시 진화의 여정을 증명할 수 있고, 도시의 여러 수준과 층위가 영묘하거나 난해할 뿐 아니라 말 그대로 도시의 거리와 빌딩과 파이프에 담겨 있다는 사실을 확인할 수 있다. 기반 시설은 그 구조물을 만들고 이용하는 사람보다 훨씬 느리게 변하지만 그래도 변하는 것만은 확실하다. 게다가 변화는 다소 복잡해지는 방향으로 일어난다. 개발도상국의 여러 도시에는 식민 통치 때 세워진 현대적 기반 시설이 있는데, 이는 공공사업이 쇠퇴하는 증거를 광범위하게 보여준다. 슬프게도 이는 기반 시설에 책임성 있는 주의와 관리가 그것을 설계하는 복잡성 수준만큼 필요한데, 식민 정부가 떠나면서 현대적 관리에 필요한 사고도 사라졌다는 증거가 되기도 한다.

그렇다면 지속 가능한 도시를 생각할 때 우리는 무엇을 지속할 것인지를 자문해야 한다. 지역 계획가 이안 와이트(2002)는 공간 창조 행위에서—이에 대해서는 다음 장에서 자세히 논의할 것인데, 사람들이 상호 작용하는 모든 방식을 통합하여 공간을 만드는 행위를 말한다—도시가 출현한다는 생각에 매료되었다. 지속 가능성을 공간 창조와 관련지을 수 있을까? 아니면 도시를 지속하려면 질서 유지, 전략적 기획, 보살핌, 공유, 시스템화를 최소화해야 함을 인식하고 지속 가능성 논의에서 크게 뒤로 물러나야 하는가? 이러한 관점에서는 도시처럼 복잡한 시스템에서 우리가 유지할 수 있는 것은 잠재력뿐이라고 생각하는 편이 낫다. 이는 스스로 교정하는 적응 주기로 도시의 회복력을 유지하는 데 핵심이 된다.

서문에서 도시를 '자생도시'와 '계획도시'로 나누었는데, 이를 회복력 개념에도 확대 적용할 수 있다. 우리가 설명하는 주기가 실제로 야생과 계획의 순환 단계일 수 있기 때문이다. 야생은 피할 수 없을뿐더러 필요한 것이고, 다양성 제공자가 발견하고 자원을 재배치한 결과일 수 있다. 구역을 살펴보고 그곳에서 사람들이 어떻게 홀링이 말한 회복 주기를 경험하는지를 보면 쉽게 이해할 수 있을 것이다.

사실 제인 제이콥스는 보스턴과 시카고 구역을 묘사한 첫 저서(1992)에서 모든 살아 있는 시스템처럼 주기적으로 일어나는 도시의 회복을 생생하게 보여준다. 토머스 호머-딕슨이 지적하듯이 회복 주기 중 하나 혹은 그 이상의 단계가 지나치게 길어진다면, 우리는 겉보기에 좋은 것을 너무 오래 붙잡고 있는 것일 수 있다. 그런 경우에는 시스템을 과도하게 교정해야 한다. 확대성장에는 반드시 축소 단계가 뒤따르며 결국 해체나 재조직화가 일어난다. 다시 말하면, 회복하는 과정에서 어느 단계든 전체 주기와 균형을 잃으면 회복 자체가 위협을 받는다. 유명 도시와 사회의 비극적인 이야기와 지속 불가능한 주기는 제래드 다이아몬드의 『문명의 붕괴Collapse』와 로널드 라이트의 『진보의 함정A Short History of Progress』에 연대순으로 기록되어 있다.

따라서 지속 가능한 도시는 개인의 "결코 끝나지 않는 과제"라는 그레이브스의 견해와 비교할 만하다. 인간 역량이 혼합된 집합체로서 도시가 개체나 조직, 시스템, 종, 생태계의 역동적 패턴을 반영한다는 것은 아주 자연스럽다. 지속할 수 있는 것은 적응의 패턴과 과정일 것이며, 이는 결국 위에서 논의한 회복 주기와 같다. 지속 가능성을 존재의 정상 상태로 보는 일반적 견해와는 다르다. 이를 정치적으로 볼 패턴도 아닌 것이, 주기에 밀물과 썰물이 있다는 것은 운이 다하는 사람도 있고 흥하는 사람도 있다는 의미이기 때문이다.

회복력의 지속 가능성에 관해 고심하면서 이러한 밀물과 썰물 모델이 함축하는 바에 가장 근접한 분야는 경제 영역이다. 그런데 서투르게도 기계론적 모델에 의존하고 있어서 정부 정책은 주식 시장의 주기를 묶고 호황 주기를 영원히 지속하려고 한다. 불황 주기는 자원을 재조직화하는 자연스러운 단계로서 필요하며 다음 호황 주기를 만든다는 점에 주의를 기울이지 않는다. 어떤 주기도 지나치게 길어지면 잇따르는 단계도 길어진다. 닷컴 거품으로 인한 1990년대의 불황과 2007년의 주택 담보 대출 거품의 경험은 과잉 조정의 고통과 현실을 보여주었다. 삼림 관리 업무에서도 산불의 끔찍한 교훈을 통해, 삼림의 회복력을 유지하고 오랜 기간에 걸쳐 서로 다른 종이 출현하는 것이 자연스럽고도 필요한 일임을 생생하게 배웠다.

이러한 점을 명심한다면, 도시가 미래 세대를 위해 자산을 유지하여 지속 가능한 실천을 개발하는 틀을 상상해볼 수 있다. 하지만 현재 도시의 조건과 단계, 다양한 계층, 그 안에서 일어나는 교환에 적합하며 도시의 모든 것이 바뀌어도 충분히 유연한 정책을 입안하도록 의사 결정자들의 마음을 바꾸기란 훨씬 더 어렵다.


## 창발: 도시의 새로운 역량을 발견하다


도시의 지속 가능성을 견인하기보다 도시의 창발성에 유념하는 편이 훨씬 유리하다고 본다. 살아 있는 시스템의 특성인 창발은 시스템의 공명 resonance과 통일성coherence에서 나온다. 우리가 보았듯이, 회복력은 시스템이 환경에 적응하는 데서 비롯된다. 공명은 시스템이 외부 환경과 잘 정렬될 때 일어난다. 말 그대로 시스템과 주변이 동조하는 것이다. 한편 통일성은 에너지가 최적화되도록 시스템의 모든 요소가 내부적으로 정렬될 때 생겨난다. 공명과 통일성이 동시에 나타날 때 시스템의 새로운 능력이 창발한다.

이는 위상이 변할 때 일어나는 경향이 있는데, 이때 내부 패턴과 외부 패턴이 서로 다른 상태에서 같은 위상으로 바뀌게 된다. 그야말로 더 강한 진동으로 도약한다. 인간 도시 시스템이 실제로 새로운 선율을 흥얼거리게 되는 것이다.

이러한 창발 능력은 두 가지 관점에서 조사할 수 있다. 하나는 홀로그래 피적 관점인데, 이는 부분에 내장된 패턴에서 전체가 어떻게 드러나는지 보여준다. 다른 하나는 형태장, 즉 형태형성장이며, 같은 홀론과 같은 종의 행동이 반복해 축적될 때 나타난다.

## ≫ 홀로그래피적 도시

홀로그램은 두 파동 패턴의 간섭 패턴에서 생기는 3차원 이미지다. 홀로그램을 구성하는 각 부분에는 전체에 대한 정보가 담겨 있다.

토머스 호머-딕슨(2006)은 『쇠퇴의 긍정적인 면 *The Upside of Down*』에서 도시의 홀로그래피적 본질을 담고 있는 역사적 의사(疑似) 사실로 우리의 관심을 사로잡는다. 그는 건축물을 구성하는 돌 하나—로마 콜로세움의 기초석, 레바논 바알베크의 바커스 신전, 바알베크 근처의 임신한 여인상—에서 세 도시의 특성을 이끌어낸다. 돌마다 그 돌을 창조한 문명의 가치가 증거로 남아 있다. 그러한 의미에서 그 돌은 홀로그래피적이다. 도시가 어떻게 만들어졌는지, 왜 그 돌이 그곳으로 옮겨졌는지, 누가 그 일을 했는지, 누가 그 일을 감독했는지, 누가 구조물을 설계했는지, 돌을 옮기고 의도를 공유하기 위한 소통에 어떻게 에너지를 제공했는지 등, 도시에 대해 알고자 할 때 도시의 작은 부분은 도시에 있는 모든 것을 드러낸다.

라즐로는 "자연의 홀로그램이 우주적이며 (……) 모든 것이 다른 모든 것과 (……) 연결되어 있다"[15]고 말한다. 도시는 얽혀 있고 서로 연결된 구조물, 문화, 의도, 행동에서 비롯된 통합 시스템이므로 도시가 홀로그래피적 실체라는—어떤 부분이든 전체를 드러낸다는—증거를 찾을 수 있다. 그러한 의미에서, 어떤 부분을 선택하든 그것이 도시의 다른 모든 부분과 어떻게 연결되어 있는지를 추적하면, 도시를 구성하는 시스템과 하위 시스템을 발견할 수 있다. 상호연결성을 지도로 그리고 그 패턴을 종합해내면 그 자리에서 홀로그램을 만들 수 있다.

도시의 통합성integralness은 도시의 홀론과 계층 구조가 전체 시스템에 기여하는 온전성integrity뿐 아니라 홀론과 계층 구조가 통합되는 특성에서 비롯된다. 통합된 온전성은 도시의 정렬 상태와 통일성을 설명하는 하나의 방법이고, 그것의 최적화 정도는 도시의 창발 능력을 드러낸다.

도시의 홀로그래피적 특성은 도시의 창발 능력을 보여줄 수 있다. 도시의 한 부분에서 홀로그램을 볼 때 도시 전체를 쉽게 볼 수 있다. 예를 들어, 건강관리 시스템의 질이나 교육 시스템의 효과를 살펴봄으로써 그 도시의 삶의 질이나 개발 역량에 접근할 수 있다. 5, 6, 7, 8장에서 다룰 각 사항들은 도시를 홀로그래피적으로 보는 시각을 제공할 것이다.


## 도시의 형태장

도시의 홀로그램이 보여주는 통찰을 쉽게 받아들일 수 없다 해도, 다른 필터를 통해 도시 전체를 들여다볼 수 있다. 루퍼드 셸드레이크가 사용한 렌즈를 통해 응시한다면 인간 존재에 관한 무형의 실체를 일별할 수 있다. 그에 접근할 능력이 있던 사람들에 의해 오래전에 알려졌지만, 증거가 있음에도 불구하고 무형의 존재에 위협을 느꼈던 사람들이 억눌러왔던 내용이다.

생물학자인 셸드레이크는 비둘기, 앵무새, 개, 말처럼 귀소 본능이 있는 종들이 어떻게 먼 길을 여행하고 정확하게 목적지에 도착하는지 궁금했다.

심지어 동물들은 사람의 의도를 알아채고 높은 정확도로 사람의 행동을 예측할 수도 있는 것 같다.[16] 셸드레이크는 각 종이 오랜 시간 동안 에너지장을 형성해왔다고 주장했고, 에너지장은 맨눈에 보이지 않고 지금까지 개발된 어떤 기기로도 포착할 수 없지만 라디오나 텔레비전 신호처럼 실재한다고 보았다. 그는 어떤 종이든 내장된 안테나를 지니고 있으며, 그것으로 에너지장에 접근하고 그곳에 보관된 지식을 얻을 수 있다고 주장한다. 개는 자신과 연관성 있는 가까운 종의 장에도 접근할 수 있는 것으로 보인다.

셸드레이크의 최근 연구는 누군가 자신을 쳐다보는 느낌, 텔레파시, 예지력, 예지몽 등 인간에게 나타나는 현상까지 범위를 확장한다(2003). 그는 이러한 에너지장을 형태장이라고 부른다. 어떤 사람은 이러한 장에 있는 정보에 접근하는 능력이 더 뛰어난 것 같다. 아마존 부족, 인도네시아 부족, 호주 원주민 같은 토착민의 경우 이런 능력이 아주 잘 발달되어 있고 사회 구성원 사이에 널리 공유된다.

소위 선진 세계에서는 이러한 능력과 관련된 기술을 지녔다고 시인하는 사람이 거의 없다. 사람들도 그러한 능력을 발휘하는 사람에게 신뢰를 갖지 않는다(예외적으로 까다로운 범죄를 해결하기 위해 초능력자를 은밀히 활용하는 경찰 조직이 있다). 하지만 증거가 쌓여감에 따라 도시가 그러한 장의 존재를 입증하는 매우 훌륭한 기반을 제공할 것이라고 어렵지 않게 추측할 수 있다. 오늘날에는 도시가 방출하는 물리적 열량을 측정할 수 있다. 우리는 라디오와 텔레비전 신호를 조절할 수 있고 수신자 개인은 그 신호를 정보와 오락을 제공하는 유용한 메시지로 바꿀 수 있다. 개인에 대한 셸드레이크의 주장이 옳다면, 멀지 않은 미래에 개인과 집단의 의식 패턴을 반영하는 형태장을 각 도시에서 발견할지도 모른다.

철학자 에르빈 라즐로도 비슷한 생각을 한다. 그는 '하늘' 혹은 '우주'를 뜻하는 산스크리트어를 빌려 형태장을 아카샤장Akashic field이라 부른다

(2004). 그는 생물학 대신 물리학을 이용하여 진공이 비어 있는 것이 아니라 에너지와 정보로 가득 차 있으며, 단지 우리가 그것을 인지하지 못하고 접근할 방법을 모를 뿐이라고 주장한다. 수천 년 동안 모든 문화권에서 선택된 사람들이 그 장에 접근하는 비법을 배웠음에도 불구하고, 이제는 의도적이기보다는 우연히 이루어진다. 라즐로는 아카샤장에 모든 인간(그리고 지구) 활동에 관한 영구적인 기록이 담겨 있다고 주장한다. 이는 출생(혹은 수정) 이후 뇌가 실제로 개체의 모든 활동 기록을 담고 있는 것과 마찬가지다.

형태장 혹은 아카샤장이라는 개념은 도시에 집중되어 있는 지능을 활용하여 우리가 지금껏 꿈꾸어온 것보다 훨씬 더 위대한(더 복잡한) 지능을 발휘할 가능성을 시사한다. 우리가 진정으로 함께 생각하는 법을 배울 수 있다면, 최신 컴퓨터와 [개인 컴퓨터를 연결하여 SETI(문명 탐사 계획)의 외계생명체 탐사 프로젝트에 이용하는 것과 같은] 신경 네트워크를 설계했던 것처럼 병행 처리라는 막대한 힘을 발휘할 수 있을 것이다. 그렇게 할 수 있다면, 우리는 인간 지능에서 중대한 위상 변화를 겪을 것이고, 도시는 인간적인 삶을 더 잘 뒷받침하는 최적의 삶의 조건을 창조할 수 있다. 같은 이유에서 낙관적으로 보면 나는 그런 지능이 발휘될 때 우리가 마침내 지구의 삶에 가치를 더하는, 지속 가능하고(자원을 과도하게 사용하지 않고) 창발적인(기존 자원으로부터 새로운 역량을 늘 창조해내는) 힘을 지니게 될 것이라고 기대한다.

그러는 동안, 형태장이 증명되건 아니건 간에 사람들은 도시의 정신을 감지할 수 있다. 그 정신을 은유적으로 표현하지 못할 수 있지만(이 장의 사이드바 〈복잡한 도시〉 참고), 도시의 핵심 가치는 종종 사람들이 경험하는 특성으로 표현된다. 토론토는 훌륭하고, 파리는 낭만적이고, 로마는 최고이고, 리오는 놀기 좋고, 뉴올리언스는 장난꾸러기 같고, 또 댈러스는 구동(驅動), 런던은 금융, 뉴욕은 자유를 대표한다.

이러한 정신은 도시가 건강할 때나 스트레스를 받았을 때나 해를 입어 웰빙 상태를 되찾으려고 분투할 때나, 도시 거주자들에 의해 쉽게 감지되며 공유된다. 오늘날에는 재앙이 쉽게 알려지고 아웃사이더도 도시의 정신을 회복하기 위해 결집하게 된다. 뉴욕, 뉴올리언스, 오사카, 멕시코시티처럼 자연재해나 테러를 경험한 도시에서는 피해를 입은 도시를 회복시키기 위해 시민이 뜻을 모으는 것이 중요하다는 것을 보여주었다. 그러한 개인을 벗어난 지원은 필연적으로 정신을 결집시켜 피해를 회복시키고 도시를 일으켜 세운다.


## 결론


도시를 통합 시스템으로 보지 않는다면, 우리는 도시의 목적이나 정렬 상태나 통일성을 파악할 수 없다. 자연적으로 나타나는 도시의 주기와 위상을 알려주는 살아 있는 시스템에서 패턴, 과정, 구조를 인식하는 데 장애가 생기는 것이다.

도시를 통합 시스템으로 보지 않으면, 삶을 고양시킬 수 없으며 관계 유지에 어려움이 생기며 회복력 있는 안녕을 누리지 못하게 된다. 너무 짧은 시간 틀, 너무 편평한 공간 틀, 너무 좁은 인간 틀만 보게 될 것이다.

반면에 도시를 통합 시스템으로 본다면, 우리는 특수한 삶의 조건에서 살아남는 지혜, 총체적 생명력의 신비, 도시가 받아들이는 에너지, 정보, 물질의 놀라운 잠재력을 충분히 이해할 수 있다. 도시 전체를 바라봄으로써 진정으로 하위 시스템의 작용을 이해할 수 있고 창발이 일어나는 맥락을 이해할 수 있다.

## 질문

1. 중앙집중식 통제 없이 어떻게 도시에서 프랙털과 유사한 하위 시스템이 모두 잠재력을 발휘하고 전체의 안녕에 기여할 수 있을까?
2. 각 발달 단계에서 도시는 어떤 지원이 필요한가? 우리는 어떻게 도시를 다음 발달 단계로 이끌 수 있을까?
3. 지능, 역량, 잠재력이 전 지구적으로 연결된 네트워크 속에서 세계의 도시가 모두 노드로서 연결되어 있음을 어떻게 알 수 있을까? 그러한 에너지를 막는 방해물을 제거하고 도시 내에서 그리고 도시 간에 에너지가 흐르게 만드는 방법을 어떻게 개발할까?

## 통합도시 원칙을 적용하기 위한 간단한 규칙 세 가지

1. 홀론이 다른 존재에게 도움이 되는 방식으로 살아간다.
2. 환경에 적응한다.
3. 환경을 다시 채워놓을 수 있도록 인간의 재생 주기를 연결시킴으로써 스스로 재생하는 피드백 회로를 창조한다.

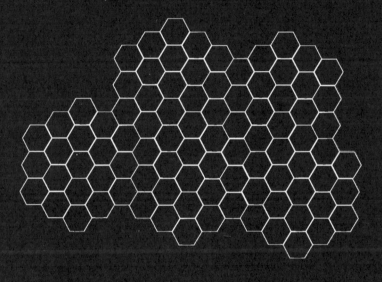

Integral Intelligence

3장
—
통합지능

• • •

꿀벌이 현재의 지도를 가지고 있다고 해서 반드시 춤이 진화하기 전에
지도를 가지고 있었음을 의미하지는 않는다.
복잡한 정보를 다루는 경제적 방법으로 지도가 나중에 생겼을 수도 있다.
– 굴드 & 굴드, 『꿀벌』

마음이 좋아하는 것은 사물의 전체성을 보여주는
객관적 구조나 생명과 일치한다.
마음이 좋아하는 '그것'을 알게 됨에 따라
그것이 그곳에 있는 가장 심오한 것임을 알기 시작한다.
이는 모든 판단에 적용되는데, 예술 작업에만 해당되지 않으며
행위와 사람뿐 아니라 모든 것에 해당된다.
– 알렉산더, 『생명현상』

**사람이 살기에 가장 적합한 조건을 창조하는 특성 통합하기**

도시는 개체와 집단의 의도와 상호 작용이 빚어낸 살아 있는 시스템으로, 의식적 존재(즉 정신)와 거주지(도시 외형)를 모두 제공한다. 도시의 크기는 (로마인이 세운 도시나 벌집의 꿀벌 수처럼) 5만 명 내지 (일본, 중국, 멕시코의 도시처럼) 2000만 명에 이르기도 한다.

통합도시는 도시의 크기에 상관없이 도시를 통합 시스템으로 들여다보는 방법이다. 통합 시스템은 의식 생태계에서 출현했으며 산이나 바다, 초원 등 자연 환경, 기후, 자연 생태계와 함께 담론, 정치, 종교/영성이라는 맥락도 내포하지만, 이에 한정되지 않는 살아 있는 시스템이다. 통합도시는 역동적이고 적응성을 가지며 내부 삶의 조건과 외부 삶의 조건에 반응한다. 통합도시는 인간을 위한 거주지를 집중시키는 복잡한 적응 시스템처럼 작용한다. 벌집이 꿀벌을 위해, 개미탑이 개미를 위해 하는 것과 마찬가지다. 자연계 시스템과 마찬가지로 통합도시는 생명이 집중된 곳에 영향을 미치는 쟁점, 요소, 도전을—인간이 살도록 정보, 물질, 에너지 흐름을 유지하는 문제를—모두 직시한다.[1]

## 인간 거주지의 통합적 특성은 무엇인가?

통합integral은 인간 거주지를 위한 최적 조건이 지닌 모든 특성을 합한 단어다. 나는 에르빈 라즐로, 글레어 그레이브스, 돈 벡, 켄 윌버의 통합적 연구의 합류점 세 가지를 반영하고자 통합이라는 단어를 사용한다. 통합은 전체, 종합, 결합, 상호 연결, 내포, 아우름, 활기, 반응, 적응을 의미한다. 통합은 단절이나 부분, 배타, 고정, 불변을 의미하지 않는다. 통합은 우리의 기원인 생명의 조건을 반영하는데 그것은 의식이 있고, 복잡하고, 적응하고 진화하며 발달한다. 통합은 진·선·미, 좋은 것과 나쁜 것과 추한 것, 의식과 무의식, 긍정성과 부정성, 음과 양, 선과 악, 몸·정신·마음·영혼, 너와 나, 우리와 그들 등 모든 존재를 포함할 만큼 충분히 크다.

통합은 그 뿌리가 온전성integrity과 통합(함)integration 둘 다와 관련 있는 단어다. 온전성은 내부적 일관성consistency 및 외부적 측면과 관계 있다. 통합은 통일성coherence과 정렬을 함축하고, 도덕적 뉘앙스를 지니며 윤리적 일관성과 연결된다. 온전성은 삶의 주관적이며 상호주관적 특성과 관련 있다. 반면에 통합은 집중된 방식으로 생성하고 연결하고 결합하는 것이다. 이는 분리되어 있던 것을 모아서 함께 섞는 것을 의미한다. 어떤 사람들은 통합을 20세기의 주요한 사회 목표이던 인종 통합과 연관시키기도 할 것이다.

수학 용어에서 통합은 정수와 관련 있다. 정수는 자연수natural number라고도 불린다. 온전성과 통합의 양상을 모두 결합시키는 가운데 통합은 온전성의 통일성과 통합의 혼합 작용을 포괄한다. 통합은 우주 의식에서 출현하는 존재의 패턴을 설명하고, 모든 것이 체계적으로 자연적으로 다른 모든 것과 연결되어 있으며 지구의 생명이 미시부터 거시 수준까지 아주 폭넓게 연결되어 있음을 설명하는 단어다. 사실 모든 '사물' 혹은 사건은 단순히 물질, 에너지 혹은 정보의 패턴이 아니라, 다른 시스템과 통합적 관계에 놓여 있는 '시스템'이다. 우주 전체는 시스템의 시스템의 시스템으로 끝없이 이어진다.

어떤 과학자들은 빅뱅으로 우주가 시작된 이후 140억 년 동안 진화한 존재 패턴이 그보다 앞서 존재한 의식을 기반으로 생겨났다고 (그리고 끝없이 학습하는 의식이 다른 평행 우주를 감싸 안고 있다고) 추측한다. 에르빈 라즐로(2004)는 이러한 초의식을 "인-포메이션in-formation"이라고 부르는데, 이는 말 그대로 모든 존재를 '형성'하는, 우주의 연결력이다. 그는 인-포메이션이 어디에나 있으며 진동이나 파동과 비슷하다고 주장하며, 그것을 물질과 에너지의 연결을 통해 결정화되는 정보information와 구별한다.

이러한 우주, 은하계, 태양계, 행성에서 정보, 에너지, 물질 패턴이 지난 10만 년 동안 뚜렷이 다른 형태의 의식을 지닌 인간이라는 시스템을 낳았다. 이렇게 새로이 출현한 생명 조건life condition에서, 각 인간은 살아 있는 시스템의 복잡한 진화 패턴의 주요 증거를 지니고 있다.

우리의 신체가 진화한 것과 마찬가지로 우리의 사회적 복잡성도 진화했다. 인간의 다양한 문화는 우리가 지구 어느 곳에 있든 생명 조건이 우리를 변하게 만들었을 때 일반적으로 우리가 더 복잡해지는 방향으로 변했다는 증거를 보여준다. 아인슈타인은 오래된 생활 방식으로 풀 수 없는 문제를 해결하려면 새로운 사고방식이 필요하다고 설명했는데, 우리는 이런 식으로 수수께끼를 끊임없이 풀고 있다. 도표 3.1은 인간 시스템의 구조적 복잡성을 보여준다. 이 시스템들은 가족 생존 중심에서 씨족과 부족의 유대 시스템, 족장과 왕의 권력 다툼, 국가나 숭배 대상의 권위, 물질 교환이라는 전략적 경제, 다양한 사람들을 받아들이는 포용, 전 지구적 시스템의 변화와 흐름flex and flow, 모든 생명을 존중하는 가이아에 이르는 동안(이에 대한 논의는 6장과 7장에서 자세히 다룬다) 출현했다. 역사적으로 각 복잡성 수준에서는 인간 시스템을 포함하여 새로운 인공물, 거주지, 구조물 등을 창조했다. 그러한 컨테이너 중 가장 집약되고 복잡한 형태를 도시라 부른다.

　우리의 몸과 뇌를 적응하고 생존하도록 자극한 삶의 조건에서 의식의 진화가 뒤따랐는데, 그 덕분에 인간성을 의미하는 것이 진화할 수 있었다. 바로 이 조건이 오늘날 도시의 웰빙 상태와 진화에 기여했다. 우리의 물리적 몸이나 거주지 구조물처럼 우리 개인의 생애 주기도 인간 시스템의 발달 특성에 관한 증거를 지니고 있다. 도표 3.2는 클레어 그레이브스가 개발한 프랙털 지도로, 개인의 잠재적 발달뿐 아니라 인간 의식의 역사적 발달도 보여준다. 전자와 후자를 겹쳐놓으면 호모 사피엔스 사피엔스의 의식 수준이 역사상 발달해온 수준을 대략적으로 볼 수 있다.

　생명의 프랙털 패턴과 감싸진 계층 구조는 우리 몸에 나타났을 뿐 아니라 우리의 도시 구조물로도 확장되었으며, 나아가 모든 개별 생명체에도 나타날 가능성이 있다. 자궁에서 잉태되었던 시험관을 거쳤던 우리는 부모(혹은 그와 비슷한 존재)에게 의존하는 무력한 상태로 태어난다. 부모라는 존재들도 서로

도표 3.1. 구조의 발생과 복잡성.
출처: Beck & Cowan, 1996.

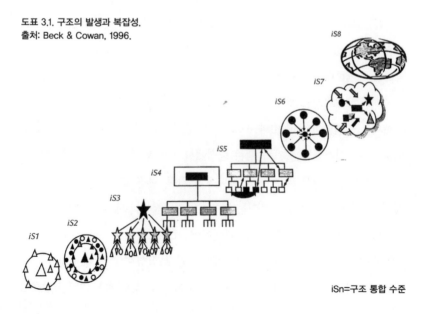

iSn=구조 통합 수준

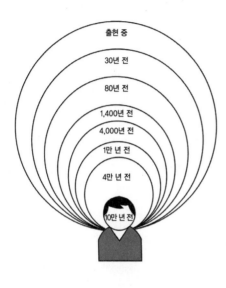

도표 3.2. 클레어 그레이브스의 의식 발달 지도.
출처: Beck, 2006; Graves, 2005, p. 181.

출현 중

30년 전

80년 전

1,400년 전

4,000년 전

1만 년 전

4만 년 전

10만 년 전

엄청나게 연결되어 있는데 친구, 일터, 보건, 학교, 커뮤니티라는 시스템에 의존한다. 이 시스템 역시 도시, 주, 국가라는 사회 시스템에 복합적으로 의존하고, 사회 시스템은 문화 규범에 복합적으로 의존하고, 문화 규범은 우호적인 문화나 적대적인 문화와의 관계에 복합적으로 의존하고, 또 문화는 자연 생태계에 복합적으로 의존하고, 자연 생태계는 기후와 에너지 흐름이라는 지구 시스템에 통합되어 있다.[2]

우리는 개인을 발달시키는 잠재력이 말 그대로 잠재력임을 인식해야 한다. 후반에 논의하겠지만 개인의 신체적 나이는 의식 발달을 전혀 보장하지 못한다. 그보다는 5장과 8장에서 제안하는 것처럼 의식 발달은 개인이 살고 있는 삶의 조건에 따라 달라진다.

따라서 통합도시에서 우리의 정체성은 각자의 내면에 얽혀 있는 인간 조건의 잠재력을 어떻게 키우느냐에 달려 있다. '삶의 최적 조건'이라고 부를 수 있는 춤과 같은 리듬, 즉 통일성은 인간의 잠재력이 도시라는 환경에 건설된 구조물 및 사회적·문화적 기관과 조화를 이룰 때 만들어진다. 그 상태는 무대 위 무용수들의 변화하는 패턴처럼 역동적인 흐름으로 나타나며, 사람마다 집단마다 다를 수 있다.

이는 도시에 사는 사람들의 개별적 삶이 시간이 지남에 따라 도시 발달 단계에도 영향을 미친다는 의미이다. 그 단계는 유아, 어린이, 청년, 성인, 부모, 조부모, 노인으로 구분할 수 있다. 도시가 같은 장소에 남아 있을지라도 각 단계에서 도시는 다르게 표현되며, 우리는 그것을 시대라고 부른다. 이것이 '공간 창조'의 핵심이며 세월이 지남에 따라 도시의 정신, 즉 영혼을 창조하는 것과 마찬가지다.[3]

도시 거주자가 계속 생애주기를 거치듯, 통합도시라는 매우 역동적인 시스템을 규정하는 도시 기관과 조직도 그런 단계를 거친다. 사실 통합도시를 위한 삶의 최적 조건은 도시가 가진 특성의 안정성보다 시민들의 회복력—즉 변화에 직면하여 적응하는 능력—에 달려 있다.


## 통합도시를 어떻게 유지할 것인가?

1987년에 브룬트란트 보고서가 출간된 이후 세계는 도표 3.3의 벤다이어 그램처럼 환경, 경제, 사회라는 세 요소의 상호연결에서 균형을 맞추고자 부단히 노력했다. 이 틀에서는 세 요인의 중요성을 인식했으며, 모두 동등한 것으로 간주했다.

그런데 이제 과학 연구를 통해 우리는 이 요인들이 긴밀하게 연결되어 있지만 이 중 두 가지는 세 번째 요인에 전적으로 의존한다는 것을 알게 되었다. 다시 말해 도표 3.4처럼 환경이 경제와 사회라는 요인보다 우선하며, 경제와 사회는 환경에 의존한다. 사실 환경을 탐색해보면 환경이 자연에 대한 의식과 경제적 요소로 채워져 있음을 발견하게 될 것이며, 이는 아래에서 논의하듯이 도시의 프랙털 상황이다.

사회, 경제, 환경이라는 측면에서 관계의 진실은 지구의 잃어버린 문명—마야, 이스터 섬, 아시케나즈—에서 찾아볼 수 있는데, 도시라고도 알려진 인간 시스템이 어떻게 도시를 지탱하는 환경의 수용 능력을 압도했고 그 결과로 사막화, 염류 축적, 가뭄, 기아, 심지어 식인까지 일어났다.

도시가 생존하기 위해, 우리는 그런 사례에서 어떤 교훈을 배워야 할까? 어떻게 세련된 도시가 문명의 정점에서 실패했을까? 살아 있는 시스템에 관한 가장 종합적인 과학 연구는 1960년대와 1970년대에 제임스 그리어 밀러가 이끌었다.[4] 이 학제 간 연구팀은 모든 살아 있는 시스템에는 물질, 에너지, 정보 사이의 관계를 명시하는 세 가지 주요 처리 시스템이 있다고 결론 내렸다. 게다가 그들은 그 세 구성 요소를 처리하기 위해 모든 살아 있는 시스템이 19가지 하위 시스템의 변종을 발달시켰다고 주장한다.

역사의 교훈은 도시가 어느 정도 물질과 에너지 흐름에는 통달했지만, 과거에 사라진 도시는 임박한 종말을 알려주는 정보에 접속하지 못했음을 알려주는 것 같다. 인-포메이션과의 연결도 어긋났을 것이다.

바로 이 지점에서 켄 윌버[5]가 통합적 담화에 세련되게 기여한다. 라즐로가 통합주의의 체계적 특성을 보여주고 벡이 진화적 발달적 특성을 설명한 반면, 켄 윌버는 물질과 에너지라는 보이는 세계와 의식과 문화라는 보이지 않는 세계 사이에 존재하는 연결고리를 재통합할 렌즈를 제공한다. 그의 통

**도표 3.3. 지속 가능한 발전에 대한 전통적 시각.**　　**도표 3.4. 환경을 배경으로 두고 지속가능한 발전을 재구성하기.**

합 비전은 우리가 개체 대 집합 그리고 내면 대 외면으로 나누어놓은 실체들이 같이 탄생하고 같이 연결되어 있음을 입증한다. 아래에서 논의될 그의 통합지도는 온전성과 통합, 홀론과 전체성, 단계와 상태를 아우른다. 그는 실질적으로 통합적 작동 시스템과 도표화 도구를 제시함으로써 실체들 사이에 다리를 놓으며, 변환과 변용과 초월이 필요한 삶의 조건에 대해 이야기할 수 있는 일반 언어를 제공한다.

## 우리는 도시의 인-포메이션에서 멀어지고 있는가?

도시에서 아주 많은 혼란을 겪는 이유는 일반적으로 시청, 교육, 보건, 일터 등 도시 하위 시스템의 제1 중요성이 전적으로 인간적 특성을 지원한다는 사실을 우리가 잊기 때문일 것이다. 완전히 인간적이라는 것에는 정보, 물질, 에너지라는 물질적인 측정치뿐 아니라 존재의 인-포메이션 측면도 포함되는데, 후자로 인해 의식 및 다른 사람과의 관계가 가능하다. 무대 위 무용수의 패턴처럼, 우리 인간성이 항상 진화한다는 것은 우리가 늘 '형성 중in formation'임을 의미한다. 더욱이 우리의 자기성찰 능력은 '자기형성self-in-forming' 의식을 창조하고, 이는 강화된 패턴을 통해 인-포메이션 피드백 고리를 생성하여 실질적으로 '자기self'를 형성한다. 바로 여기에 우리의 끝없는 학습 능력의 최적화 지점과 창조 재능의 비밀이 있다. 개체로서 각자는 이러한 영원히 '형성 중ever-in-forming'인 보물을 간직하고 있고, 도시는 그러한 상호연결 그물망을 통해 가치를 무한히 증폭시킬 수 있는 자연 조건이다.

그런데 현재 우리가 경영하는 도시에서는 외부 정보가 사일로에 갇혀 있고 내부 정보도 연통 안에서 돌고 있다.[6] 우리는 인-포메이션은 고사하고 필요한 정보조차 알지 못한다. 세계 어느 곳에서든 인간은 어떤 나라나 생물 지역 내에서 도시와 연관 있는 결정을 내린다. 그런데 인간의 조건을 지원하고 그에 접근하고 도움을 주는 핵심 하위 시스템에 관해서는 놀랍게도 어떤 도시에서도 대부분 결정을 내리지 않는다. 실망스러우며 좌절감까지 안겨주는 사실이다. 도시 경영, 건강관리 시스템, (모든 수준의) 학교 교육, 일터에서 분리된 하위 시스템 관료 체제는 짜임새가 없거나 기껏해야 엉성하게 연결되어 있다. 도시라는 무대를 위에서 내려다보면 상당히 혼란스러워 보인다.

　도시를 거주자들의 안녕에 이바지하는 하위 시스템의 상호 연결에 의존하며, 온전히 통합된 '인-포밍in-forming' 시스템으로 볼 수 없다는 점이 놀라운가? 역설적이게도 그러한 하위 시스템(도시 경영, 건강관리 시스템, 학교 교육, 일터) 내에서 우리는 계속 더 복잡한 정보 시스템을 개발하고 있고, 그 하위 시스템은 우리에게 건물, 전염병, 평가 시스템, 업무 관리에 관해 알 필요가 있는 모든 것을 알려준다. 그러나 우리는 이 하위 시스템 각각의 통합적 특

## 건강한 도시의 정의

"건강한 도시는 물리적·사회적 환경을 끊임없이 창조하고 개선하며, 커뮤니티 자원을 확장하여 사람들로 하여금 모든 생명 기능을 수행하고 잠재력을 최대로 발휘하도록 서로 지원하게 한다." 이는 도시를 선구적이고 전일적으로 사고한 세계보건기구(WHO)의 정의다. 2004년에 WHO의 유럽 웹사이트에서는 건강한 도시에 관한 1986년 버전을 다듬어 통합적 사상한—잠재력(좌상), 상호 지원(좌하), 생활 기능(우상), 물리적 사회적 환경(우하)—을 아우르도록 했다. 이 정의는 다음과 같은 변화를 염두에 두고 있다. "건강한 도시는 결과가 아닌 과정으로 규정된다. (……) 건강한 도시는 건강 상태를 의식하며, 건강 개선을 위해 노력한다. 따라서 현재의 건강 상태와 상관없이 어떤 도시도 '건강한' 도시가 될 수 있다. 필요한 것은 건강을 달성하기 위한 과정과 구조 형성에 전념하는 것이다."[7]

성도, 그들 사이의 통합적인 인-포밍 연결성도 보지 못한다. 대개는 하위 시스템의 물질적 성과를 알려주는 정량적이고 객관적인 정보를 생성하고 측정한다. 반면 우리 내면의 주관적이고 상호주관적인 경험의 실체를 전달하는, 정성적이고 주관적인 정보는 인정하지 못한다.

## 도시 생활의 주요 패턴 표시하기

도시가 살아 있는 시스템이라는 특성(그리고 프랙털, 홀로그램, 형태 특성)을 이해하려면 다음과 같은 도시 삶의 주요 지도 네 가지를 고려해야 한다.

- 실체의 사상한 지도(도표 3.5)
- 도시 시스템의 감싸진 홀라키(Holarchy는 '홀론Holon'과 정체政體를 뜻하는 'archy'의 합성어로, 우주 만물이 질서정연하면서도 상호 연관적인 계층 구조를 지니고 존재계를 구성하고 있다는 뜻이다—옮긴이) 구조(도표 3.6)
- 미시, 중간, 거시 인간 시스템의 스칼라-프랙털 관계(도표 3.7)
- 복잡하고 적응적이며 역동적인 변화의 단계(도표 3.8)

네 가지 지도는 도시 전체를 서로 다른 방식으로 보여주므로 각각은 도시 컨테이너를 들여다보는 부분적이면서도 중요한 렌즈다. 중요한 점은 각각이 독특한 관점에서 물질, 에너지, 정보의 상호연결성을 이해하는 데 도움을 준다는 것이다. 각 지도가 같은 도시 시스템을 부분적으로 바라보는 것이므로 그 지도들은 서로 연결될 때 서로 연결된 시스템의 전체 장에 관해 더 종합적이고 완전한 그림을 보여줄 수 있다. 이제 각 지도를 살펴보자.

**≫ 지도 1: 실체의 사상한 지도**

통합지도는 사상한 지도로, 도시에는 물리적이고 분명히 실재하며 객관적인 외적 삶뿐 아니라, 의식적이고 만질 수 없고 주관적인 내적 삶도 있음을 보여준다. 이 지도는 이를 처음 제시했고 여러 학문 분야에서 사용될 수 있게 개발한 켄 윌버[8] 덕분에 명확해졌으며 점점 더 인기를 끌고 있다. 이 지도는 도시에 있는 실체가 개체의 발현과 집합의 발현 모두에서 생겨남을 보여준다(도표 3.5). 두 극성의 교차로 드러나는 네 가지 실체를 다음과 같이 표시할 수 있다.

1. 좌상상한(UL): 개체 — 내부/내면/주관적/무형
2. 좌하상한(LL): 집합 — 내부/내면/상호주관적/무형
3. 우상상한(UR): 개체 — 외부/외면/객관적/유형
4. 우하상한(LR): 집합 — 외부/외면/상호객관적/유형

사상한 지도는 도시의 관점을 보여주는 지도다. 각 상한은 서로 다른 렌즈를—나, 우리, 그것, 그것들을—통해 보는 관점이다. 네 관점은 각각 도시에 관한 학문 분야를 낳았다. 좌상상한은 미학과 미술, 좌하상한은 인문학, 우상상한은 생명과학, 우하상한은 자연과학의 기반이 되었다. 우리의 고등교육 기관은 우주적 정보—우상상한의 미학과 미술에서 아름다움(나), 좌하상한의 인문학에서 선함(우리), 우상상한과 우하상한의 생명과학 및 자연과학에서 진리(그것/그것들)—의 초월적 패턴을 학문으로 조직했다.

그런데 사상한 지도는 우리의 실체에 관한 학문 내용을 넘어 세계 모든 문화권의 도시 거주자들이 지니는 네 가지 관점의 핵심을 드러낸다. 좌하상한에서 일인칭, '주관적인' 나는 생명의 아름다움, 살아 있는 시스템의 미학적 특성을 파악한다. 현대 도시에서는 종종 숨어 있는 미학적 특질이 고대 도시

에서는 더 많이 드러났고 존중되었으며, 인간 시스템의 규모로 건설된 도시와 더 일치했다. 주관적인 나를 설명하는 또 하나는 도시의 심리적 실체다. 주관적인 나는 벚꽃이 만발한 거리를 걷는 심미적 즐거움에서 영감을 얻고 고양되며, 근처 커피숍에서 생각을 표현하는 순간의 흥분을 상상한다.

좌하상한에서 이인칭, '상호주관적' 우리는 삶에서 선을 파악한다. 이 관점은 인간이 존재하고 연합하는 모든 수준에서 요구되는 선택의 도덕적 특성을 드러낸다. 이러한 상호주관적 관점은 만남의 매 순간 우리가 이야기를 나누는 일상에서 만들어진다. 이는 원형적 경험에서 창조한 이야기와 신화를 반영하기도 한다. 도시 사회의 원활한 기능을 위해 만든 공식적인 법을 대표하기도 한다. 이러한 선의 관점은 우리의 주관적 미를 유지하며, 도시 사람들이 무엇을 좋고 나쁨, 혹은 아름답고 추함으로 받아들이는지 알려준다.

---

### 〈건강 커뮤니티 네트워크〉

2005년에 브리티시컬럼비아의 건강 커뮤니티(BCHC: BC Healthy Communities)는 WHO의 건강 커뮤니티 접근법(BCHC, 2005)을 수용하여 개인과 단체의 건강, 안녕, 발달을 증진하는 촉매 역할을 미션으로 삼았다. BCHC의 촉진 활동은 전일성, 역량 강화, 다양성, 커뮤니티 참여, 협력, 통합 및 학습이라는 원칙에 기반을 두고 있다. 모든 영향력의 원에서 학습이 이루어질 수 있도록, 지방(주) 단위에서 시작하여 지역으로 확대되었고, 활동을 지원하는 건강 커뮤니티의 네트워크를 형성하고 국제적 네트워크로 성장한다. BCHC는 지역과 주 수준에서 여러 부문을 연결하는 역할을 하고, 건강 커뮤니티 원칙을 지지하는 지역 거버넌스를 지원하기도 한다. 모든 수준에서 '능력 배양'을 함양하고자 BCHC는 내면적 개별 능력, 외면적 개별 능력, 내면적 집합 능력, 외면적 집합 능력을 커뮤니티가 찾도록 돕는 통합지도 시스템을 도입한다(BCHC, 2006a). BCHC는 이 장의 세 가지 규칙을 적용하여 스스로 커뮤니티를 조직할 수 있도록 지원한다.

상호주관적 우리에 관한 또 다른 설명은 도시의 문화적 실체다. 상호주관적 우리는 도시의 푸른 나무를 통해 스트레스가 해소되는 것을 경험하고, 효율을 선택하여 중앙 도로를 닦는 대신 함께 차를 마시는 장소에 그늘을 드리울 벚나무를 심겠다는 도덕적 결정을 내리며, 그런 인간적 욕구를 공유하고 논의한다.

우상상한에서 삼인칭, '객관적인' 그것은 삶에서 진리를 파악한다. 이 관점은 도시에서 물질적 생존을 지원하는 삶의 행위를 보여준다. 객관적인 그것은 물질적인 삶의 기초—물, 식량, 폐기물 처리, 주거지, 의복—에 의존하며 도시의 물질 에너지를 중재한다. 객관적인 그것의 관점에서 우리는 개체의 생태발자국을 계산한다. 객관적인 그것의 안녕에 주의를 기울이지 않는다면 도시에 세운 삶은 철저히 실패하고 말 것이다. 객관적인 그것에 관한 또 다른 설명은 도시의 생물학적 실체다. 객관적인 그것은 벚나무를 스치는 바람 소리를 들으며 벚나무의 꽃과 열매를 보고 냄새 맡고 만지고 맛본다.

우하상한에서, '상호객관적인' 그것들은 객관적인 그것이라는 개별 존재를 지원하는 물질 시스템의 진실을 전하는데, 다수의 물질적 필요성을 결합함으로써 물과 식량을 공급하는 효율적인 시스템을 발달시킬 수 있다. 상호객관적인 그것들의 지능적인 영역에서 출현한 도시의 인공물은 발자국을 남기면서 지형과 결합했고, 그렇게 확장된 발자국은 도시 하나를 유지하기 위해 수많은 사람들이 소비하는 에너지를 나타낸다. 또한 상호객관적인 그것들은 도시의 사회적 실체를 설명한다. 벚나무를 물리적으로 심고 물을 주는 공원 관리소인 것이다.

각 사상한은 부분이지만 유용한 지식 지도와 실제적이고 다양한 관점을 드러낸다. 서로 다른 앎의 방식을 반영하기 때문이다. 덧붙여 이 지도는 하나의 상한과 나머지 상한, 그리고 상한 전체와 상한 일부, 혹은 그 조합이 불가피하게 연결되어 있음을 보여준다. 따라서 사상한을 모두 포함하지 않은 채

도표 3.5. 지도1: 통합지도.
출처: 웰버, 1995, 1996a.

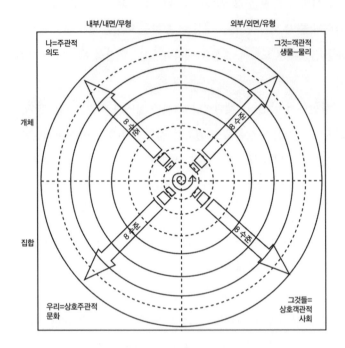

도표 3.6. 지도2: 도시 시스템의 감싸진 홀라키 구조.

• 1=개인
• 2=가족
• 3=그룹
• 4=조직
• 5=커뮤니티
• 6=생태/국가
• 7=세계

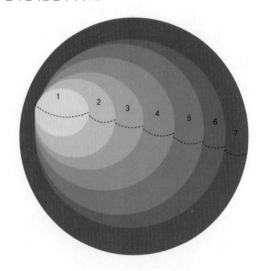

**도표 3.7. 지도3: 미시, 중간, 거시 인간 시스템의 스칼라−프렉털 관계.**
<<<<<<<<<<<<<<<<<<< 역량개발

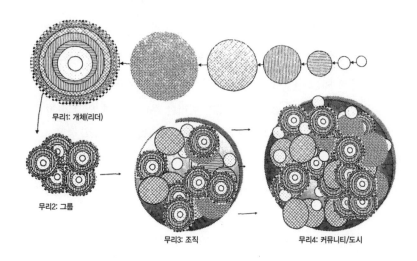

무리1: 개체(리더)

무리2: 그룹

무리3: 조직

무리4: 커뮤니티/도시

**도표 3.8. 지도4: 도시 변화의 복잡하고 적응적인 구조.**

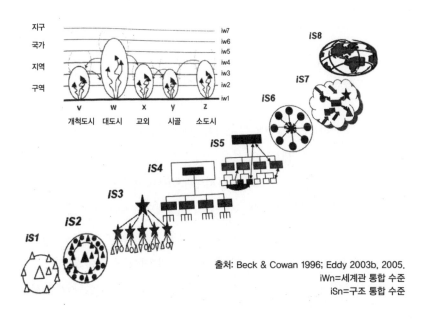

지구
국가
지역
구역

iw7
iw6
iw5
iw4
iw3
iw2
iw1

v     w     x     y     z

개척도시  대도시  교외  시골  소도시

iS8
iS7
iS6
iS5
iS4
iS3
iS2
iS1

출처: Beck & Cowan 1996; Eddy 2003b, 2005.
iWn=세계관 통합 수준
iSn=구조 통합 수준

지식을 추구하는 관점은 부적절함을 알려준다.

사상한 지도는 지난 3, 4백 년 동안 도시가 등장한 이후 도시 거주자들이 직면해온 딜레마를 분명히 보여준다. 그 기간 동안 서구는 좌상한—교회의 영적 수행(그리고 인문학)—과 우상한—물리학과 생물학—으로 학문 연구를 나누는 데 동의했다. 합의에 이르자 교회와 국가는 인간 시스템에 관한 우리의 모든 이해를 둘로 나누었다. 이러한 분리로 인해 인간의 학문 영역이 격리되었고 모든 학문 내용과 앎의 방식(존재론과 인식론)은 연결성을 파악하지 못하게 되었다. 도시를 온전한 인간 시스템 이하로—단지 부분, 즉 '디-파트-먼트de-part-ment'의 집합으로—보는 시각의 뿌리에는 이런 분리가 있다.

이 지도는 각 상한에서 일어나는 발달 진화의 8 수준도 보여준다. 이는 그레이브스가 밝힌 의식 수준에 해당되며(앞의 내용 참조), 사이드바에서 논의할 것이고, 지도 3의 내용에서 더 자세히 논의할 것이다.

### >> 지도 2: 도시 시스템의 감싸진 홀라키 구조

인간 시스템인 도시는 시스템의 둥지다. 도시가 일련의 통합 시스템으로 이루어져 있음을 인식하지 못한다면 도시를 통합 시스템, 즉 통합 시스템으로 볼 수 없다. 지난 수백 년 동안에 일부 과학자들은 실체를 보는 그들의 방식과 심오한 영적 관점 사이에 공통점이 많음을 알아차렸다.[9] 과학 영역과 영성 영역 모두 전통적 세계관의 틀을 재구성했고, 여러 부분의 합으로 설명하던 세계관은 전일적으로 인식하는 세계관으로 바뀌었다. 학문 분야에서도 여러 저자들이 우주가 시스템의 시스템의 시스템으로 이루어져 있음을—각각이 자체로 온전함을—인식할 수 있는 렌즈를 손에 넣었다. 일부는 센터[10], 홀론[11], 홀라키[12], 혹은 감싸진 홀론[13], 즉 패나키[14]에 관해 이야기한다. 용어와 상관없이 각 관찰자들은 살아 있는 자연 시스템의 부분 집합인 인간 시스템도 도표 3.8에서 볼 수 있는 것처럼 점차 더 겹겹이 감싸지고 더 복잡해지는 통합 시스템인 것을 안다.

통합 시스템에 대한 안목이 성숙해지면서 시스템에 복잡성의 질서가 있어서 홀론, 온전체, 센터가 홀라키[15]나 패나키[16]로 감싸진다는 인식도 깊어졌다. 그러한 과정에서 오랜 시간에 걸쳐 복잡성의 수준이 출현했음을 알 수 있다. 밀러도 이 점을 추적해 통합 시스템 둥지 전체의 각 수준에서 19하위 시스템이 어떻게 기능하는지 자세히 정리했다.

여러 도시에서 이를 확인할 수 있다. 종류가 다른 더 강력한 도전에 맞서 온 인간 시스템은 발달했고 이에 따라 더 복잡해진 도시의 단면을 고고학 지도에서 볼 수 있다. 고고학 지도는 성공한 도시가 어떻게 도시의 기본 기능에 대한 해법을 밝혔고, 또한 어떻게 도시가 예전의 해법을 초월하면서도 끌어안았는지 보여준다(7장에서 복잡성 곡선을 따라 성장하는 도시를 뒷받침할 시스템 구조를 제안한다). 성공하지 못한 도시에서는 각 온전체가 그것과 상호작용하는 다른 온전체와 조화를 이루어야 함을 이해하지 못했기 때문에 온전체 시스템이 와해된다.[17] 알렉산더는 성공적인 건축물과 살아 있는 시스템에는 상호작용하고 서로 지원하는 일련의 강력한 중심이 있고, 크기가 서로 다른 중심 다수가 삶의 전체성 면에서 전반적으로 보완하는 방식으로 서로 도움을 준다는 것에 주목한다.

>> **지도 3: 미시, 중간, 거시 인간 시스템의 스칼라-프랙털 관계**

도시의 전체성을 밝히는 세 번째 지도는 비선형 수학의 통찰에서 왔다. 프랙털 기하학은 자연 시스템의 알고리즘, 다시 말해 관계와 결합에 관한 단순 규칙을 여러 규모 수준에 적용하는 데서 아름답고 반복적인 패턴이 생김을 보여준다. 도표 3.7은 그 점과 함께 개체의 능력 발달이 어떻게 가족, 조직, 커뮤니티의 능력에 기여하는지 그림으로 보여준다.

도표 3.7에 역량 개발 학교에 등록한 개체들의 예(무리 1)가 있다. 서로 다른 질감과 점점 커지는 원으로 식별되는 개체들의 역량은 리더십 능력이 평가될 때까지 의도적으로 개발된다. 각 개인은 여러 사람이 비슷한 학습 경험을 하는 그룹(팀)에 속해 있다(무리 2). 그들은 서로 연합하면서 역량을 개발해간다. 그런데 이 개체들이 그룹을 떠나 자신들의 조직 세계로 돌아갔을 때 그들을 둘러싼 사회적 홀론에는 역량이 서로 다른 개체들이 있다(무리 3). 개체와 그룹이 커뮤니티와 도시에 속할 때, 그들은 서로 다른 역량을 보유한 개체들과 더욱 얽힌다(무리 4). 앞에서 클레어 그레이브스가 요약한 기본 능력은 각 규모에서 인간 생태계가 섞여 있는 가운데 프랙털 패턴으로 반복된다.

이렇게 반복되는 인간 시스템의 프랙털 패턴은 도시의 건강 상태가 개인, 가족, 팀, 조직, 구역, 시, 국가, 전 세계의 건강 상태에 기여하는 패턴이나 규칙과 깊이 관련되어 있음을 보여준다. 이어지는 장에서 논의하듯이, 우리는 조화를 추구하는 과정에서 이런 프랙털의 실체와 끝없는 발달 패턴을 인식해야 한다. 프랙털 패턴을 인간 시스템의 자연적 특성으로 인식하지 못한다면, 도시라는 통합 시스템의 활기찬 역동성을 이해하지 못할 것이다.

사회적 집단에서 일정 수의 개체들이 같은 도전을 받아들일 때에야(예를 들면, 충분히 많은 사람이 참여한 재활용의 경제적 보상) 개체들은 그들의 잠재력이나 목표(예를 들면, 재활용 실천)를 충분히 알 수 있다. 이것이 전체성의 본질이다. 마찬가지로 능력 개발에 참여하는(예를 들면, 일상화된 재활용) 집단의 수가 일정 수준에 도달하기 전에는 각 집단도 성공하기 어려울 것이다.

새로운 과학은 통합 시스템이 변화의 방향으로 전환하는 데는 인구의 10 내지 15퍼센트만 필요하다고 밝힌다. 프랙털 패턴의 비선형 기능은 앞 장에서 살펴본 다양성 제공자의 힘을 보여준다. '홈풀니스homefulness'(자본이나 토지가 없는 무주택 가족과 개인을 위한 공동 주택—옮긴이)처럼 통합 시스템의 변화를 창조하는 회복 패턴은 반복될 수 있으므로 통합 시스템에 영향을 주는 피드백 고리를 형성한다.

>> **지도 4: 복잡하면서도 적응해가는 변화의 구조**

마지막 지도(도표 3.8)는 도시에서 일어나는 변화의 단계를 보여준다. 도시 역시 인간처럼 살아 있는 시스템으로서, 기후와 지질이라는 외부 상황에 기인하는 삶의 조건에 적응하며 끊임없이 변한다. 삶의 조건은 생물−문화−사회적 필요 때문에 물질, 에너지, 정보를 처리하고 적응하기 위해 시민들이 의식 능력을 발달시키는 내부 상황에서 생기기도 한다. 사실 외부 적응과 내부 적응은 동시에 일어나야 한다.

도시를 이렇게 보는 관점은 고고학적 면에서도 나타나는데 시간에 따라 변하는 지리생물 지역의 수직축 맥락에서 그러하다. 이는 물질과 에너지 원천과 관련해 도시가 정보를 얼마나 일관성 있게 활용하는지 입증해준다.

변화의 역학은 삶의 조건에 가해지는 자극에 적응함에 따라 중심에서 바깥으로 도시 전체의 사상한을 확장하는 벡터로 상상할 수 있다. 이 벡터들은 지도 1(도표 3.5)에서 바깥을 가리키는 화살표로 표시된다. 벡과 에디는 시간이 지남에 따라 복잡해지는 도시 구조물을 그린 도표 3.8처럼, 지리학자의 관점에서 이 벡터들을 해체했다.

도시의 장기적 변화 단계의 역학은 일시적 변화 상태에서 먼저 나타난다. 이 상태는 억눌린 회복력을—도시가 격변과 대혼란, 돌파의 순간, 안정적 상태에서 어떻게 살아남을지를—반영한다. 역사에서 도시 삶의 변화에 가장 혼란스러운 상태와 그로 인한 '불행ill being'의 예를 찾아볼 수 있다. 바다에 잠긴 아틀란티스, 화산 폭발로 묻힌 폼페이, 페스트로 비참했던 런던, 제2차 세계대전 중 파괴된 드레스덴이 그 예다. 세상이 점점 좁아지면서 현대에는 널리 알려지는 사례가 늘고 있으며—아프리카 사하라 도시의 가뭄, 뉴올리언스 침수, 레바논 폭격—기상 상태를 보여주듯 생생한 사진 자료와 함께

CNN에서 보고된다.

제인 제이콥스(1970)는 도시의 건강이 경제에 달려 있다고—도시가 내부에서 에너지, 물질, 정보의 원천을 공급하기 위해 에너지를 배분함으로써 복지 수단에 대한 통제권을 도시가 가지고 있다고—주장한다. 그러나 도시가 전 세계적으로 적응 변화의 필요성을 인식하지 않는다면, 뉴올리언스에서 추가 부담금 징수에 실패한 것처럼, 잘못된 경제 혹은 변화된 조건에서 살아남기에 불충분한 사고방식(예를 들어, 레바논 거버넌스 시스템이 게릴라를 지원하는 사례)에 허를 찔릴지도 모른다.

## 지도를 GIS 시스템에 결합하기

도시의 네 지도를 결합하면, 지구정보시스템(GIS: Global Information Systems) 지도로 정보를 조직하는 새로운 렌즈를 얻을 수 있다. 이러한 시스템의 원형을 11장에서 논의한다. 이는 통합적인 발달 지도가 어떻게 서로 연결되어 개체, 구역, 도시 전체의 통합적 삶의 조건을 밝힐 수 있는지 보여준다.

---

### 도시의 하위 시스템 정렬하기

통합지도의 발달 단계를 도시의 하위 시스템에 활용한다면 하위 시스템이 어떻게 정렬되어 있는지 밝힐 수 있다. 도표 3.9는 이 책을 집필하는 동안 브리티시컬럼비아 애버츠퍼드 하위 시스템(에이전시와 기관)의 역량을 비교한 것이다.

## 삶의 질 확보를 넘어 도시의 미래 비전으로 나아가기

여러 사람이 공유하는 지혜는 우리를 충동질하여 인간 삶의 질이 향상될 수 있도록 인간의 행동을 검토하게 만든다. 우리는 인간이 지구 생명에 혼란과 스트레스를 준 증거로 인구 과잉, 오염, 온실가스 배출에 초점을 맞춘다. 우리의 행동은 우리 종뿐 아니라 사실상 이 행성을 공유하고 있는 다른 모든 종에게도 영향을 미치는 것이 분명하다. 부인할 수 없는 현재 조건이 아무리 위협적이라 해도, 바로 이 신호들이 이제 더 높은 의식 상태로 깨어나야 함을 일깨운다. 삶의 질을 위협하며 지금 우리의 측정 시스템을 교란하는 것들은 모두 도시의 출현에서 원인을 찾을 수 있다. 도시가 생겨나지 않았다면 종의 성장을 확장하거나(인구 과잉), 무심하게 자원을 사용하거나(오염), 혹은 기후 변화를 야기하는(이산화탄소 과잉 배출) 삶의 조건을 만들지 않았을 것이다.

우리는 지구에서 지능적으로 살아야 하는 시대를 살고 있다. 이는 상대적 특권을 가진 일부가 누리는 것으로 삶의 특성을 규정하거나 지구에 사는

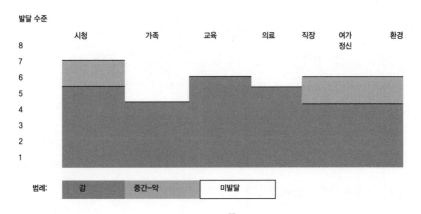

도표 3.9. 에버츠퍼드 하위 시스템의 중심적 비교.
(인구 14만 소도시의 발달 수준에 기초)

나머지 사람들의 삶의 질을 독단적으로 올리는 것을 의미하지 않는다. 환경도 사람도 위험에 빠뜨리지 않는 방식으로 모든 사람들의 자연적 진화를 뒷받침할 수 있는 인간 거주지를 창조해야 한다.

통합도시는 도시의 한계 범위 안에 존재하는 지능 센터를 이용하고, 지속 가능한 삶의 조건을 창조할 것이다. 그러한 방식으로 사는 행위 자체가 자기 조직·자기 강화·자기 유지를 가능하게 한다. 도시는 가장 나은 중심일 될 뿐 아니라 지능과 가능성의 중심이 될 수 있다. 그러기 위해서는 완전히 새로운 세계관—우리의 네 가지 지도가 밝히는 통찰을 이끌어내는 세계관—이 필요하다. 그러한 미래의 통합도시는 기후-지질-생물학적 생명 조건을 (초월하고 내포함으로써) 존중할 것이다. 우리 종의 역사를 보면 생명의 서식지를 출현시키는 능력이 인간 지능의 적응적 특성에 속함을 알 수 있다. 우리의 지성적 의식은 통합도시라는 생각을 가능하게 할 뿐 아니라, 통합도시가 탁월한 지능의 교점이 되어 정보, 에너지, 물질의 변화와 흐름을 가능하게 하고 지구에 가치를 더하며 심지어 우주를 '만들in-form' 수도 있을 것이다.


## 지구에 가치 더하기

통합도시는 도시 내 인간 시스템의 유지를 넘어서며, 실제로 도시가 속하고 연결된 생물 지역에 가치를 더한다. 궁극적으로 이는 통합도시가 생명 자원을 발전시키고 유지하고 재생하는 능력에 의해 다스려질 것이라는 의미다. 그러한 도시의 건강 상태는 생물 지역의 건강과 지구의 건강 상태라는 맥락에서 측정될 것이다. 지구에 생물 지역이 많이 있음을 고려한다면, 건강한 도시의 경계를 생태 지역으로 확장함으로써, 본질적으로 도시가 생명 자원과의 관계에 의해 다스려질 필요가 있다.

도시가 멀리 떨어진 다른 도시와 교역하고 있는 경제의 세계화 특성을 고려한다면, 지구 전체의 에너지 흐름의 방향성과 분포를 추적하여 '알 필요가 있다.' 인간 시스템이 지구의 안녕에 기여하고 책임을 지려 한다면, 그 일을 가능하게 할 모니터링 시스템을 만들어야 한다. 도시는 이제 대부분의 인간이 사는 거주지이므로 도시 규모에서 웰빙 모니터링 시스템을 만드는 것이 가장 이치에 맞다. (이에 관한 아이디어 몇 가지를 11장에서 논의할 것이다.)

지능적 거버넌스에 전념하고 천연자원을 소중히 다루며 최선의 방법으로 인간 지식을 활용한다면, 도시는 우리가 현재 경험하고 있듯이 미성숙하고 규율도 없고 관리도 안 되고 다루기도 힘든 매듭 상태에서 에너지, 물질, 정보가 자유롭게 흐르며 '인-포밍in-forming'된 노드 상태로 바뀔 것이다. 그 단계에 이르면 도시는 지구에 가치를 더하는 존재로 인식될 것이다. 이르지 못한다면, 도시는 자신이 내놓은 쓰레기 더미 속에서 부패하고, 세계를 영적·정신적·정서적·물리적 '질병'이라는 위험에 빠뜨릴 것이며 공기, 육지, 바다를 통해 질병을 퍼뜨릴 것이다.


## 결론

네 가지 지도가 밝히는 통합도시의 특징들은 삶의 질을 향상시키는 정도를 넘어 더 나아가게 한다. 도시는 맥박이 뛰는 지능의 노드로 인간 에너지를 모으고 압축하기 때문에 도시에서 일어나는 현상이 실제로 지구에 가치를 더한다는 것을 우리는 알게 된다. 통합도시는 도시 내 인간 시스템의 '지능 장'에서 생성되는 에너지를 활용함으로써 인간 능력 면에서 양자 도약을 이룰 잠재력을 지니고 있다. 네 가지 지도는 도시의 장과 전체성의 양상을 어떻게 이해해야 하는지 보여주며, 부분으로 나눌 수 없는 도시를 이해하도록 해준다. 우리가 꼬리표를 붙인 어떠한 부분도 나눌 수 없는 전체성의 요소이고 나눌 수 없는 생명의 전체성을 뒷받침한다. 이 모델은 전체성의 활력을 보게 해주며, 전체성이 균형을 잃었을 때를 감지하게 한다. 다른 도시들도 직면한 온전성과 통합 능력 면에서의 문제를 보고, 도시 전체가 내부적으로 어떻게 기능하는지를 이해하도록 돕는다.

## 질문

1. 통합도시 지도의 교차점을 이해하면 도시의 어떤 지능 장을 밝힐 수 있을까?
2. 도시의 분리된 경영, 교육, 건강관리, 일터라는 영역 사이에 다리를 놓을 역동적 과정을 설계할 방법은?
3. 어떻게 시민 개개인을 도시 전체성과 연결할 수 있을까?

## 통합도시 원칙을 적용하기 위한 간단한 규칙 세 가지

1. 수평으로는 사상한을 통해, 수직으로는 발달의 8 수준을 통해, 대각선으로는 상태 변화를 통해, 감싸진 홀라키 구조와 복잡성의 프랙털 구조를 통해 통합지도를 작성한다.
2. 도시 경영 능력에 적절하며, 가장 높고 지속 가능한 수준에서 통합지도 시스템을 창조하고 유지한다.
3. 해마다 혹은 더 자주 통합지도를 통해 배우고 지도를 고쳐나간다.

Living Intelligence

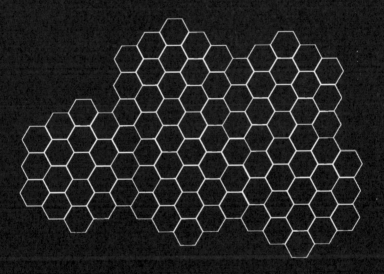

4장
—
생명지능

• • •

벌집은 생명 주기 면에서 단일 유기체를 닮았다.
움직이고 먹고 번식하고 심지어 숨도 쉬는 벌집은 개체들이 모인 집단이라기보다
하나의 동물체와 유사하다.
– 굴드 & 굴드,『꿀벌』

도시는 시행착오와 실패와 성공이 있는 거대한 실험실이다.
– 제인 제이콥스,『미국 대도시의 죽음과 삶』

## 삶이란 무엇이며 죽음이란 무엇인가

1961년에 제인 제이콥스는 『미국 대도시의 죽음과 삶*The Death and Life of Great American Cities*』[1]을 출간하여 도시계획가들에게 도시가 벽돌과 회반죽을 쌓아놓은 곳이거나 아스팔트 구조물로 얽힌 구획된 공간 이상임을 보여주고자 했다. 첫 책에서 마지막 책에 이르기까지 그는 놀라운 저항 정신으로 미국이라는 도시의 삶이 그곳에서 나거나 그곳에 온 사람들의 행동에서 생겨났음을 도시계획가들이 고려해야 한다고 주장했다.

제이콥스는 도시에는 '본성'이 있으며, 도시가 다양성의 영향을 받고 다양성을 만들어내고 관료주의에 의해 흐름이 막히면 죽고, 시민들의 참여로 되살아남을 인식했다. 그는 도시를 시스템으로 보는 시각을 지지하면서도 시스템 언어의 전문성에 매몰되지 않았다. 오히려 예민한 관찰력에 의존했고, 청중들을 자극하여 그들의 시각, 청각, 촉각, 후각, 미각을 예민하게 만들었을 뿐 아니라 도시의 삶이 암시하는 바에 대해 생각하게 만들었다. 제이콥스는 빈민가의 근성, 대중교통의 실용성과 평범한 도시 거주자들의 지혜를 끌어안았다. 자연스럽게 다음 단계로 나아가며 혁신을 위해 가족과 문화적 관계와 자신을 조직하는 과정을 존중했다.

도시계획 부서의 많은 사람들과 도시계획 전문가들이 기계론적 렌즈를 사용하는데, 제이콥스는 뒤에 출간한 책에서 그것을 초월하는 시스템 렌즈를 이용해 현대 도시의 역동적 특성을 보여주었다. 통합도시는 분명히 시스템 렌즈와 시스템 언어를 사용하여 삶과 죽음을 규정한다. 다른 복잡한 시스템과 마찬가지로[2] 인간 시스템인 도시도 살아 있는 것으로 간주될 수 있다. 그 안에 있는 사람들이 다음과 같은 능력을 지니고 있기 때문이다.

- 생존하는 능력
- 환경과 연결되는 능력
- 역량을 복제하는 능력

도시가 그곳에 사는 사람들과 분리되어 유지될 수 있는가? 도시의 에너지, 물질, 정보의 본질이 사람들을 통해 흐르는 점을 고려한다면, 우리는 (제조·생산, 자원 개발, 유지·관리에서처럼) 도시가 사람들을 '구성'하고 (숨 쉬고 먹고 소비하고 교역하는 일뿐 아니라 설계하고 이야기를 만들고 의미를 찾는 일에서처럼) 사람들이 도시를 구성함을 알 수 있다. 살아 있는 다른 시스템처럼 도시 전체는 산일구조이고, 그 안을 흐르는 에너지가 (사람이든 집이든) 그 안의 구조물들을 지탱한다. 그렇기 때문에 도시에서는 서로 연결되고 서로를 생성한다는 역설이 있다. 도시가 '살아 있음'을 시민과 분리해 생각할 수 없고, 시민이 살아 있음을 도시와 떼어 생각할 수 없다. 둘 다 서로 제한을 가한다. 따라서 '도시 삶city life'에 관해 물으려면, 우리가 어떻게 도시 사람들의 삶 그리고 사람들 속에 있는 도시의 삶을 최적화할 수 있는지 묻는 편이 낫다.

나아가 우리가 도시 컨테이너 안에 있는 식물, 동물, 곤충 들의 삶과 어떻게 조화를 이룰 수 있을지 물어야 한다. 그들이 건강의 지표인가? 그들의 존재 혹은 부재가 도시에서 안녕의 주요 신호를 의미하는가? 개와 고양이 같은 애완동물이 일반적으로 사람들의 건강에 긍정적 영향을 미친다는 연구

결과가 많다. 너구리, 여우, 코요테가 도시를 습격하는 것은 우리가 도시에 쌓아둔 자원들이 그들을 유혹하기 때문이다. (우리는 도시에서 질서를 기대하지만 가끔 곰 같은 몸집 큰 야생동물이 나타나 큰 혼란을 야기한다.) 도시에 존재하는 나무나 식물 들이 생명력을 확인시켜주며, 일부 심리학자들은 우리가 부지불식간에 생태적 환경을 인식하도록 식물이 이끈다고 주장한다.

도시에 생명력을 부여하는 특징들을 살펴보았는데, 똑같은 표지가 죽음의 원인이 되는 요소를 밝힐 수도 있다. 물리학자 프리초프 카프라와 진화생물학자 엘리자베스 사투리스[3]의 살아 있는 시스템이라는 관점에서 '도시에서의 삶life in the city'을 최적화하기 위해 우리가 던져야 할 질문은 다음과 같다.

1. 이 도시는 얼마나 활기가 있는가? 통합적인 방식으로 살아가는 도시의 개체와 집단의 활력에서 우리는 어떤 점에 주목하는가? 생물물리적·심리적·문화적·사회적으로 그들은 어떻게 스스로 지탱하는가? 도시가 지속 가능한 방식으로 환경과 어떻게 연결되어 있는지 인식할 수 있는 마지노선은 무엇인가?

2. 도시가 지역적으로 그리고 전 지구적으로 기여하는 독특한 가치는 무엇인가? 도시는 생태 지역과 지구의 자원 흐름에 어떻게 가치를 더하며 그 역은 어떻게 성립하는가? 도시는 도시의 삶을 뒷받침하는 조건을 어떻게 보충하는가?

3. 회복을 위한 도시의 힘은 어디에 있는가? 7세대the seventh generation 개체와 도시의 모든 집단은 미래 도시의 안녕을 어떻게 고려하고 있는가? 개체와 도시의 모든 집단은 통합적 방식으로 자신의 삶을 어떻게 재생하고 있는가? 생물물리적·심리적·문화적·사회적으로 사람들을 지원하는 과정과 그것을 이어갈 계획은 무엇인가?

이렇게 도시의 안녕에 관한 '단순한' 질문이 이론적으로 도시 삶의 상태 혹은 도시의 질병이나 죽음에 대해 알려준다.


## 도시는 복잡한 부가 집중된 곳이다

도시의 핵심 딜레마는 이제껏 이 행성에서 만들어진 복잡한 부가 가장 강력하게 집중된 곳이 도시라는 점이다. 그런 측면에서 우리 도시가 아래와 같은 미성숙의 특징을 포함해 생명 주기 초기 단계의 여러 특징을 여전히 보여주고 있다는 사실이 놀랍지 않다.

### ≫ 인구 과잉/출산 조절의 부재

어떤 문화에서는 인구의 성장을 제한해왔다. 서양에서는 개인의 자발적 선택에 맡겼다. 동양에서는, 가장 확연하게는 중국에서는, 정부의 입법이라는 강제적 방법을 택했다(예를 들어, 한 가족 한 자녀 정책). 대조적으로 세계에서 인구가 가장 빠르게 증가하는 곳에서는 인구를 제한하는 토착 문화적 지원이 거의 없다.[4] 인구 조절을 위해 취할 수 있는 가장 효과적인 방법은 여성을 교육하는 것이다. 교육받은 여성들은 대단한 용기를 가지고 수천 년 이어온 전통을 깨뜨리면서(아프가니스탄 같은 나라에서는 이따금 격렬한 투쟁을 벌이면서) 가족 유대라는 가치와 남성 중심 위계의 힘을 넘어 나아갈 길을 찾는다. 종종 어렵게 달성되기는 했지만, 가족 관계와 젠더 관계가 재정립되면서 여성 개인의 가치가 재평가된다. 그러나 여성들이 더 많이 교육받고 구성원으로서 사회에 기여하는 만큼 자녀를 낳는 생물학적·문화적 욕구는 자연적으로 낮아졌다.[5]

세계 인구 분포의 불균형은 교육과 출산 조절에 관한 국가적·문화적 태도와 관련 있다. 이제는 세계 인구의 60퍼센트가 도시에 산다. 시골에서 도시로 이동하는 일은 이제 세계적 현상이다.[6] 그리하여 도시에는 복잡한 부가 집중되고 있다. 그렇다고 도시가 시골의 자원을 가치 있게 여기는 것은 아니다. 세계화가 되면서 도시는 자신을 유지하기 위해 자원을 수입했고 생태발자국을 확장했다. 그러면서 도시는 전통적으로 도시를 뒷받침해온 생태 지역을 유지할 책임을 지지 않는다. 그러나 이제 생태발자국이라는 기술 덕분에, 모든 도시를 자원을 탕진하는 선진국 도시 수준으로 만들고자 한다면 행성이 네 개는 필요하다는 것을 이해하게 되었다.[7]

>> 미성숙한 세계관

대부분의 도시는 여전히 '자생적'이다. 설계자의 청사진에 등장하는 신도시에서는 일상적 생존, 가족 유대, 개인의 권한, 시민의 권위, 전략적 성공 등을 가능하게 하는 보이지 않는 관계망을 거의 고려하지 않고 기반 시설과 구조물을 건설한다. 인간의 행동이 도시에서 살아갈 사람들에 의해 스스로 조직되기보다 이미 건설된 구조 속으로 내몰리는 것 같다. 이는 제인 제이콥스가 도시 계획에서 가장 경계한 점이다. 즉 도시계획가들은 사람들과 함께 계획하는 것이 아니라 사람들을 위해 독자적으로 그 일을 한다는 것이다. 세계에서 급증하는 인구를 감당하기 위해 (중국, 중동, 일본 그리고 사막, 산, 해변의 리조트 타운에서) 신도시를 설계하는 계획가와 개발자는 도시에서 살려고 오는 사람들이 나선형 발달 과정을 거칠 것을 고려하지 않는다. 사람들은 각자가 최소한의 능력을 가지고 출발하여 일생 동안 능력을 발달시킨다. 따라서 나이만큼이나 발달 단계도 다양할 것이다. 계획가와 개발자는 유대와 표현의 필요를 이해하지 못하는 것 같다. 신도시의 출현을 공학적으로 접근하다 보면, 다채로운 존재로 성숙해가는 개인과 집단의 자발적 조직을 만들기보다는 통제가 우선인 전체주의적 기대를 더 많이 반영하게 된다.

#### >> 부적절한 위치

현대의 성공 중심적 가치관이 선호하는 위치에 신도시를 건설하는 경우에도, 도시 중심을 지원하는 생태 지역의 능력에는 거의 주의를 기울이지 않는다. 단순히 물이나 식량, 연료, 건설 자재를 다른 곳에서 수입할 수 있다고 가정하는 것은 '지구에서 가볍게 살아야' 하는 도시의 책임에 대해 지극히 근시안적 시각을 지니고 있음을 증명한다. '자생' 도시에서 싹트고 있는 딜레마를 직면하는 것도 충분히 나쁜 일이지만, 환경의 영향을 고려하지 않고 의도적으로 도시의 위치를 정하는 것은 지역만이 아니라 지구에도 무책임한 일이다. 그런 도시를 세우겠다는 결정이 그 도시의 범위를 넘어 우주와 시간, 생명에 영향을 미친다는 것을 투자자나 도시계획가, 개발자들은 인식하지 못하는 것 같다. 그들은 신도시의 기반 시설과 구조물을 건설하기 위해 자본 투자에 집중하는 반면 (어떤 도시를 세우든 생물·심리·문화·사회적 실체를 끌어안는 기능이 있어야 하는데도) 도시가 기능하는 데 필요한 이런 것들을 의식하지 못하거나 무시한다. 통합적 생태발자국은 그런 투자가 장기적으로 함축하는 바를 보여줄 모의실험을 통해 투자비용을 전부 측정하고자 하는 것이다. 어떤 신도시든 살아남느냐 죽느냐는 물리·지성·문화·사회적 자본의 장기적 투자에 달려 있기 때문이다.

한편 유엔인간주거계획, 세계은행, 세계보건기구 등은 번영은커녕 단지 살아남기 위해 여러 개발도상국의 도시가 겪는 끝없는 고뇌와 씨름한다. 유엔은 국가의 목소리를 모으고자 구성된 것이지 세계의 도시에 관심을 두고자 설립된 것이 아니다. 그 결과, 유네스코나 다른 비정부 기구(NGO)를 통해 쏟아붓는 온갖 노력, 아이디어, 인력 및 자원은 비공식적으로 연 2회 모이는 세계도시포럼에서 비효과적으로 소모되고 있다. 전 세계 도시 의회의 성숙도는 기껏해야 수준 2(유대)를 넘지 못한다. 도시들은 정기 모임으로 한곳에 모이지만 효과는 별로 없고 축하보다 불평하는 경우가 더 많다. 이는 선진국에서조차 국가가 도시 거버넌스를 억제하고 있고 세계 거버넌스의 현재 상태도 효과적이지 않기 때문이다.

따라서 도시의 위치는 사실 논의거리가 되지 않는다. 허리케인 카트리나가 뉴올리언스를 휩쓸고 지나간 뒤 미국이 취한 조치는 도시 삶에 대해 무책임한 선진 세계의 고자세를 보여준다.[8] 홍수부터 기아까지 도시를 위협하는 모든 자연재해에 어떻게 대응하고 회복해야 할지 다른 나라에서 예를 찾아보지만 부질없는 일이다.

도시의 삶과 죽음에서 위치 요인은 정치적 시한폭탄이기 때문에 대체로 논의할 수가 없다. 이것은 권력의 문제다. 공직에 있는 사람들은 도시가 어떤 위치에 있든 지속할 수 없는 도시를 유지하고 지탱해야 한다는 기대에 반하는 결정을 내리지 못하며, 생각하거나 검토하지 않고 무의식적으로 그러한 기대를 받아들이고 있다.

지금까지 지구는 인간이 저지른 범죄 행위를 용서할 수 있을 만큼 회복력이 강했다. 그러나 인구 때문에 지구 자원에 과부하가 생긴 이제는 우리의 결정에 책임을 지고 지구·생물 자원 차원에서 도시 삶을 최적화하는 데 의도적으로 주의를 기울여야 한다.

호모 사피엔스 사피엔스인 우리가 그렇게 할 의지와 능력을 개발해 집단적 영향력에 책임을 진다면 지금까지 창조된 모든 시민 거버넌스 시스템을 초월할 시대로 도약할 것이다. 의심의 여지없이 이 일은 수백 년 걸릴 것이다. 그러므로 현재 일어나고 있는 재난이나 질병, 도시의 몰락도 함께 진행될 것이지만, 통합도시가 활력 징후에 깨어 있어야 함을 인식함으로써 다른 쪽을 선택하는 결정을 내릴 수 있다.

활력 징후를 추적하는 일은 개별 도시와 도시 집합체에 피드백을 줄 것이고 이는 도시가 삶의 조건에 적응하는—온상한과 온수준 면에서 적응하는—첫 단계가 될 것이다. 의식 능력을 키움으로써 도시와 시민은 네트워크 형성 능력을 개발할 수 있다(10장 참조). 이러한 방식의 행동 학습은 가장 효과적인 도시 거버넌스 시스템의 적응을 가능하게 할 것이고, 그 과정에서 도시 거리 아래 존재하는 상수도와 하수 관리 시스템뿐 아니라 도시라는 진짜 컨테이너를 구성하며 도시의 실제 통합적 정체성의 기반이 되는 정보 흐름과 관계 연결망을 파악할 수 있다. 정체성과 관계, 정보의 강력한 조합이 공간 창조라는 현상을 낳는다.

**≫ 무책임한 자원 사용**

공기, 물, 식량이 지능적으로 책임감 있게 관리되지 못하는 것은 인간의 성숙도가 낮음을 보여주는 하나의 지표다. 이에 관해 다음에서 더 자세히 논의할 것이다.


# 인간의 생명 주기

**≫ 생물물리적 생명 주기**

과학의 여러 내용과 마찬가지로, 인간의 생물학적 생명 주기는 인간 의식 발달이라는 보이지 않는 영역보다 훨씬 더 잘 알아볼 수 있다. 따라서 생물학적 생명 주기는 더 많이 관찰되고 연구되고 기록되어왔다. 그러나 대부분의 경우, 이러한 과학적 탐구는 모두 도시 내 생물학적 삶의 최적화와 관계없이 일어난다.

우리는 도시의 공기 질이나 심지어 고도가 인간의 가장 기본적인 생물학적 과정인 호흡에 영향을 미친다는 점을 알고 있다. 그런데 도시 조건 속에서 번성할 수 있도록 인간 발달 과정을 어떻게 최적화할 것인가? 대체로 농업 사회에서 적용되었던 인간의 최적 건강 모델을 지금도 이용하지 않는가?

오래전에 우리는 물의 질이 인간 생존의 기본이므로 도시의 생존에도 결정적 요소라는 것을 배웠다. 그런데 우리는 도시를 통해 전 지구적으로 흐르는 물의 순환 주기에 어떤 책임을 지고 있는가? 인간의 사회적 권리와 달리 깨끗한 공기와 물에 대한 개인의 권리와 그런 권리가 암시하는 바를 인간은 천명하지 못하고 있다.

먹을거리에 대해서는 다르게 말할 수 있을까? 탄소에 기초한 에너지 소비 면에서 도시의 생태발자국이 지구에 미치는 영향을 측정할 수 있지만, 그것은 또한 우리의 생물물리적 건강에 기여하는 영양소와 열량 섭취로 변환되는 에너지의 흐름이다. 역사상 삶의 조건이 변함에 따라 출현한 인간의 대사 변이에 대해 우리는 무엇을 알고 있으며, 그런 삶의 조건이 특정 도시뿐 아니라 그로부터 멀리 떨어진 도시 그리고 우리가 이주해 간 도시에서도 그 조건을 어떻게 최적화할 수 있을까?

인간의 기본적인 생물물리적 건강에 기여하는 주요 요인은 출생부터 유년기, 사춘기, 성년기, 노년기, 죽음에 이르기까지 인간의 생명 주기 모든 단계에 영향을 미친다. 우리는 과학을 통해 단계마다 다른 영양소 혼합체와 열량이 필요함을 알지만 그런 지식은 널리 알려져 있지도 않고 쉽게 접근하지도 못한다. 게다가 일반적으로 건강은 부모나 시민이 책임지는 것이며 건강을 집단적으로 보살피는 곳은 없다.

선진국은 생명 주기의 각 단계에 적응하면서 우리를 이끌던 민간 지식을 모두 잃어버렸고, 지금은 무지의 어둠 속을 헤매고 있다. 대부분의 경우 그 같은 기반을 건강관리 시스템이나 민간의 식품 배분 시스템 같은 관료적 기관으로 넘겨버렸는데, 둘 다 인간의 건강보다 이윤을 추구하는 시스템으로서 작동한다.

비극적이고 역설적이게도 지속 가능성에 관한 담화가 확대될수록 선진국에서 식량의 생산과 분배 시스템에 비윤리적 자원 낭비가 만연해진다. 이는 개발도상국의 농업 실패와 극심한 기아 현상과도 맞물려 있다. 전 지구적으로 이렇게 지능이 낮다는 증거는 인간의 미성숙함을 보여주는 또 하나의 지표다.

인간의 생명 주기라는 맥락에서 볼 때, 우리의 생물물리적 조건을 최적화하는 데 실패하면 이는 우리 존재의 나머지 세 상한에서 경험하는 삶의 질에 곧바로 영향을 주게 된다. 몸이 (우리의 의식 혹은 영혼의) 집에 해당된다면, 우리는 서로 공유했던 청사진을 잃고, 눈도 귀도 멀고 말도 못 하고 미각과 촉각도 잃은 몸을 만들어가고 있는 것이다.

## ≫ 심리적 생명 주기

인간 내면의 삶에 관심을 가진 사람들은 여러 방식으로 복잡한 의식의 자연 단계를 따라 인간의 조건을 탐구했다. 그들이 심리학자든 철학자든 영적 스승이든, 각 문화권에서 발생한 가르침은 개인의 능력 발달에 관한 이야기를 전한다. 의식의 발달 과정은 의존에서 시작하여 공동 의존, 독립, 상호 의존, 내적 의존으로 바뀐다.

복잡성 과학과 정신발달 과학 모두 우리가 타인과의 관계에서 능력을 획득한다는 데 동의한다. 학습은 정서 지능, 인지 지능, 문화·사회 지능 혹은 그 무엇이든 간에 전후 관계에서 상당한 영향을 받는다. 학습은 본질적으로 사람들 사이에서 일어나고 타인과의 상호 작용 없이는 진전을 볼 수 없는 부분이다. 따라서 우리의 지능은 자기 중심 단계(자신에게 중심이 있음)에서 민족 중심 단계(타인이나 소속 집단에 중심이 있음)와 생태 중심 단계(세계에 중심이 있음)를 거쳐 진화 중심 단계(우주에 중심이 있음)로 진화했다.

생물물리적 건강과 마찬가지로, 선진국에서는 이런 과정에 대한 책임 중 상당 부분이 교육 기관으로 넘어갔다. 건강관리 시스템의 경우처럼 우리는 보통 도시 삶을 최적화하기 위해 일생에 걸쳐 무엇을 배워야 하는지 의문을 가지지 않는다. 더욱 근심스러운 점은 빌 매키번이 과잉 개인주의로 구분했고 켄 윌버가 나르시시즘이라고 비판한 현상이다. 이름을 어떻게 붙이든 간에 개인 발달이 자기 중심 단계에 묶여 있어서, 개인이 다른 사람을 이해하거나 다른 사람을 존중하는 능력을 키우지 못한다는 점이 딜레마다.

벌집의 꿀벌들은 꿀벌 개체만이 아니라 벌집도 생존할 수 있도록 1년간 꿀 18킬로그램 생산을 목표로 삼고 벌집 구성원들을 훈련시키고 먹여 살린다. 그런데 인간에게는 그처럼 우리의 학습과 행동에 틀을 제공하며 정의하는 목표가 있는가?

자원 요구량의 영향, 생태발자국, 탄소발자국, 회복력, 지속 가능성에 관해 알고 있는 한, 도시에서 현명하게 살 책임을 질 만큼 정보는 충분히 모였다. 어떤 결함이 있든 유엔기후변화협약, 스프롤, 인구 밀집, 가난, 노숙자 문제, 환경 건강 등과 관련 있는 협약의 의도를 원칙적으로 지지하고자 나서는 세계의 시장들은 신망을 받을 만하다.

도시 건강에 대한 이런 도전은 모두 도시 민주주의에 대한 도전이기도 하다. 그리고 많은 시장들이 통합 시스템 사고를 통해서만 접근할 수 있음을 인식하고 있다.


>> 문화적 생명 주기

개인과 집단의 상호주관적 참여로 도시의 문화가 발달한다. 도시 컨테이너는 다른 도시 컨테이너와 비교적 분리되어 있어서 문화적 생명 주기가 오래 계속된다. 안정적인 도시에서는 문화가 수십 년 혹은 수백 년 동안 거의 변하지 않았을 수도 있다. 전통, 사람들의 생각, 관계로 인해 실제 도시와 시민의 마음속 지도에는 익숙한 경로가 생겼다. 기대, 자원, 변화는 종종 여러 세대 동안 계속된다. 이러한 관계의 그물망으로 인해 각 도시의 '개성'이 발달했다. 베니스, 런던, 뉴욕, 도쿄, 시드니, 세인트피터즈버그, 리우데자네이루, 시드니, 뭄바이. 이 단어를 읽을 때 떠오르는 것을 살펴보면 그 이미지가 얼마나 강한지 알 수 있다.

그런데 지난 세기에는 같은 나라 안에서 시골에서 도시로 가는 이주뿐 아니라 한 도시에서 완전히 다른 나라의 도시로 가는 이주가 가속화되었다. 이에 따라 '혼혈도시'라는 별명을 붙일 만한 현상이 생겼다.[9] 문화가 섞인 도시는 오늘날에 세상의 교실이다. 그러한 도시는 다양성과 다원주의의 장이기도 하지만, 다스리기 힘든 조정 불량 상태를 수없이 낳기도 한다.

각 시스템이 서로 다른 속도로 발달하는데도 불구하고 도시의 거버넌스 시스템은 대체로 주나 국가와 맞물려 있고, 도시 거버넌스는 변화의 속도를 따라가지 못했다. 도시는 안정적이지 않지만 여러 면에서 가장 집약적인 통치 단위가 되어왔다. 비교적 안정적인 도시에서 수세기 동안 발달한 규칙이 주나 연방 시스템 같은 상위 정부 시스템에도 반영되었다. 그 결과, 오늘날 도시는 빠르게 변하는 새로운 문화에 적응할 수 있을 만큼 재조직되지 못했고, 소위 상위 정부의 통치로 인해 숨이 막힐 지경이다.

과거의 도시에서는 비교적 동질의 민족 집단이 살았다. 하지만 오늘날 유럽과 미국의 여러 도시는 세계의 다양한 사람들이 사는 용광로가 되었다. 이민 정책으로 인해 런던, 토론토, 마이애미처럼 수많은 언어가 쓰일 뿐 아니라 함께 사는 규칙에 대한 수많은 문화적 가정이 거리에서 매일 부딪친다.

적응 능력과 회복력을 가장 잘 증명하는 도시는 싱가포르나 홍콩 같은 실질적인 도시 국가일지도 모른다. 그곳에서는 정부의 명령이, 뒤섞인 문화를 결속하는 데 필요한 거버넌스의 힘을 약화시키지 않고 오히려 격려한다.[10]

개인은 개별 홀론인 반면, 사람들로 이루어진 집단은 어떤 집단이든 사회적 홀론이 된다. 사회적 홀론은 그 집단을 구성하는 모든 개별 홀론들의 역동적 복합체다. 이는 부부, 가족, 특정 이익 집단, 팀, 모든 형태의 조직, 커뮤니티를 포함해 어떤 인간 집단에도 적용된다.

인간의 행동 패턴은 사회적 홀론에서도 살펴볼 수 있는데, 그 패턴에는 고유한 생명 주기가 있다. 그런데 개별 홀론을 단일 악기에 비유한다면 사회적 홀론은 이중주단, 사중주단, 재즈 악단, 교향악단을 닮았다. 그리고 인간 홀론은 살아 있는 시스템이므로 실제 악기보다 훨씬 역동적이다. 개별 홀론으로 이루어진 합주단을 보면, 개별 홀론 각각에서도 '일이 진행되고 있음'을 볼 수 있다. 인간 집단이라는 교향악단을 이루는 악기들은 생물·심리·문화·사회적 능력 발달 단계도 서로 다르고 변화 상태도 서로 다르며 역할과 관계도 다양하다.

모든 사회적 홀론이 함께 살고 일하면서 직면하는 도전을 쉽게 이해하기 위해 음악에 비유해보자. 기량이 뛰어난 수준급 음악가들로 이루어진 사중주단이 흥미로운 작품을 연주하기 시작한다고 상상해보자. 우리는 아름다운 음악을 들을 수 있다. 그런데 갑자기 음악가 중 한 사람이 아프고, 프로그램을 계속하기 위해 기량이 떨어지는 교체 음악가가 들어온다. 첫 번째 교체 음악가가 최선을 다한다 해도 사중주단은 더 이상 시작할 때와 같은 수준의 기량이 아니다. 그런데 또 갑자기 두 번째 음악가도 떠나야 하는 사정이 생겨 두 번째 교체 음악가가 들어오는데 그의 기량은 첫 번째 교체 음악가 수준도 못 된다. 프로그램은 계속되지만 청중들은 음악이 귀에 거슬릴 뿐 아니라 연주마다 기교가 부족함을 감지한다. 잠시 후 세 번째 음악가가 떠나고, 대역이 들어와 프로그램을 계속하기 위해 최선을 다한다. 하지만 이쯤 되면 청중들은 사중주단이 분명히 처음과 같지 않음을 연주뿐 아니라 눈으로도 알 수 있다. 마침내 네 번째 음악가가 무대를 떠나고, 작품을 끝내기 위해 최후의 대역인 학생이 들어온다. 악보는 변하지 않았지만 마지막 연주에서 연주자들의 역량은 분명히 퇴보했다.

이 이야기에서 다섯 가지 버전의 사회적 홀론을 목격할 수 있다. 음악가가 한 명씩 바뀌면서 집단의 역학과 능력이 변했다. 뒤로 충분히 물러나 본다면 연주는 연주자의 몸이 바뀌는 것뿐 아니라 각 연주자의 의도와 기대의 차이에 의해서도 달라진다는 것을 볼 수 있다. 연주자들은 사중주단에서 서로 관계 맺을 때 다른 문화적 신념(예를 들어, 거장 음악가는 연주회에서 자신의 역량을 드러낸다. 제2바이올린은 실제로 제2바이올린일 뿐이다. 학생들은 프로 음악가에게서 배울 것이 많다)을 드러내기도 한다. 게다가 갑작스러운 교체로 허둥지둥 리허설을 하고 함께 연주하는 시스템을 개선할 기회가 없었고, 사중주단의 사회적 지능은 타격을 받았다.

---

### 카트리나 대화에서 일관성의 잠재력이 드러나다

우리에게는 도시 전체를 생각하며 복잡성을 다룰 지능과 자원, 그리고 가장 무시무시한 상황이라 할지라도 일관성 있는 해결책을 개발해낼 능력이 있는 것 같다. 마크 새틴은 「카트리나 대화」라는 글에서 뉴올리언스를 위한 접근법을 쉽게 요약했는데, 그는 "선구적인 미국 사상가와 실천가 몇 명을 상상의 원탁회의에 모이게 하여 (실제로 그들이 표현한 견해를 활용하여) 그들로 하여금 서로 경청하고 배우게" 했다. 이 이야기의 교훈은 그와 같은 재앙에서 회복하는 데 (그리고 현재의 자원과 실천 내용을 통합함으로써 매일매일 도시를 운영하는 데) 필요한 모든 실천 방법에 접근할 수 있다는 것이다. "서로 조금 주고받고 비전을 크게 가짐으로써 우리는 카트리나가 드러낸 문제를 '해결할 수 있다.'" 새틴의 글은 http://www.radicalmiddle.com/x_katrina_dialogues.htm에서 볼 수 있다.

간단하게나마 모든 사회적 홀론의 딜레마를 설명했다. 방금 논의한 사중 주단처럼 사회적 홀론의 구성원이 몇 명 안 되는 경우에도 그 역학은 극도로 복잡하다. 한 사람씩 추가됨에 따라 역학은 기하급수적으로 복잡해진다. 따라서 사회적 홀론은 개별 홀론 능력의 단순 총합이 아니며, 컨테이너 안에서 개별 홀론의 상호 작용으로 창발하는 능력을 보여준다.

그런데 도시에서 주변의 사회적 홀론을 살펴보면 종종 혼돈보다 질서를 더 많이 본다. 사람들은 어떻게 방법을 찾아낼까? 개별 경험이 얽혀 있고 상호 작용함에도 불구하고 사회적 홀론은 어떻게 작동할까? 이 질문에 답하기 위해 우리는 생명이 자연스럽게 패턴을 만들어내는 경향을 들여다보아야 한다.

'질서는 저절로 생기는' 것 같다.[11] 우주의 기원인 혼돈에서 자기를 조직한 능력은 생명 자체를 낳은 근본 행동이며 심지어 인간 행동의 기초로 인식된다. 사회적 홀론을 정의함으로써 우리는 경계 안에 있는 사람들 집단을 본다. 경계 내에서, 무엇보다 살아 있는 시스템인 개별 매개자들은 자신들로 하여금 생존하고 환경과 연결되며 번식하게 하는 질서를 파악할 때까지 상호 작용할 것이다.

그럼으로써 인간의 사회 시스템이 출현할 수 있는 조건과, 그 사회 시스템 안에서 개인과 집단이 상호 작용하고 적응하고 학습할 수 있는 조건을 구축한다.

홈풀니스homefulness에 관해 글을 쓰는 동안 나는 인간이 발달함에 따라 인간 의식의 복잡성과 인간 사회의 복잡성, 공명의 경험, 통일성, 창발성이 변한다는 것을 깨달았다.[12] 인간은 변화하는 삶의 조건에 끊임없이 적응한다.

게다가 살아 있는 복잡한 적응 시스템으로서 인간은 능력의 '패나키'를 진화시키고 있다. 2장에서 언급했듯이 홀링(2001)은 패나키가 "자연 시스템과 인간 (……) 그리고 자연-인간 복합 시스템뿐 아니라 사회-생태 시스템이

도표 4.1. 복잡성 수준.
출처: Beck, 2002.

| 자기표현 단계 | 삶의 조건을 조직하는 원칙 | 자기희생 단계 | 삶의 조건을 조직하는 원칙 |
|---|---|---|---|
| 베이지 | 생존 | 자주 | 소속 |
| 빨강 | 명령과 통제 | 파랑 | 권위적 구조 |
| 주황 | 경제적 성공 | 초록 | 인도적인 평등 |
| 노랑 | 조직의 변화와 흐름 | 청록 | 전지구적 공유 자원 |

서로 연결되어 있으며 성장, 축적, 재구조화, 재생이라는 적응 주기를 영원히 거치는 계층 구조"라고 설명한다. 2장에서 설명한 시스템을 주장한 블룸이나 홀링보다 수십 년 앞서 그레이브스(2003)는 1960년대와 1970년대에 18년간 연구를 수행했고, 그 결론은 "인간이라는 존재의 진화적 복잡성 수준"으로 알려지게 되었다. 그레이브스의 연구는 어떤 조건에서 비롯되는 인간의 행동이 그 수준에서는 해결되지 못하는 존재의 문제를 만들어냄을 보여주었다(아인슈타인이 앞서 주장한 것과 같은 내용이다). 그 결과로 새로운 적응 행동이 등장한다. 그레이브스는 집단 중심적 행동과 자기 중심적 행동을 구분했는데 각각을 '자기희생' 가치와 '자기표현' 가치라고 불렀다. 게다가 그의 연구는 그런 행동이 적응을 하며 복잡성이 끝없이 진화하는 가운데 교대로 나타남을 보여주었다. 그레이브스는 삶의 조건과 생물-심리-문화-사회적 인간 존재를 표현하기 위해 식별자 세트를 이용했다(도표 4.1). 벡과 카원(1996), 벡(2002)은 복잡성 수준을 구분하는 색깔 코드 시스템을 고안했다. 베이지, 빨강, 주황, 노랑(즉 따뜻한 색)은 존재의 '자기표현' 버전과 관련 있고, 자주, 파랑, 초록, 청록(즉 차가운 색)은 존재의 '자기희생' 버전과 관련 있다.

　복잡한 적응 시스템에서도 삶의 조건에 대해 우세한 행동 반응은 나타날 것이고,[13] 각 수준의 존재는 현재 삶의 조건에 맞는 조직 원칙이나 가치를 극대화하고자 한다. 그러한 행동은 현재의 복잡성 수준에서 현재 상황을 보호하려는 경향이 있다. 블룸의 용어로 말하자면 이는 조직 원칙이나 가치의 순응 집행자다.

순응 집행은 현재 삶의 조건과 가장 일치하는 가치와 행동을 선호하는 긴장 상태다. 그런데 어떤 존재 수준에서든 작동 중인 가치와 조직 원칙을 극대화할 때 문제가 생기고 다양성 생성이 제공하는 해결책이 필요해지는 시기가 온다. 그때까지 우세한 문화는 다양성 생성에 대항하여 자신을 보호할 것이다. 게다가 우리는 개인, 가족, 조직, 사회 등 모든 규모에서 자연적인 진화주기가 나타남을 볼 수 있다.

아이착 아디제스[14]는 인간의 개별 생명 주기를 인식하고는 사회적 홀론의

도표 4.2. 아디제스가 제안한 단체의 생명주기 곡선.
출처: Adizes, 1999, 2006.

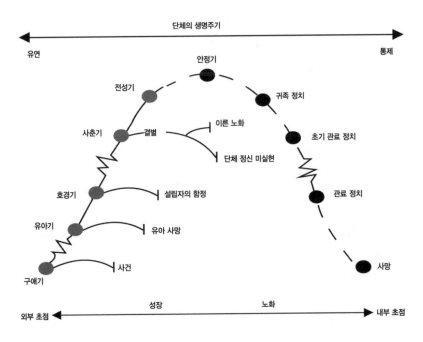

경로를 단체의 생명 주기로 표시했다(도표 4.2 참고). 그는 개체의 단계와 마찬가지로 단체의 단계도 구분했다. 구애, (사건), 유아기, (유아 사망), 호경기, (설립자의 함정), 사춘기, (결별), 초기 전성기, 후기 전성기, (……) 귀족 정치, (……) 관료 정치와 죽음이다.

또한 서로 다른 단계의 전략과 자원의 배치로 인해 생명 주기에서 단체 기능의 중요성이 바뀐다는 것을 알았다. 생산productions, 행정administration, 기업가 정신entrepreneurship, 통합integration이라는 네 가지 기능은 각 성장 단계에서 서로 다른 가중치로 조직의 요구를 만족시킨다. 아디제스는 이러한 기능의 관계가 최고의(혹은 최적의) 수행 성과와 지속성을 결정한다고 주장한다. 이러한 통찰을 통해 개별 조직의 건강성을 나타내는 활력 징후를 이해하고 건강한 경제를 위해 그 기능을 서로 연결시켜야 함을 인식하는 것이 중요하다. 이 네 가지 기능이 적절하게 발휘되느냐 아니냐에

---

### 버닝맨Burning Man

살아 있는 공간 전체를 창조하는 일의 실체를 보여주는 활기찬 연구 과정이 버닝맨이라는 실험으로 매년 진행된다. 버닝맨은 해마다 아무것도 없는 네바다 사막 위에 새롭게 건설되는 도시다. 모든 자원을 그곳에 들여오고 단 일주일 뒤 모두 제거한다. 2006년 행사에 4만 명이 몰린다. 인간 시스템의 하찮은 실험이 아니다. 실제로 초청장 외에는 아무것도 제공되지 않지만, 그동안 숙소는 잘 준비되었고 해가 거듭될수록 잘 알려지고 있다. 시민들은 선물경제를 즉석에서 만들어 스스로 조직하며, 창조와 혁신으로 고밀도화된 연결을 가속화한다. 이는 계획신도시와 정반대다. 버닝맨은 먼지에서 출발하여 먼지 속에서 살다 먼지로 돌아간다. 도시의 계획적인 삶과 죽음에서 우리는 무엇을 배울 수 있는가? (burningman.com 참고)

따라 도시의 삶과 죽음이 결정될 수 있다.

제인 제이콥스[15]는 살아 있는 시스템의 기능을 이용하여 자연적인 생명 주기가 어떻게 촉발되고 조절되는지를 탐구했다. 시스템은 분기점에서 생존을 위한 어떤 선택을 하며, 양의 피드백에서는 어떤 행동에 보상을 주고(예를 들어, 효과가 있기 때문에 이미 작동하고 있는 일을 더 많이 함), 음의 피드백에서는 (그 일을 계속할 경우, 생존에 해가 될 것임을 감지하기 때문에) 어떤 행동에 처벌을 내리고(예를 들어, 이산화탄소 농도가 올라가면 호흡을 늘림), 위협적인 재앙에 직면하면 새롭게 반응하는 것처럼 위기에 적응하기도 한다. 제이콥스는 건강한 도시가 이 모든 수단을 이용하면 살아 있는 시스템이 생존하는 자연 법칙을 따라 발달, 다양화, 연료 재공급이라는 행위를 통해 일종의 '최고' 수준의 건강 상태를 유지할 수 있다고 단언했다. 이는 인간에게 그렇듯 흰개미, 숲, 퓨마에게도 적용된다.

아디제스의 접근 방식(1999)은 '최고'를 달성하는 제이콥스의 조건과 홀링의 네 가지 기능을 모두 인식하고 있는 듯하다. 그 기여로 인해 고객의 이익과 관리, 자본, 조직화, 노동이 모두 정렬되기 때문이다. 이러한 구조적 정렬이 시민, 도시 관리자, 도시 일꾼의 삶을 유지할 수 있도록 에너지의 방향을 적절히 조정할 수 있게 한다.

유사한 방식으로 엘리엇 자크의 통찰은 그가 "필수적 조직화"라고 부르는 것의 필요성을 밝힌다.[16] 자크는 과제의 맥락과 그 과제를 완수하는 데 필요한 가장 긴 자유재량 기간에 기초하여 (시간의 양과 질, 이용할 수 있는 자원도 함께 고려하여) 조직의 구조적 위계와 리더십 위계를 제안한다. 과제를 완수하는 데 필요한 자유재량 기간이 길수록 지도자와 부처의 사회적 역량이 더 많이 요구된다. 그는 3개월 이하부터, 1년, 2년 내지 5년, 5년 내지 10년, 10년 내지 20년, 20년 내지 50년까지 기간에 기초하여 분화의 층을 제안했다.

민간 부문부터 비영리 부문(NFP: not-for-profit)까지 모든 부문에 걸쳐 개별 조직의 건강 상태를 고려하는 것을 넘어, 도시는 이러한 요소들을 어떻게 구조화하는지에 따라 도시의 건강 상태와 지속성이 결정될 것임을 인식해야 한다. 올바른 구조를 테스트하기 위해 핵심 질문을 던져볼 수도 있다. 꿀벌이라면 역할과 책임, 도시 시스템을 추동하는 주기를 인식할까? 각 도시는 도시를 유지하기 위한 올바른 관계 속에서 순응 집행자(생산자), 다양성 제공자(기업가), 자원 배분가(관리자), 내부 판정자(총괄책임자)를 활용하고 있는가?

## 프랙털은 도시에서 반복되는 생명 주기, 단계, 나선 구조를 보여준다

〈도시의 미래〉라는 글에서 벡과 카원(1994; 1997, 1쪽)은 도시의 역학 세 가지를 탐구했다.

- **수평 역학** : 그룹, 유형, 표준, 특성의 범주와 분류를 통해 모든 가능한 인구 통계를 다룬다.
- **수직 역학** : 진화와 발달의 가치 시스템과, 그 시스템을 만드는 문화 요소를 반영한다. 이는 패러다임, 세계관, 사고방식, 조직 원칙이 나선형으로 펼쳐지는 것으로 표현된다.
- **대각선 역학** : 전환, 변형, 복잡성의 서열로 나타나는 변화의 역학이다.

도시를 생각하면서 이 세 가지 역학을 계속 인식하기는 매우 어렵다. 온갖 규모로 존재하는 프랙털 역학으로 그 모습을 그려볼 때 비로소 작동하고 있는 역학 패턴의 결과가 보이기 시작한다.

앞서 사회적 홀론의 특성을 살펴보았다. 이는 가족, 특정 이익 집단, 법인, 정부, 비정부 기구, 사회 네트워크, 컨소시엄, 자기 조직화 웹 같은 다양한 사회적 홀론의 복잡성을 이해하는 출발점이다.

프랙털 관점에서 보면 수직적 단계 내에 단계별 주기가 있음을 인식할 수 있다. 사회적 홀론은 각각 그런 단계별 생명 주기를 유지하기(혹은 진전시키기) 위한 나름의 기준을 가지고 있다. 인문학 연구에서 가장 특화된 영역들(예를 들어, 심리학, 사회학, 고고학, 고생물학)에서는 단계 진화의 패턴과 그것이 개별 수행에 미치는 영향을 밝혔다. 예를 들면, 터크만이 말한—form, storm, norm, perform 같은—팀 발달 단계[17]는 상당히 의심스럽다. 게다가 이 간명한 설명이 제시하는 바는 각 사회적 홀론의 지향점과 관련해 서로 다른 삶을 포용한다.

- **가족** : 생물학적으로 문화적으로 가까운 사람들을 낳고 돌보고 유지함 —20년마다 세대 교체
- **팀** : 프로젝트와 과정 지향—수 일 내지 수 년
- **그룹** : 목적 지향—수 주 내지 수 년
- **컨소시엄** : 프로젝트 완수를 위한 계약
- **전문직** : 표준/질/업무 지향—수십 년
- **민간 조직** : 과정 지향—수 년 내지 수십 년
- **NFP/NGO** : 프로젝트 혹은 동기 지향—수 년 내지 수십 년
- **사회 네트워크** : 목적 혹은 동기 지향—수 년 내지 수십 년
- **정부/사법부** : 거버넌스—수십 년 내지 수백 년
- **자기 조직화 웹** : 관계 지향—수 년

　　살아 있는 시스템이 생명 주기를 뒷받침하는 삶의 조건에 잘 맞춰져 있기 때문에, 삶의 조건이 변하지 않는다면 주기는 무한히 계속될 것이다. 그러나 삶의 조건에 변화가 일어나면, 살아 있는 시스템은 그와 조화를 이루기 위해 변하거나 적응하고, 변화의 대각선 역학이 작동한다. 변화의 대각선 역학을

통해 살아 있는 시스템은 삶의 조건에서 생존하기 위해 내적 에너지를 재조정한다. 생존이 허용되는 조화 지점에 이를 때까지 복잡성의 규모를 상향 혹은 하향 조정한다.

도시의 삶과 죽음의 수직적 기록은 종종 도시 역사의 고고학적 층에서 드러난다. 도시는 과거 패러다임의 파편에 의지하는 습성이 있는데, 트로이에서 런던까지, 폼페이에서 로스앤젤레스까지, 시안에서 뉴올리언스에 이르는 고고학 연구에서는 도시가 각 수평 층에서 살아남은 과정을 인구 통계 자료로 보여준다.

각 층은 역사상 특정 시기에 우세했던 세계관의 중심점을 나타낼 것이다. 하지만 중심점에는 그 선조의 뿌리와 미래 꿈의 최첨단에 관한 증거도 포함된다. 인류학자들은 그러한 잔해가 그 시대 사람들에게 무엇이 중요했으며(무엇을 먹고 입고 건설하기 위해 소중한 자원을 투자했는지), 무엇이 중요하지 않았는지(무엇을 소모하고 폐기하고 쓰레기 취급했는지) 밝혀준다고 말한다.

---

### 연장자들의 주거지가 되는 학교를 세우다

인구 통계학자 데이비드 초크(David Chalk)는 학교의 장기 이용 계획을 수립하는 교육위원회가 학교 시스템이 요구하는 것 이상을 살펴야 한다고 주장했다. 그는 건강관리 및 사회복지 시스템과 연결할 것을 제안한다. '에코' 아이들(X세대의 손자손녀들)이 더 이상 학교에 다니지 않고 학교 주변이 노년층으로 채워질 때가 되면 현재 건설 중인 새 학교들이 텅 빌 것이라고 내다보았다. 해결책은 무얼까? 현재에 필요한 교육에도 맞고 미래에 노인들이 주거지로도 쓸 수 있는 학교를 설계하는 것이다. 다용도 설계는 건물이 교육 시스템의 기능을 다했을 때 합리적 비용으로 노인들이 도움을 받으며 살 수 있는 곳으로 바뀔 수 있게 해준다.

도시가 무엇을 소중히 여기는지 이해하려면, 어떤 생물−심리−문화−사회적 연결을 통해 도시가 아이들 교육, 젊은이의 성인식, 성인의 건강, 노인의 지혜를 지원하는지 살펴보라. 그러면 자원 배분을 통해 정치적 목표가 어떻게 달성되는지 밝혀질 것이다.

벡과 카원[18]은 지도자들이 어떤 가치를 중시하는지에 따라 복잡성 스펙트럼에서 정치적 목표가 다양하게 나타난다고 주장한다.[19]

1. 베이지—이 복잡성 수준에서는 정치에 무관심하다. 물리적 생존에 에너지를 전부 쓴다.

2. 자주—이 수준에서는 집단(민족, 확장된 가족, 혹은 둘 다)이 우위에 있다. 전리품을 나누고 자산을 공유하고 함께 산다.

3. 빨강—유력한 엘리트 책임자들이 전리품을 차지한다. 다른 사람들은 별로 중요하지 않다.

4. 파랑—의로운 사람들이 정당하게 전리품을 얻는다. 다른 사람들은 공로에 따라 받는다.

5. 주황—성공한 경쟁자들이 전리품을 차지한다. 모든 사람들이 경쟁한다.

6. 초록—전리품을 나누는 과정에 모든 사람들이 동등하게 참여한다.

7. 노랑—삶의 조건에 해당하는 자연적이고 기능적인 필요가 모든 종류의 에너지를 결정하고 배분한다.

8. 청록—이 수준에서는 총체적 개인주의가 모든 생명을 보존한다.

위에서 언급했듯이, 아이착 아디제스는 평생 동안 조직의 생명 주기의 특성을 연구하고 지지했다. 조직의 생명을 가능하게 하는 네 가지 기본 기능—생산, 관리, 기업가 정신, 통합—을 밝히는 일에서 아디제스는 그러한 기능이 조직 발달의 각 단계에서 적절히 이용되지 않는다면 조직은 조정 불량 상태가 되고 최적의 능력을 발휘하지 못할 것이라고 주장한다. 그는 조직에 있는 사람들이 그들의 제1업무를 최적화하기를 원한다면 그러한 기능을 적절히 조직화하기 위해 권위나 힘, 영향력을 하나로 합쳐야 한다고 제안한다. 복잡한 적응 시스템 면에서 아디제스는 생존, 환경과의 연결, 미래 계승을 가능하게 하는 적절한 구조가 적응성에 필요함을 인식한다. 사회적 홀론인 조직은 산일구조와 유사해서 그 구조를 통해 자원이 개별 홀론과 사회적 구조로—팀, 부처, 지부, 컨소시엄 등으로—에너지가 흐른다.

조직 맥락에서 한 발 물러나 도시를 프랙털로 본다면 우리는 다음과 같은 질문을 던질 수 있다.

- 도시 성장의 핵심 단계는 무엇인가?
- 아디제스의 조직화 기능과 비슷하게 서로 다른 단계의 도시에 필요한 조직화 기능을 어떻게 고려할 수 있을까?
- (있다면) 도시 성장의 자연적 한계는 무엇인가?

아디제스의 성장 단계를 테스트하는 또 다른 방법은 홀링의 패나키 모델 (앞에서 논의)을 검토하여 그 모델이 아디제스의 접근법에 정보를 줄 수 있는지 (혹은 그 역)를 살펴보는 것이다. 이 작업에서 한 가지 가능한 틀은 홀링이 각 구조적 역할의 책임이 될 행위를 구분했음에 주목하는 것이다.

역할 1. 탐험(잠재력이 낮고 연결 정도가 낮다): 이는 생산의 핵심 책임이다.
역할 2. 보존(잠재력이 높고, 연결 정도가 높다): 이는 생산, 관리(그리고 통합)의 핵심 책임이다.
역할 3. 배출(잠재력이 낮고, 연결 정도가 높다): 이는 관리의 핵심 책임이다.

역할 4. 재조직(잠재력이 높고, 연결 정도가 낮다): 이는 기업가 정신의 핵심 책임이다.

그레이브스와 마찬가지로, 아디제스와 홀링 모두 조직이 덜 복잡한 발달 단계에서 더 복잡한 단계로 진보하며 어떤 시점의 시의적절한 상황에서 시스템 전체가 또 다른 수준으로 진보한다고 주장한다. 뉴올리언스 같은 예는 그러한 티핑포인트가 실제하며 최소한의 결정적 조건이 위배되었을 때 퇴보도 일어날 수 있음을 증명한다.

## 도시 장에는 관찰할 수 있는 변화 상태가 있다

살아 있는 시스템의 행동을 이해하려는 과정에는 불가피하게 변화 이론이 등장한다. 변화의 근본 뿌리는 우주의 자기 조직 본성에 있다. 예를 들어, 빅뱅 이후 무엇이 출현했으며 어떻게 변하고 있는가?

진화의 현 단계에서 우리는 질서가 혼돈에서 비롯되며, 우주는 변화가 안정화된 패턴이고 암석/지질/생물권이 자신의 의식을 의식하는 존재를 낳았음을 안다. 그런데 안정성은 상대적 용어로 변화를 측정하는 데 이용될 수 있다. 안정성으로 커뮤니티나 도시 같은 컨테이너 안 관계 특성을 가늠할 수 있다. 개인 및 집단의 관계가 안정적인지, 불안정한지, 혼란스러운지 질문을 던져야 한다.

변화 모델을 선택하는 일은 규모에 따라 달라진다. 어떤 모델의 효과성은 우리가 어떤 변화를 확인하고 싶은지와 관련 있다. 서로 다른 요소들 가운데서 변화를 감지하려면 우리에게 필요한 감도 한계를 찾아야 한다. 자기 조직화하는 살아 있는 시스템의 경우, 기본 바탕 위에서 변화는 생존, 환경/삶의 조건과의 연결, 생명을 재생하는 능력과의 관계에서 파악되어야 한다. 변화를 보고하려면 그러한 모든 요소와 함께 적절한 자료를 추적하는 작업이 필요하다.

지구에서 인간 존립—그리고 도시 존립—에 영향을 미치는 가장 근본적인 삶의 조건 중 하나가 날씨다. 우리는 날씨가 계속 변하기 때문에 안정, 불안정, 폭풍우, 맑음 등 날씨의 주요 상태에 민감하다. 우리는 그런 묘사에 매우 익숙하여 일상 대화에서 늘 날씨를 언급하는데, 이는 시스템의 변화 상태를 기술하는 것과 다르지 않아 유용하다.

복잡한 적응 시스템으로서 도시의 인간은 도시 조건 속에서 살기 위해 각자의 상황에 끊임없이 적응하고자 한다. 그러한 복잡한 적응성을 '학습'이라 부른다. 우리는 어떠한 삶의 조건—안정, 불안정, 폭풍우, 맑음—에서도 살아남고 적응하는 법을 늘 배우고 있다.

새로운 연구[20]는 우리의 적응 민감도에 항상성이 있을 수 있다고 주장한다. 우리에게는 행복을 질적으로(심지어 양적으로도) 감지하는 감각이 있고, 행복감에 적응하고자 계속 노력한다. 커민스는 행복감 측정을 위한 10점 척도를 만들었는데, 그의 데이터를 보면 우리의 항상성 기준점은 10점 만점에 대략 7점이다.

통합도시를 구상하면서 나는 누구나 일생 동안 삶의 조건을 이루기 위해 노력한다고 생각했다. 사람들은 대체로 그런 행복 상태를 무의식적으로 '나, 우리, 그것/그것들'이라는 존재로 표현하고자 한다. 다시 말하자면, 실체의 사상한에서 각각의 서로 다른 관점을 경험한다. 커민스[21]가 제안한 행복 척도는 인간이 자신의 삶의 조건이라는 맥락에서 중요하다고 인식하는 것들과 이룬 자기 정렬의 척도다. 커민스, 윌스 등과 나를 포함한 연구자들은 행복 척도가 객관적이고 상호객관적일 뿐 아니라 주관적이고 상호주관적임을 보여주려고 노력했다.

의미 분화 접근법과 구조 분화 접근법은 어떤 곳에서든 질적인 데이터를 비슷하게 얻을 수 있는 도구다. 돈 벡은 일반적인 조건을 안정, 불안정, 폭풍우, 맑음으로 열거하는 복잡한 그림을 만들어, 응답자들로 하여금 지역 조건을 관찰한 바에 점수를 매기게 하는 조사법을 개발했다.

도시에서 변화를 관찰하는 다른 방법은 장점 탐구법의 변형을 이용하여[22] 사람들이 커뮤니티에서 중요하다고 생각하는 것, 즉 강점, 난점, 기회가 무엇인지를 결정하는 것이다. 통합도시에서 우리는 복잡성 수준에 기초하여 그런 반응들을 표시할 수 있고, 각 데이터 세트 사이의 갈등을 밝힐 수 있다. 갈등은 사람들이 최적 조건에 적응하려고 애쓸 때 가장 변하기 쉬운 영역을 드러낸다.


## 결론

도시의 삶과 죽음은 도시의 모든 지도와 매우 밀접하게 연관되어 있다. 그것은 지도 1의 발달 수준과 지도 4에서 표시되는 도시 변화의 역학을 분명히 반영하고 드러낸다.

도시가 복잡해짐에 따라 미시-개인, 중간-조직, 거시-커뮤니티 시스템의 상호 작용이 연결된다. 도시의 삶과 죽음 그리고 건강은 지도 3의 건강한 정렬에서 아주 많이 드러나는데, 프랙털 패턴으로 서로를 반영하며 여러 규모에서 공존한다. 미시적 수준에서 삶의 특성은 중간 단계와 거시적 수준의 삶의 특성을 반영하며, 그 역도 성립한다.

그런데 우리는 지도 1이 도시의 내면적 삶과 외면적 삶의 균형, 그리고 개인과 집단 사이의 긴장 상태를 표현한다는 점도 고려해야 한다. 엘리자베스 사투리스(1999)는 지도 2에 들어 있는 홀론들이 모두 자신과 다른 홀론의 요구에 기여함을 멋지게 표현했다. 이것이 바로 건강하게 살아 있는 도시가 보여주는 건강한 삶의 진수다.

## 질문

1. 한 개인의 생명 주기와 도시의 생명 주기 사이에는 어떤 관계가 있는가?
2. 생명 주기가 자연적인 것이라면, 우리는 하락하는 주기의 경험을 어렵지만 자연적인 것으로 어떻게 재구성할 수 있을까?
3. 삶의 행로를 인식하고 축하하는 일을 언제 어디서 어떻게 도시의 삶에 재도입할 수 있을까? 자기, 가족, 조직, 도시의 자연적인 생명 주기를 어떻게 나타낼 수 있을까?

## 통합도시 원칙을 적용하기 위한 간단한 규칙 세 가지

1. 도시에서 생명 주기의 리듬을 존중한다.
2. 도시 안에서 자연적인 변화 주기를 통합한다.
3. 도시의 프랙털 패턴과 조화를 이룰 수 있도록 서로 다른 규모에서 가까이 혹은 멀리 살펴보는 법을 배운다.

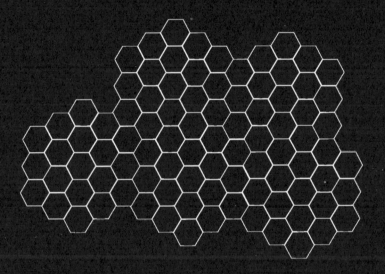

Inner Intelligence

5장
—
내적 지능

꿀벌의 학습 경로는 적절한 때 유리한 방식으로 학습이 이루어지도록 짜여 있어서 착륙을 배우기에 앞서 색깔과 형태를 학습하고 주요 지형지물을 나중에 학습한다. (……) 이 같은 신천적 학습 '준비'는 학습 과정의 유연성을 강조하는 전통적인 심리학 개념과 상반된다.
– 굴드 & 굴드, 『꿀벌』

도시의 지속성은 도시의 지능과 직접적으로 연관이 있다.
– 해밀턴

## 의식: 우주의 바탕

도시에서 의도적 의식은 매우 복잡하고 역동적이다. 양전자방출단층촬영 (PET: Positron Emission Tomography)이나 자기공명영상(MRI: Magnetic Resonance Imaging)으로 도시를 검사할 수 있다면, 의도적 지능이 끊임없이 켜졌다 꺼지고 여러 센터가 활기를 띠며 지능이 널리 퍼져 있는 것을 볼 것이다. (실제로 이 방식으로 도시를 정확히 살피는 방법에 대해서는 11장에서 논의한다.) 우리는 쉬고 여가를 즐기고 일하고 이곳저곳을 오가면서, 도시가 잠들고 깨어나고 꿈꾸는 주기도 볼 것이다. 심지어 도시가 일과 산업 과제를 수행하는 좌반구, 그리고 가정과 놀이를 담당하는 우반구로 나뉜 것을 볼지도 모른다. 아니면 도시의 인지, 정서, 문화 지능을 볼 수도 있다.[1]

의식이 우주의 바탕이라는 사실은 점점 분명해지고 있다. 의식이 물질과 에너지의 상호 작용에서 나오는 것이 아니라, 물질과 에너지가 의식에서 출현하고 의식 자체와 함께 출현함을 보여주는 연구 결과가 점점 늘고 있다.[2] 인류 중심적 방식으로 우리는 의식이라는 기적을 인간의 조건에 속하는 것으로 치부해왔다. 우주가 지구 주위를 돈다고 보았던 한때—그리 멀지 않은 과거에—그랬듯이 우리는 자신을 우주 의식의 중심으로 본다. 이제 우리는 우주 자체가 의식을 지니고 있다는 거의 확실한 가능성을 어렴풋이나마 알게 되었고, 그 광대한 의식의 바다와 우리의 관계에서 우리가 의식의 표현이고 그 표현을 목격하는 능력이 우리에게 있으며 우리가 그 표현의 통로이며 어쩌면 그 표현을 확장한다는 것을 이제 막 깨달았다.

사실 우주의 의식이 널리 퍼져 있다는 인식은 우리 종에서 발달은커녕 인식 면에서도 초기 단계다. 게다가 우리는 이 행성에서 '호모 사피엔스 사피엔스'보다 의식을 더 잘 의식하고 있는 다른 종을 알지 못한다. 우리가 알고 있다는 사실을 아는 이상, 우리는 피드백 회로를 통해 의식이 깨어나는, 결코 끝나지 않을 여행을 시작하고 있는 것 같다.

우리 종이 성공하고 인구도 점점 늘어나는 덕분에 이 여행에는 분명히 동행이 많을 것이다. 하지만 의식이라는 장치 및 의식과 도시의 관계를 파악하려면, 먼저 개인에서 출발하여 통합도시에서 의식의 중요성을 검토해야 한다. 이는 무엇보다 시민의 의도가 시민 개인에게서 나오기 때문이다.

## 주관적 웰빙

통합모델에서 시민의 의도는 좌상상한에 속한다. 이는 '나'라는 공간으로 의도, 주의, 내적 경험, 정서적·인지적·영성적 발달 혹은 지능의 자리다.

인간 조건의 좌상상한은 개인의 주관적 행복감과 관련 있다. 주관적 행복에 대한 윌스와 이슬람, 해밀턴의 최근 연구에서는 건강, 안전, 관계, 생활표준, 삶의 성취, 미래 보장 등의 만족과 관련 있는 질문을 던짐으로써 이 영역을 정의한다.[3] 개인 주관성의 발달 순서에 관한 그레이브스, 벡, 윌버의 통찰과 관련짓는다면, 이러한 만족도 범주는 생존, 소속, 개인 권력, 질서/관리, 성취, 수용, 시스템 유연성을 거치는 주관적 발달과 매우 유사한 과정으로 정렬되는 듯하다. 이러한 접근법은 모두 도시에서 주관적 경험을 이해하기 위한 구조적 접근으로 간주될 것이다.

월버(2000a)와 마찬가지로 상당히 많은 수의 심리학자, 철학자, 인류학자, 사회학자, 조직 개발자들이 주관적 발달 공간의 특성을 밝혔다. 다소 차이는 있지만, 의도하는 능력의 기본 순서와 구성 요소는 본질적으로 같다.

사상한을 모두 검토하면서 월버(2006)는 누구도 따라올 수 없을 만큼 철저하게 주관적 상한을 검토했는데, 구조적으로 파악하는 방식뿐 아니라 직접적 경험으로 아는 방식도 썼다. 그는 개인들이 현상학적 앎의 방식을 통해—즉, 자기를 관찰하고 실체에 관한 정보를 주는 자신의 생각과 감정의 내용을 탐구함으로써—자신 및 다른 사람의 내면을 알게 된다고 주장한다. 탐구 방식으로는 명상, 묵상(묵상 기도 포함), 숙고, 일기 쓰기, 자기 성찰, 깊은 대화가 전형적이다. 이런 접근법을 통해 자기 자신을 직접 경험하고 내면으로 이해할 수 있으며, 다른 사람의 주관적 경험과 비교할 수 있다.

주관적 공간은 커민스, 그레이브스, 벡, 해밀턴이 앞에서 보여준 것처럼, 외부에서 구조적 렌즈를 통해 관찰할 수 있다. 이 구조는 주관적 경험의 내용을 추론의 사다리에 조직한다. 대체로 그것을 사용하는 사람에게는 보이지 않지만 연구하는 제3자는 관찰 가능하다.

앎의 내면적 방식(현상학)과 앎의 외형적 방식(구조주의)은 모두 정신 모델과 도시 삶의 주관적 경험의 지도를 만든다. 이것들은 사실 통합도시에서 주관적 구조의 '통합적 측면들integral aspect'이다.


## 개인의 삶을 검토하는 일은 가치 있다

개인 삶의 의도적 주관적 상한을 검토하는 일은 특히 주의 및 의도와 관련해서 의식의 특성을 이해하는 틀을 제공하므로 중요하다. 우리는 삶을 검토할 수 있다. 바로 이 때문에 삶을 살 만한 가치가 있는 것으로 만들 능력이 있다. 궁극적으로 도시에서 모든 주의와 의도는 개인의 수준에서 경험된다. 이는 8장에서 논의할 것처럼 사람들이 연합할 때는 정치적 의지로 뭉칠 뿐이다.

의식적 주의에는 인지하는 가운데 의식을 집중시키는 능력이 관여한다. 이 좌상상한은 철학자와 심리학자의 주된 부분이지만 도시 삶에서 가장 많이 잊고 가치를 인정받지 못하는 상한일 것이다. 왜 그럴까? 우리 몸과 생존을 위한 생물학적 욕구의 힘은 눈에 보이지만, 보이지 않는 의식은 간과하기 쉽기 때문이다. 자신의 행동이 다른 사람에게 영향을 준다는 것을 인식하지 못하고 행동하는 어린아이처럼, 우리는 개인의 정서, 생각, 재능, 영성이 행동, 문화, 사회 시스템의 다른 상한에 매우 깊고도 지속적인 방식으로 영향을 미친다는 것을 알지 못한다.

사실 시민 개인의 주의와 의도는 지능적인 도시의 심장이자 도시를 유지하는 도시 역량의 중심이다. 시민들을 단순히 먹이고 입히고 재울 수 있는 도시는 자신을 유지할 지능이 결여되어 있다. 지속성을 위한 지능은 자신, 다른 사람, 공유된 삶의 조건에 대해 배우려는 헌신에서 나오기 때문이다. 점점 더 복잡해지는 규모에서 관찰하고 주의와 의도를 지니고 끝없이 상호 작용하는 가운데 학습이 이루어진다.


## 지능 능력 파악하기


개별 지능은 개인의 심리-생물-문화-사회적 능력 속에 얽혀 있어 분리할 수가 없다. 윌버[4]는 각 상한에 여러 발달 라인이 있다고 주장한다. 각 라인은 일종의 인간 능력을 나타낸다. 우리는 이 다양한 지능 라인을 자산이라 부른다(정서, 지성, 음악, 수학, 문화, 사회, 영성 자산처럼). 어떤 사람들은 이 자산이 실제 지능이라고 본다.[5] 각 지능 라인에는 성숙 경로, 즉 더 발달할 수 있는 능력이 있다. 이 발달 라인 중 몇몇은 더욱 긴밀하게 연결되어 있는 것 같다. 좌상의 의도 상한에서 특별히 중요한 세 가지는 정서, 인지, 대인관계이고 네 번째로 영성은 점점 더 많은 관심을 끌고 있다.[6]

정서, 인지, 대인관계는 여러 면에서 중요한데, 이 세 가지가 우리의 3중 뇌(파충류-정서, 포유류-지성, 인간-대인관계/영성)와 관련 있기 때문이다. 그 뿌리가 무엇이든 간에 각 지능의 일반적인 발달 경로는 기본적으로 다음과 같은 틀에서 파악할 수 있다.

- 자기 인식
- 자기 관리
- 자기 학습/주도/가르침
  - 타인 인식
  - 타인 관리
  - 타인 학습/주도/가르침
    - 맥락 인식
    - 맥락 관리
    - 맥락 학습/주도/가르침
      - 시스템 인식
      - 시스템 관리
      - 시스템 학습/주도/가르침

지속적으로 학습하여 자신과 타인, 맥락, 시스템을 관리하고 이끄는 법을 배울수록 그는 더 주의 깊고 의도적이며 꼭 필요한 사람이 된다. 더 주의 깊고 의도적인 사람이 되면서 개인은 도시 삶의 지능에 더 많이 기여할 수 있다. 정서 능력, 지성 능력, 대인관계 능력이 뛰어난 사람은 가족이나 집단, 팀, 조직, 커뮤니티를 포함하여 여러 복잡한 사회적 홀론에 기여할 잠재력이 그만큼 많다. 각 개인의 주의와 의도는 발달의 중심점이 되어 도시의 회복력에 기여할 터이다.

## 인간의 출현: 수준, 라인, 유형, 상태

좌상상한을 개별적인 의식의 장으로 고려한다면, 그 장에 (정서, 인지, 대인관계, 영성 같은) 발달 라인과 (자기, 타인, 맥락, 시스템 같은) 발달 수준이 존재함을 더 쉽게 알 수 있다. 라인과 수준이 교차하는 곳에 있는 역량의 노드는 개인이 구현하는 의식 유형(예를 들어, 남성성, 여성성, 음, 양)의 영향도 받는다.

어떤 시간대의 개별 의식은 신체의 에너지 상태—깨어 있음, 수면, 꿈, 명상—의 영향을 받는다. 켄 윌버나 앨런 콤[7]에 따르면, 상태는 언제든 나타나지만 그 상태를 경험하는 사람의 의식 수준에 따라 다르게 해석될 것이다.

이에 덧붙여서, 개인의 의식이 경험하는 역동적 변화 상태는 열림, 정지, 닫힘 상태라는 또 다른 스펙트럼으로 설명할 수 있다. 열림 상태는 기꺼이 학습할 준비가 되어 있고, 정지 상태는 학습을 받아들이지 않으며, 닫힘 상태는 학습에 저항한다. 따라서 개인의 의식은 매우 역동적이다. 개인이 인식하는 것은 여러 지능 라인의 발달 수준으로 측정할 수 있고, 에너지 상태와 변화 상태에 따라 접근 가능하다.

앞 장에서 논의했듯이(그리고 다시 다룰 테지만), 도시의 개인은 반드시 도시에 있는 다른 사람들의 다양성에 영향을 받는다. 한 사람이 다른 사람과 집단에 미치는 영향은 그 사람의 발달 수준과 라인의 '중심점'에 따라 크게 달라진다. 어떤 사람이 같은 중심점(예를 들어, 수준 5, 즉 주황)의 여러 핵심 발달 라인에 통달하게 되었다면, 그 사람은 삶의 대부분 조건에서 그 중심점에 '안 정적으로 머무르는' 경향이 있다. 다시 말해, 그런 삶의 조건에서 회복력을 보인다. 이와 대조적으로 중심점이 변하고 있는 성장 단계에 있다면, 여러 발 달 라인이 셋 혹은 그 이상의 발달 단계에 걸쳐 있어서 그 사람의 안정성과 회복력은 떨어진다.

그 결과 다양한 사람들이 포함되는 집단(사회적 홀론)은 어떤 집단이든 중 심점이 있는데, 그 집단의 대다수가 지니는 지점이다. 게다가 그 집단에 사람 이 들어오거나 나가면 사회적 홀론의 중심점은 영향을 받고 집단의 주관적 (그리고 상호주관적) 역량에 변화가 생긴다. 이런 이유로 군중의 지혜가 개체 중 에서 가장 높은 수준의 능력에서 나올 수 있고, 개체들이 서로 창조적인 영 향을 주어 열린 마음이 상호 작용하는 가운데 새로운 의식의 혁신이 나타난 다. 같은 이유로, 같은 현상에서 역으로 보통 사람들에 의한 정치가 나올 수 있다. 다시 말해, 절대 다수의 사람들이 낮은 발달 역량에 정지 혹은 닫힘 상태에 있다면, 전체 수준은 가장 낮은 공통분모로 떨어진다.


**목적과 목표**


사람들은 아주 최근에서야 자신이 도시 삶에 기여하는 목적에 의문을 품 기 시작했다. 그전에는 도시에서의 총체적인 삶에 목적이 있음을 결코 알지 못했다. 도시의 역사에서 인간 시스템은 시민이 무엇을 의식적으로 의도해야 하는지(혹은 시민들이 어떤 의무를 의식해야 하는지) 거의 묻지 않았다. 자신이 아닌 다른 사람들을 위해 지능을 최적 수준으로 높일 책임이 개인에게 있는가? 선진국에서(대부분의 자본주의 시스템과 사회주의 시스템에서) 개인의 교육은 권리가 되어 인간 삶의 목적에서 분리되었다. 매키번(2007)은 가장 심각한 징후를 과잉 개인주의라고 설명한다.

나는 목적 및 목적과 의식의 관계라는 쟁점과 씨름할 때마다 꿀벌에 대해 알고 있는 바를 곰곰이 생각한다. 각 벌집은 해마다 꿀을 18킬로그램 생산한다는 목적이 있다(인간이 관리하는 벌집은 더 많이 생산한다). 벌집의 연간 생산량의 일부에 불과하지만—나머지는 생산과 건설 기능으로 돌린다—이는 벌집 전체의 생존을 보장하고 벌집에 있는 벌 개체들을 모두 보살피는 양이다.

더 자세히 살펴보면, 꿀벌들은 목적에 기여하기 위해 벌집에서 각자의 역할을 진화시키고, 더 나아가 알부터 노년까지 삶의 주기 전체에서 꿀벌들을 지원할 수 있도록 학습 과정을 발달시키는 것으로 보인다.[8] 알과 번데기는 말 그대로 보살핌을 받는데, 어린 꿀벌들도 번데기가 나타났을 때 벌집을 청소하고 알과 번데기에게 먹이를 주고 돌보는 단순한 일을 시작할 능력이 있다. 꿀을 얻고 저장하며, 벌집을 만들고, 짧은 거리를 비행하고, 먹이를 찾고, 꽃가루를 나르고, (유명한 꿀벌 춤을 통해) 정보를 전달하고, 영토를 확장하고, 능력을 발휘해 모험을 하는 등의 방법을 차차 배운다. 꿀벌 세계의 아름다움은 꿀벌들이 벌집을 먹여 살릴 뿐 아니라 식물과 꽃의 수분을 통해 그들을 먹여 살리는 환경을 유지한다는 점이다. 이는 우아한 자기 유지 시스템이고, 그 속에 내재된 목적이 꿀벌들의 행동이나 체계, 문화를 형성하는 듯하다.

도시가 최적으로 기능하려면 시민이 집단적 삶의 목적의식을 가지고 실천하고 주도할 필요가 있다. 그런 인식이 있을 때 도시 자원을 적절히 적용하면서 모든 학습 시스템의 의도를 모을 수 있다.

인간에게 꿀 18킬로그램에 해당되는 것은 무엇인가? 도시에서 그 등가물은 결정적 수의 시민들의 가치관과 삶의 조건이 바뀜에 따라 변할 것이다. 의도적 관점에서 보면, 도시의 목적은 모든 발달 단계에서 시민의 웰빙을 최대화하는 것일 수 있다. 그러한 웰빙은 구조적으로뿐 아니라 현상학적으로도 경험될 것이고 상호주관적인 공간에서 공유되는 이야기로 표현될 것이다. (웰빙에 관한 커민스의 평가가 보여주는 것처럼) 조사에 의해 보고될 수도 있고 매킨토시(2007)가 설명하는 의지 지능에도 반영될 것이다.

통합모델을 이용하면, 공유된 도시 삶의 조건이라는 맥락에서 볼 때 웰빙이 개인의 경우 주관적 경험, 상호주관적 경험, 객관적 행위, 상호객관적 행위로 등분된다고 가정할 수 있다. 도시의 목적은 개인이 혼자 이루지 못하지만 시민이 함께 구현할 수 있는 것을 달성하는 것이다. 활기찬 도시에서 이러한 성취는 도시 전체를 포함하여 개인이 속한 집단뿐 아니라 개인을 위해서도 지속 가능한 성과를 최대화하는, 개별 지능의 창발적 성과가 될 것이다.

꿀 18킬로그램은 주관적이고 상호주관적인 가치관에서 객관적이고 상호객관적인 결과를 낳는 구체화된 성과가 될 것이다. 이는 행복이나 웰빙 혹은 삶의 질을 표시하는 일종의 전반적인 활력 징후 모니터(11장에서 논의)라고 바꿔 말할 수 있다. 주황색 영역 수준의 언어로 말하자면, 그것은 도시가 세계에 제안하는 특유의 가치 혹은 가치가 더해진 목적이다. 도시가 독특하게 세상에 기여하는 바이고, 만약 존재하지 않는다면 아쉬움이 클 것이다.

도시의 목적은 시간이 지나면서 증가하는 복잡성에 반응하여 변할 것이고, 도시의 목적이 기여하는 바와 세상에 가치를 더하는 방식 또한 변할 것이다. 하나의 복잡성 수준에서 다른 수준으로 전환하는 단계에서 모든 시민의 욕구를 뒷받침하는 데 어려움을 겪을 것이다. 어떤 사람들은 떠날 것이고, 어떤 사람들은 틀어박히려 할 것이다. 또 다른 사람들은 병적 이상이나 기능 장애로—예를 들어 노숙자가 되어—시민권을 박탈당할 것이다.

도시가 더 클수록 개인의 목적은 더 다양해질 것이고 서로 다른 목적과 의도가 출현할 것이며, 거버넌스에서는 그 같은 틈을 다룰 것이다. 따라서 사회적 홀론으로서 도시가 최적의 성과를 내기 위해서는 시청이 시민의 가치나 의도, 목적을 분명히 알아야 하다.

도시의 역사에서 사람들과 그들의 핵심 가치(목적이라고도 알려져 있다)의 관계는, 도시에서 그 가치를 뒷받침하기 위해 상응하는 체계와 문화와 행동이 발달하고 진화한 것처럼 시간이 지나면서 진화했다.

의식적 존재로서 인간은 관찰과 느낌, 생각, 목적에 의해 추동되는 가치

## 통합 교육

통합 커뮤니티의 구성원들이 아동용 통합학습 시스템을 설계하는 동안, 우리는 의도적으로 설계된 통합학습 시스템이 어떠할지 엿볼 수 있다. 실제 삶의 예가 국제 바칼로레아 과정에서도 출현했는데, 전 지구적 정보 및 국제적 경험이 있는 교수진, 교육 과정, 학생을 갖춘 많은 학교가 교육 방법을 개발하고 있다. (텍사스, 웨스트레이크나 멕시코 몬터레이의 국제 바칼로레아 과정이 주요 예다.) 브리티시컬럼비아의 몇몇 도시는 6세 전에 인간 발달에 기여하는 요소를 다루는 클라이드 헤르츠만의 초기 아동기 발달 프로젝트의 연구 관점을 따르고 있다. 캘거리, 앨버타의 학교 위원회는 유치부부터 12학년까지 아우를 수 있는 통합공교육 시스템을 개발해왔다.

로얄 로즈 대학교에서는 성인 중심의 역량 기반 리더십 대학원 과정이 1996년부터 제공되었다. 하버드와 MIT의 케건, 가드너, 토버트, 스카머의 연구 결과와 성인 발달 모형이 서서히 바깥세상으로 나와 공립대학, 사립대학, 사내대학(corporate university)의 교육 과정에 영향을 미치고 있다.

경영 지도자를 위한 통합학습 시스템은 캐나다 오타와의 통합주의자 장 트루델이 설계했다. 경영 지도자들의 자기계발, 타인의 지도와 관리, 세계적 성공을 위한 조직적 전략 등을 위한 프로젝트 계획이 마련되었다. 실천, 관리 리더십이라는 통합 원칙을 이용하여 개별 학습과 사회 학습을 위해 발달 단계를 아우르는 통합학습 과정을 설계하고자 통합 프로젝트 관리에 관해 연구한 바를 모두 활용하고 있다.

를 끌어내고자 하는 욕구 등을 이용한다. 그 가치로부터 사고방식이나 세계관, 패러다임이 출현한다. 패러다임의 중심에는 감정과 생각을 관찰하고 인식함으로써 개인이 (그들의 욕구/선호도/욕망을 달성하기 위한) 의도를 가지고 무엇에 주의를 기울일지 지시하는 인간 시스템의 목적이 있다.

에이브러햄 매슬로는 사람의 생존 욕구, 소속 욕구, 성취 욕구를 포함하여 욕구 피라미드의 동인을 밝혔다. 매슬로의 동료인 클레어 그레이브스는 사람이 삶의 조건의 복잡성에 적응해감에 따라 이 욕구 피라미드가 개체 내에서 끊없이 재조정된다고 한다.

도시는 세계 곳곳에서 생겨나 복잡성 정도가 다양한 인간의 핵심 욕구와 목적을 충족시키는 방향으로 진화했다. 그러나 인간 종의 어떤 문화권의 진화에서도 개인이나 가족, 그룹, 그리고 함께 존재하는 다양한 인공물의 문제를 해결할 충분히 복잡한 의식이 발달하고 나서야 도시가 출현했다. 도시의 등장에는 공간적으로 한정된 대규모 인구의 생존과 관계, 권력이라는 쟁점을 다루고 해결하기 위한 거버넌스 형태가 필요했다. 거버넌스는 궁극적으로 경계의 설정과 관리, 정보 교환, 개인과 집단의 상호 존중 관계 등을 가능하게 하는 과정과 패턴과 체계에 주의를 기울일 때 비로소 가능하다. 이는 수준 4 거버넌스 체계의 본질이다.

그런데 일단 생존과 관계, 권력이라는 가치와 욕구가 의도적인 거버넌스 시스템에 의해 다루어지면, 권위와 표준, 성취와 결과, 돌봄과 공유, 변화와 흐름, 전 지구적 관심과 관련 있는 새로운 능력이 출현할 기초가 마련된다(복잡성 수준 5부터 8까지).

각 도시가 지리적·생물학적 삶의 조건이라는 배양 접시 안에서 진화함에 따라 시민이 지니는 가치 스펙트럼의 독특한 징후가 발달하는 경향이 있다. 도시의 등장과 맞물려 수로와 육로를 통한 교역과 원거리 경제 활동 덕분에 교역로에 위치한 도시에서는 아이디어가 퍼져나가고 다른 문화의 주의와 의도가 영향력을 발휘했다.

도시의 핵심 도전 과제를 서로 다른 방식으로 해결한 사람들 사이에서 생각이 교환된다. 의도는 자연적으로 지연되고 실체는 지구의 표면 수준에서 교류되고 전달되었지만, 개인과 집단(그리고 도시 거버넌스)에 영향을 미친 변화는 서서히 동화되었다.

그런데 운송과 교역 경로가 하늘에 이르자 거리와 시간이 사라졌다. 하지만 의식적 선택의 동화에는 부담과 어려움이 늘어났다. 상호 작용이 가속화되고, 주의와 의도 능력이 다른 사람들이 대규모로 이주하자 도시의 특성이 빠르게 변했다. 오늘날 대규모 이민을 장려하고 받아들이는(혹은 전쟁이나 자연재해 때문에 목적지가 되는) 나라에서 도시는 여러 문화(신념이나 관계, 교류 시스템이 다른 사람들의 집단)가 섞여 있어서 개별 시민의 주의가 대체로 초점을 잃고 있으며(그렇지만 과도하게 자극을 받는 상태) 의도가 모호해지거나 원래의 문화를 보호하고자 은밀해진다.

그 결과 당연하게도 도시 역사상 주의와 의도의 정렬 불량 상태가 만연하고 더 심한 상태가 되었다. 부조화는 의도하지 않았지만 현재 도시 삶과 국가 이민 정책의 실제 모습이 되었다. 그리하여 캐나다 같은 나라에서는 이제 모국어가 영어나 불어가 아닌 사람들이 인구의 40퍼센트에 이르렀고 그들을 가르치기 위해 지역 교육과 사회 시스템의 주요 자원을 지원해야 하는 도시가 많다. 대조적으로 자격을 갖춘 전문가들이 그들의 자격으로 기여할 수 있었을 잠재력보다 훨씬 낮은 수준의 일을 하는 경우가 많다. 누구에게든 이는 불만스럽고 비참하며 힘이 빠지는 상황이다. 공개적인 이민 정책의 영향을 도시, 주, 국가와 맞추지 못한 의사결정자들은 이제 그러한 통일성이 절대적으로 필요하다는 증거를 맞닥뜨리고 있다.

역사적으로 볼 때, 선진국의 현대 도시의 공립학교는 산업혁명이 일어나고 제조업이 도시 안에 자리를 잡는 데 부응하기 위해 출현했다. 공장에서 작업을 표준화함에 따라 표준화된 학교 교육이 널리 퍼져 학생들을 공장에 맞게 준비시키기를 장려했다. 그 결과, 짧은 기간(한 세기?) 내에 시민의 의도는 산업도시의 의도와 목적에 상대적으로 잘 맞아떨어졌다.

21세기에 들어서 다양한 문화의 영향을 받은 사람들의 주의와 의도가 뒤섞였다. 이에 대처하는 도시의 목적은 명확히 정의되지 못한다. 그에 상응하여 여러 개인의 목적도 흐릿해졌다.

역설적이게도 지금은 개인과 도시 규모에서 목적의식의 결여로 부작용이 생기는 시대다. 겉으로는 다양한 목적을 표방하는 영리 단체, 비영리 단체, 정부 기관 등 여러 조직이 개인과 도시 사이에 끼어 있다. 그러나 시민 개인의 웰빙을 위해 서로 조화를 이루는 조직은 거의 없고, 자신보다 더 높은 목적 없이는 사실상 어떤 조직도 도시의 웰빙과 균형을 이루지 못한다.

하지만 이제는 어느 때보다 많이 우리 도시의 지속성이 시민의 지능과 의도에 직접적으로 의존하고 있다. 전자를 얻기 위해서는 후자에 대처해야만 한다.

지구에서 도시에 사는 사람의 비율이 50퍼센트를 넘어 60퍼센트를 향해 가파르게 상승하지만[9] 도시의 목적은 명쾌하지 않다. 도시로의 이주를 선택하지만 많은 개인과 도시가 고통을 받는다. 도시에 목적이 없다면 사람들은 조직의 목적 및 우선순위와 균형을 이루지 못한다. 이 행성에 기여하지 못하고 물론 개별 도시에도 기여하지 못할 것이다. 벌집에서 꿀벌들의 개별 행동과 집단 행동이 조화를 이루는 것은 무엇보다도 중요한 벌집의 목적이 이들을 이끌기 때문이다. 정렬이 자연스럽게 이루어지고 뒷받침을 받을 수 있도록 도시의 목적을 어떻게 명시화할 것인가?

지금 미국에서 가장 인기 있는 책 중 하나가 『목적이 이끄는 삶The Purpose Driven Life』이다. 이는 개인 수준에서 지각할 수 있는 목적이 필요하기 때문이다. 집단 수준에서 도시 노숙자의 규모는 체계와 서비스에서 무엇이 가장 결여되어 있는지 보여준다기보다 사람들의 삶에서 자신과 도시에 대한 목적의식이 결여되어 있음을 보여준다.


## 가치 전망 임무

어느 도시든 시민들이 관심을 기울이고 의도나 목적을 지닐 가치들은 다양할 것이다. 이러한 개인적 가치의 절대량이 도시의 가치관을 결정한다. 예를 들어, 안전한 거리를 소중히 여기는 사람들은 제인 제이콥스가 제안한 것처럼 "거리에 눈길을 줄 수 있게" 창문, 문, 테라스가 있는 건물을 세울 것이다. 또 다른 예로, 사람들이 수다와 이야기에 가치를 둔다면 공원 공간 한쪽을 떼어서 커피숍과 찻집을 세울 수도 있다. 에너지와 기분 좋은 심미적 표현을 중요시하는 사람이라면 예술가들이 번성할 수 있게 시간과 공간을 할애할 것이다.

도시의 가치는 사람들이 자신을 위해, 도시가 어떻게 바뀔 수 있을지 꿈꾸고 전망하게 한다. "비전이 없다면 사람들은 소멸한다"(잠언집 29:18). 충분히 많은 개인과 집단이 그들의 꿈을 공유할 때 인간의 거주지는 내부적 공명을 경험하기 시작한다. 그 꿈에서 도시의 전망과 임무 혹은 목적이 탄생할 수 있다.

도시를 통합적으로 전망할 때 우리는 의식적 인식의 필요성을 인식하고 존중하게 된다. 우리는 도시 전체의 요구에 주의를 기울이는 훈련을 해야 하고, 도시에 존재하고 또 필요한 행동과 문화, 체계를 설명할 수 있을 만큼 충분한 복잡성을 견지하는 메타 분석틀이 필요함을 알아야 한다. 의식에 관해 통합적으로 접근함으로써 능력의 계층 구조가 진화하는 것을 볼 수 있다. 그렇게 함으로써 소중한 것에 초점을 두고 그 가치에 맞는 행동과 성과에 의도를 맞출 수 있다.


## 리더십

커뮤니티와 리더십의 관계를 이해하려는 탐구를 처음 시작했을 때, 나는 시장과 시의원들의 편협한 태도에 깜짝 놀랐다. 도시는 빠르게 커지고 있었고, 통근 시간대 교통 혼잡부터 학교 위치 선정, 문화적 자원, 레크리에이션 시설, 환경 정책에 이르기까지 모든 것에 새로운 해법이 필요했다. 그런데 누구도 현재 상태를 유지하려는 오래된 방식을 바꾸려 하지 않았다. 시장과 시의원들이 의사를 결정하는 구조에서 도시는 결코 변하지 않을 것 같았다. 그들의 의사 결정이 대체로 도시에 형성되어 있는 환경에 초점을 맞추기는 했지만, 그들이 실천하는 가치는 도시 거주자들의 가치에 쉽게 영향을 주고 그것을 조정했다. 다시 말하자면, 어떤 결정을 내릴 때 시장과 시의원의 개인적 가치가 필터 역할을 했고 시민들의 열망을 제한했다.

나를 사로잡은 질문은, 커뮤니티 리더십의 역량이 커뮤니티 역량을 결정하느냐 하는 점이었다. 아니면 커뮤니티 역량이 리더십 역량을 결정하는가? 한쪽의 비전이나 가치, 미션이 다른 쪽에 어떤 영향을 미칠까?

나는 이 질문이 닭과 달걀이라는 고전적 딜레마임을 깨달았다. 커뮤니티와 리더십의 역량은 동시에 정해지는 것이었다. 각각은 동시에 생겨나는데, 커뮤니티는 리더십의 출현을 지지하는 컨테이너가 되고 리더십은 커뮤니티의 촉매가 된다.

도시에서 리더십은 이제 과거 어느 때보다 더 절실하다. 통합적 맥락에서 리더십은 개인 능력 개발을 위해 결코 끝나지 않을 과제로 정의된다. 통합도시 면에서 리더십은 필연적으로 도시 리더가 개인 발달을 의식적으로 도모하고, 지금 도시에 존재하는 복잡성 수준을 다룰 준비를 해야 함을 의미한다.

많은 사람들이 인식하듯 도시에 사는 사람 대부분이 티핑포인트를 지났고 메가시티가 생겨나고 있으며 사람들은 도시 경계 안에 집중되고 있다. 그리고 그 경계들은 무너졌고 깨졌고 피 흘리고 있다.

복잡성 과학은 모든 살아 있는 시스템에 경계가 있음을 알려준다. 오늘날 도시의 가장 심각한 딜레마 중 하나는 경계를 식별하는 다양한 의식만큼이나 경계가 모호하고 이론의 여지가 있다는 점이다. 도시라는 시스템을 이끌기는커녕 운영하기도 힘들다는 점은 전혀 놀랍지 않다.

후생생물학은 가장 기본적인 살아 있는 생물, 즉 세포에 대한 이해를 재정립하라고 가르친다. 최근까지도 종래의 생물학에서는 핵이 세포를 '관리'하거나 이끈다고 가정했다. 그러나 새로운 발견으로[10] 세포는 핵 없이도 오랫동안 살 수 있지만 '막membrane(mem-brain)'이 없으면 계속 존재할 수 없다는 점이 밝혀졌다. 다시 말해, 모든 시스템과 마찬가지로 세포는 내부와 외부로 정보/영양분을 교환하고, 내부와 외부의 관계를 유지하기 위해 경계가 필요하다.

따라서 리더십 지위는 한 명, 혹은 몇몇(예를 들어, 시장과 시의원)에게 부여될지 모르지만, 참된 리더십은 실제로 도시가 기능하는 경계를 해석하고 협상하고 창조하는 사람들에 의해 발휘된다는 인식이 지금 도시 리더십에 필요하다. 누가 참된 리더인가? 그들은 주의와 의도를 지니고 스스로 책임지며, 다른 사람들을 돌보고자 조직하고, 지위에 있는 리더들과 권력 체계에 영향력을 행사하고, 전 지구적 시각에서 의사 결정이 함축하는 바를 고민하는 사람들이다. 그들은 의식적으로 시민 사회에서 활동하고 비공식적이며 조직화되지 않은 리더인 경향이 있다. 폴 호큰(2007)은 지역적으로뿐만 아니라 전 지구적으로도 영향력이 있으며 비전통적인 방식으로 힘을 얻고 영향을 미치는 글로컬 세력으로서 그들의 수가 늘고 있다고 한다.

## 리더로서의 시장

최근에 여러 시장이 그들의 영역 안에서 일어난 불협화음 때문에 수준 8의 리더십 요구에 부응하고 있다. 2001년 9월 11일 뉴욕을 강타한 테러리스트 공격은 루디 줄리아니 시장을 세계무대로 끌어내었다. 그는 위기를 직시하면서 단순한 리더십 원칙을 따랐고 도시 구성원들의 마음과 가슴과 영혼에 말을 걸었으며, 가능한 모든 지원을 동원하여 피해자를 보살피고 파괴된 도시 하부 구조를 복구했다. 다음 선거에 도전할 때 어떤 결점이 나타날지도 모르지만, 위태로운 시기에 그는 다른 전문가와 평범한 시민에게서 똑같이 조언을 구하고 정보를 얻었으며 일주일에 7일, 하루 24시간 동안 언제든 어떤 수준이든 대화에 응했고 도시 전체를 끌어안았고 전 세계로부터 자원을 받고 통합했으니 최고 상태의 의식 능력을 보여준 셈이다.

전직 건축가이자 도시계획가이며 3선 시장인 브라질 쿠리티바의 자이메 레르네르(Jaime Lerner)는 어린이와 시민의 관점에 서서 체계적으로 사고하고 행동하여(수준 7) 사람들의 이해와 존경을 끌어낸다. 수준 8의 디자이너로서 그는 변화가 규모의 문제가 아니라 공동 책임의 함수임을 고려한다. 그는 매일 2백만 승객을 실어 나르고 (브라질에서 자가용 보유율이 가장 높음에도 불구하고) 그 도시 시민들의 75퍼센트가 이용하는 버스 환승 시스템의 디자인을 책임지고 있다. 생태-민족-자기중심적 해법을 초월하고 내포하는 그의 해법을 이제 서울, 호놀룰루, 보고타 등 다른 도시도 배우고 있다.

콜롬비아 보고타 시장 엔리크 페냐로사(Enrique Peñalosa)는 경제 중심의 전통적 웰빙 지표보다 도시 거주자의 행복에 더 많은 관심을 쏟고 있다. 그는 수준 7의 질문을—우리는 어떻게 살고 싶은가? 사람들을 위한 도시를 창조할 것인가, 자동차를 위한 도시를 만들 것인가?—던진다. 그러한 질문에 대한 답을 가지고 트랜스밀레니오 버스 환승 시스템의 설계와 실행에 영감을 준다. 삶의 질 향상은 다음의 감소 수치로 알 수 있다. 이동 시간(32%), 폭력 범죄(50%), 교통사고(80%), 치명적 교통사고(30%), 소음 공해(30%), 육아 시간(37%).

시카고 시장 리처드 데일리는 철도 허브, 마천루, 연중 부는 바람 등으로 유명한 시카고를 세계에서 가장 생태적인 도시로 변모시킬 작정이다. 그가 의도적으로 변화시키고 있는 풍경이 도시의 지붕이라니 놀랍다. 역설적이게도 그는 (제인 제이콥스가 비평한 것처럼) 콘크리트 밀림이라는 전형적인 외부 공간으로부터 도시 숲과 고층건물 위 목초 지역만 만드는 것이 아니라 모든 시민을 위한 희망과 기대라는 내적 공간으로 확장되는 녹색 공용 공간을 창조하고 있다.

그들의 가장 큰 문제는 경계를 관리하는 개개의 리더에서 경계를 정의하고 지키는 공유된 리더십으로 시스템을 전환할 잠재력을 알아볼 만큼, 충분한 의식적 '고도'를 지니지 못하고 있다는 점이다. 개체로서는 경이적으로 일하지만 현재의 리더십이 정렬되지 않아서 의식과 행동에 영향력을 미치지 못한다.

도시는 개인과 가족, 교육, 건강 관리, 일터, 조직, 커뮤니티/레크리에이션, 도시 거버넌스 등 모든 프랙털 수준에서 핵심 리더십이 필요하다.

### 파워 8의 지도자들: 진화적 교훈에 의지하고, 상호연결을 촉진하며, 행복의 기회를 창조하다

3장의 지도 1과 4에 나오는 발달 수준을 참조하자면, 오늘날 도시는 의식이 파워 8까지 발달한 리더가 필요하다. 파워 8 리더십을 보이는 리더들은 의식 발달이 수준 8에 이르렀는데, 그 수준에서는 세계관이 개별적이고 전 지구적으로 서로 연결되었다는 패러다임을 지니며 세계의 진화적 웰빙에 기여하는 면에서 자신을 본다.

파워 8 리더십은 끝없이 변하는 삶의 조건에서 인간 시스템의 번성(과 번식)을 돕는 적응성의 무한한 특성을 이해한다. 파워 4의 리더십은 권위에 의지하고, 파워 5의 리더십은 경쟁에 의지하고, 파워 6의 리더십은 평등에 의지하고, 파워 7의 리더십은 복잡성에 의지하는 반면, 파워 8의 리더십은 그것을 모두 초월하고 내포하며 통합적인 진화에 의지한다. 파워 8 리더십은 진정으로 전 지구적 규모의 상호 연결과 교차 협력을 통해 사람과 에너지, 안전, 자원의 전 지구적 흐름이 가능하게 한다.

오늘날의 도시는 의식이 파워 8에 이르러 제래드 다이아몬드(2005), 로널드 라이트(2004), 토머스 호머-딕슨(2006) 같은 도시라는 세계를 볼 수 있는 리더가 필요하다. 도시 삶의 상호 연결성과 진화적 특성, 발달 특성을 이해하는 의식이 필요하다.

파워 8의 리더는 의식의 고도가 충분히 높아서 시야가 넓으며 새로운 역량을 갖춘 사람이다. 지구 기반의 가장 광범위한 기후 시스템을 인식하는 세계관을 지닌 앨 고어(2007) 같은 리더는 다이아몬드처럼 전 세계적 기후 상황을 인식한다. 데이비드 스즈키(1989) 같은 리더는 지구의 거주지 17종류가 각각 모든 종류의 생명을 수용할 수 있는 능력이 제한적이며, 물과 식량, 주거지, 의복 등 기초 자원을 얻고자 우리의 터전을 착취한다면 우리 자신의 생존이 위험에 빠지게 될 것을 이해한다. 돈 벡[11] 같은 리더는 생물-심리-문화-사회적 가치관을 의도적으로 파워 8에 해당하는 복잡성 수준까지 개발할 수 있음을 인식하고 있다. 이러한 가치관은 환경 문제에 대해 우리가 개인적으로 그리고 집단적으로—도시, 조직, 국가, 교역권, 세계 거버넌스 시스템으로서—반응하는 능력을 나타낸다. 톰 배럿(2005) 같은 리더는 우호적인 교역 파트너의 안녕을 챙기고 조언하는데, 우호적인 교역 파트너의 조건이 도시나 국가, 조직, 교역권, 거버넌스 시스템으로서 우리의 안녕과 밀접하기 때문이다. 세계보건기구 의장이던 그로 브룬틀랜드(2004) 같은 리더는 주변 환경이 적대적인 도시를 알아보고 이에 관심을 가지고 보호한다. 그런 도시는 인간 시스템의 안녕(예를 들어, 사스, 조류독감), 교역 파트너의 안녕(예를 들어, DDT), 환경(예를 들어, 삼림 벌채), 심지어 기후(예를 들어, 사막화/물)에 직접적으로 영향을 미칠 수 있다.

우리 행성에서는 리더들이 이제 막 파워 8 수준으로 발전하고 있다. 의도 역량을 충분히 길러서 신임을 얻고 세계 전체에 영향을 주는 문제를 말할 수 있는 리더들이 나타나기 시작했다. 그런 역량은 개인적 전념, 도전적 삶의 경험, 헌신적 연구, 끊임없는 학습과 교육을 계속한 노력에서 나온다(앤 데일에게 감사한다). 처음에는 기후 변화에 관한 과학과 지구온난화의 원인 요소를 배우려는 수고를 마다하지 않았을 것이다. 그들은 생태에 기초하여 환경적으로 민감한 거버넌스 정책을 개발하고 제안할 용기를 지녔을 것이며, 그러한 노력으로 정책은 거주지의 삶의 조건과 조화를 이루게 된다(토머스 호머-딕슨과 스티브 매킨토시에게 감사한다). 그들은 문화와 환경이라는 삶의 조건에 반응하는 생물-심리-문화-사회적 가치관을 통합적으로 가르치는 평생학습 프로그램을 개발할 것이다(켄 윌버에게 감사한다). 그들은 교역 파트너에게 영향을 주어 기후 변동과 환경 영향, 지속적 학습을 위한 생태적으로 민감한 정책을 통합하게 할 것이다(토머스 프리드먼에게 감사한다). 그들은 적대적인 이웃들이 기후와 환경, 인간 시스템에 미치는 해악을 제한하고 바로잡도록 도전하고 경계를 설정할 것이다(토니 블레어에게 감사한다). 다시 말하자면 이 리더들은 그들의 보이지 않는 의식과 양심을 매일매일 보이는 것으로 만든다.

오늘날 도시는 의식을 파워 8 수준으로 개발하여 상호 연결성을 촉진할 리더가 필요하다. 그들은 도시 내 그리고 도시와 국가 사이의 고르지 못한 권력 분포를 끌어안을 수 있다. 배럿(2005)은 세계의 경제력이 군사력을 이기고 있음을 파워 8의 리더십이 알아야 한다고 다시 강조한다. 그는 거버넌스 규칙이 사회의 복잡성 수준에 적절히 맞아야 한다고 주장한다. 이는 아프가니스탄과 이라크에서 미국과 동일한 리더십을 발휘하는 것이 적절하지 않다는 뜻이다. 매우 다른 발달 단계에 있는 사회는 그 점을 존중하는 리더가 필요하다.

개발도상국과 그 도시에서 적절한 리더십을 보조하는 데 있어 파워 8의 리더들은 생물-심리-문화-사회적인 살아 있는 시스템이 사람들의 안전을 통합적으로 끌어안을 수 있도록 파워 4, 5, 6, 7의 리더들을 지지해야 한다. 매킨토시(2007)는 이 문제가 암스테르담과 발리나 스리랑카에서 다르게 나타날 것이라고 설명한다. 파워 8의 리더들은 경제나 기술, 교류의 세계화를 받아들이도록 규칙과 법규를 만들어야 함을 인식함으로써 개발도상국 도시들을 도울 수 있다. 이는 무역의 새로운 기회가 제공되고 모든 종류의 자원의 재분배가 가속화됨을 의미하는데, 특히 좌상상한의 마음과 정신, 영혼을 씻어줄 자원을 말한다.

배럿이 리더들에게 보내는 마지막 조언은 사람들의 움직임이나 에너지 접근성, 한 나라가 다른 나라에 직접 장기 투자하는 문제, 안전 사이에서 일의 흐름의 균형을 맞추라는 것이다. 그는 수준 8의 지구 웰빙에 필요한 것을 다음과 같이 요약한다. "전 지구적 시스템에서 어떤 자원이든 과잉 지역에서 결핍 지역으로 흐르는 것을 방해하는 일은 무엇이든 허용되어서는 안 된다. 실제로 노동력이나 에너지, 화폐, 안전 등 모든 것이 가급적 자유롭게 풍부한 곳에서 부족한 지역으로 흘러야 한다."[12]

파워 8의 리더들은 전 지구적 규모로 변화하고 흐르는 시스템을 설계할 수 있는 사고방식을 지녀야 한다. 역설적이게도 그들에게는 군대의 식량 공급자가 가장 단절되고 불리한 조건의 사람들을 위해 받아야 하는 기본 훈련이—생필품을 어떻게 공급할지, 에너지 접근성을 어떻게 확보할지, 인적·물적 안전을 어떻게 확보할지—필요하다. 다시 말해, 그들은 아기와 가족을 먹여 살려야 한다. 또한 가장 동떨어져 있고 불리한 조건의 사람들에게 삶의 핵심 가치를 어떻게 교육할지—특히 여성을 어떻게 교육하고 남성과 여성 사이에서 개인적 힘의 균형을 어떻게 전환하고 두 젠더 모두를 위해 더 많은 역량을 발휘할지—알아야 한다.

파워 8의 리더들은 (위에서 설명했듯이 단절되고 불리한 조건의 사람들을 위한 계획을 세우면서도) 필요할 때는 유리한 조건의 사람들이 그들의 위협으로부터 안전을 보장받을 수 있는 힘이 필요하다. 이는 역량을 지닌 사람들을 하락시켜 새로운 자산을 쌓게 만드는 불필요한 일을 방지할 것이다. 이는 가장 단절되고 불리한 사람들이 삶을 개선할 수 있도록 방해물을 찾고 제거하는 일을 의미한다.

마지막으로 파워 8의 리더들은 우호적인 교역 이웃과의 교환을 지원해야 한다. 이제 경제가 군사력을 이긴다면, 앞으로 정보가 결국 경제를 이길 것이라고 예측해야 한다. 공정하고 민주적인 교환이야말로 파워 8의 리더들이 세상을 바꾸기 위해 추진할 가장 강력한 전략이다. (생산품과 사람, 가치, 과정, 아이디어, 정보의) 교환 과정을 투명하게 할 파워 8의 리더들은 도시에 있는 사람들로 하여금 자연스럽게 시스템 전체의 변화라는 면에서 생각하고 행동하게 할 것이다. 이는 혜택받은 도시가 단절되고 불리한 조건의 도시에 투자하게 만들 가장 효과적인 방법이다.

따라서 파워 8의 리더들은 모두를 위해 생산물이나 이익, 사람, 우선권, 에너지, 안전, 자원의 흐름을 개선한다. 오늘날 도시는 모든 시민의 웰빙을 위한 조건을 형성할 파워 8 의식 수준의 리더가 필요하다. 토머스 프리드먼(2005)에 따르면, 그러한 리더에게는 부자와 무산자를 '식별'하는 솔로몬의 지혜가 필요하다. 21세기 경제 현실이라는 삶의 조건에서 도시 리더십은 명령과 통제에서 연결과 협력으로 바뀌어야 한다. 그렇게 하려면 리더는 자신의 생물-심리-문화-사회적 능력을 파워 8 수준으로 높이고 다른 사람들도 같은 능력을 갖추도록 교육해야 한다. 명령과 통제를 쓰는 대신 모든 규모에서 —개인과 팀, 조직, 커뮤니티, 도시, 지역, 국가, 교역 파트너, 세계 단체와의 —연결과 협력이 가능해야 한다.

파워 8의 도시 리더는 도시 내에서 리더십과 경계, 정체성을 새롭게 정의해야 한다. 일터나 정치, 경제, 안전, 기술, 대화의 변화하는 풍경을 이해하고 도시와 사람, 조직으로 하여금 파워 8 수준에서 전 지구적으로 상호 작용하는 삶의 조건을 주도할 능력이 필요하다. 오래된 관계를 숙고하여 재설정하고 새로운 관계를 지속적으로 조정해야 한다.

파워 8의 도시 리더들은 새로운 거버넌스 시스템(스티브 매킨토시의 사법, 입법, 행정 거버넌스 체계와 토머스 배럿의 규칙들)의 발달을 위한 조건을 만들 것이다. 이는 다면적 도전이 될 텐데, 똑같은 변화 압력을 받지 않는 다른 수준의 정부와 함께 힘을 재정렬할 방법을 찾아야 하기 때문이다. 전통적인 도시와 국가의 경계 사이에 다리를 놓는 일은 충성과 의리, 조약, 지지 관계를 재협의함을 의미한다. 이는 심지어 도시와 캐나다 원주민 부족의 연합처럼 특이한 파트너와 수평적 협력을 위해 사회 계약을 맺는 것일 수도 있다.

선진 세계에서 개발도상 세계로 일을 전환하면 도시는 현존하는 거버넌스 시스템(사법, 입법, 행정)을 재조정하고 (지식재산권을 재규정하고 국제근로기준을 개발하고 일자리 변화를 추적하는 일처럼) 전통적으로 그들의 시야에 들어오지 않던 규칙의 영토로 들어설 추동력을 얻을지도 모른다.

파워 8의 도시 리더들은 어떤 가치를 우선으로 보존할지를 놓고 도전할 것이다. 예를 들어, 어떤 연구에서 개인 소득이 1만 내지 1만 3000달러 정도에 도달하면 행복이 정체기에 들어섬을 보여준다면, 국가총생산 대신 부탄의 국가총행복지수가 도시 리더들의 구호 가치로 증명될지도 모른다(부탄은 행복지수가 가장 높은 나라─옮긴이).

파워 8 의식 수준의 도시 리더들의 새로운 최종 목적은 사람과 조직, 도시, 세계에서 동시에 창발과 진화가 가능하게 하는 일일 것이다. 그들은 생태적 행위, 거대하고 지속적이며 통합적인 연결, 끊임없는 적응, 모든 살아 있는 시스템에 대한 존중을 통해 이끌 것이다. 파워 8의 리더십은 비겁하거나 준비가 안 된 사람에게는 해당 사항이 없다.

## 적절한 학습과 교육 시스템 설계하기

파워 8에 이를 수 있는 의식과 역량을 지닌 리더들을 어떻게 준비시킬 것인가? 지금 우리가 인간의 학습에 대해 알고 있는 바를—혁신, 시간, 물질과 노력, 공교육 시스템의 비용 면에서 인간의 오락 기술에 얼마나 많이 투자하는지—고려할 때 우리는 강력한 교육을 설계하고 전달하기 위해 자원을 낭비하고 있다는 유감스러운 결론에 이를 수밖에 없다. 그러나 이 과제에 투자할 막대한 자원이 존재함도 인식해야 한다.

파워 8의 의도 능력을 지닌 리더들은 파워 1부터 7까지의 능력을 발달시킴으로써 그러한 수행 수준을 달성했다. 미국의 콜린 파월과 캐나다의 로저 지루드처럼 군대 경험에서 파워 8 수준의 수행 능력이 절실했던 사람들이 있다. 정신과학연구소를 설립한 우주비행사 에드거 미첼처럼 우주에서 지구를 보았던 리더도 있다. 유엔영성모임United Nations Spiritual Caucus의 공동 설립자이자 잡지 《코스모스》의 발행인 낸시 루프처럼 세계의 영성적 요구에 부응한 리더도 있다. 이들 리더는 모두 전 지구적 규모에서 도시의 도전과 교감하는 (정서, 인지, 대인관계) 능력이 있다. 하지만 한 개인이 유년 시절부터 전성기에 이르기까지 파워 1부터 8까지의 리더십 발전을 돕는 과정을 개발한 도시가 존재하는가?

우리가 한 종으로서 지금 직면한 도전은 인간에게 있어 꿀벌들의 꿀 18 킬로그램에 해당하는 것이 무엇인지, 그리고 그러한 의도와 정렬될 수 있는 생물-심리-문화적 목적이 무엇인지 정의하는 일이다. 그리고 그러한 의도의 달성을 뒷받침할 과정은 또 어떻게 될까?

최대 규모에서 적절한 주의와 의도를 가지고 인간 잠재력을 최대로 발휘시키는 평생 학습 시스템을 개발하는 문제를 이야기할 수 있다. 시민의 지능 개발이 우리 도시가 어느 정도까지 지속될지 결정할 것이다. 게다가 진화적으로 정중한 방식으로 이 일을 하려면 개인이나 가족, 문화적 변이를 허용할 수 있게 설계해야 한다. 그러한 변이에는 학습자가 자신의 잠재력에 고유한 학습을 경험하게 하면서(한 가지 방법으로 모두 충족시킬 수는 없다) 동시에 도시 목적의 달성에 기여할 시민을 양성하는 단순한 규칙이 필요하다.

그런 시스템을 완벽하게 탐색하는 일은 이 책의 범위를 넘으며 그 주제에 맞는 책 한 권이 더 필요할 것이다. 그런데 나와 앤 데일의 팀이 수행한 최근 연구[13]는 파워 4, 5, 6, 7의 리더십 실습에 대한 통찰을 제공한다. 우리의 연구는 지속 가능한 커뮤니티 기반 시설의 관행을 마련하기 위한 학습 경로를 규정하고자 실질적인 목적에 초점을 맞추었다.

이 연구에서 도시에 관한 학습을 위해 지성적 자본과 사회적 자본을 움직이려면 다음과 같은 핵심 단계를 밟아야 한다고 결론 내렸다.[14]

1. **도시에서 핵심 이해 당사자에게 무엇이 중요한지를 알아내라.** 리더들은 도시 이해 당사자의 가치 시스템이 발달의 8단계 중 어느 단계와 맞는지 알아야 한

---

### 삶의 실천 통합하기

신체나 마음, 정신, 영혼, 그림자와 통합하기 위해 개발된 가장 종합적인 훈련법 중 하나가 켄 윌버의 통합 연구소에서 만든 통합적 삶의 훈련법(ILP: Integral Life Practice)이다. 다음 장에서 설명하는 (외적 지능을 개발하기 위한) 훈련에 덧붙여서, ILP는 내적 지능을 개발하는 훈련을 보여준다. ILP는 AQUA(모든 상한, 모든 라인, 모든 수준, 모든 유형) 분석법, 명상, 깨달음, 온정적 대화, 특정 종교와 상관없는 선한 싸움, 그림자 탐구, 지도자와 수행자를 위한 발달 교육 과정을 제공한다. 동양과 서양 문화의 심리학, 철학, 훈련법을 통합하면서도 특별히 서구에 맞게 고안되었다.

다. 가치관은 도시에서 사유 시스템의 '중심점'을 드러내고 리더들이 어떤 결정 과정을 사용할 수 있는지 찾아내는 데 도움을 준다. 전통이나 근대, 포스트모던, 통합 가치 시스템(파워 4, 5, 6, 7의 리더십)의 상대적 강점을 알 때 플레이어를 어떻게 참여시켜야 할지 알 수 있다.

2. **도시의 변화 상태를 판별하라.** 리더들은 도시와 그 이웃이 안정적이든 동요하든 막혀 있든 영감을 얻었든 어떤 상태든 간에(이에 대해서는 8장에서 자세히 논의) 이끌어야 한다. 그렇지만 여기서 리더가 알아야 할 것은 사람과 상황에 연결될 수 있게 하는 감성지능이 필요하다는 점이다. 루디 줄리아니 시장이 2001년 9월 11일 이후 뉴욕의 진화하는 변화 상태에 적절히 대응한 예는 탁월하다.

3. **도시의 핵심 체계를 찾고 정렬하라.** 파워 8의 도시 리더들은 (사법부나 공공사업 같은) 강하거나 약한 중심들, 그리고 (캘리포니아의 비영리 단체인 경영자 봉사단 executive corp. 혹은 사회 서비스 같은) 강하거나 약한 주변뿐 아니라 (위원회와 시민 대표단 같은) 역동적인 중심과 역동적인 주변의 체계적 조합을 이끌어내는 데 효과적이어야 한다. 이는 효과적인 서비스를 위해 도시의 가치와 우선순위에 맞게 체계가 정렬되어야 함을 이해한다는 뜻이다.

4. **도시가 사용하는 지식 시스템을 정리하라.** 도시 리더들은 도시 부서가 각각 특화된 전문가를 어떻게 이용하며 적절한 영역(예를 들어, 계획, 소방, 경찰, 공공사업)의 지식에 어떻게 접근하는지 알아야 한다. 도시 부서와 리더들이 지원하는 지적 자본에 따라 예측 가능한 상황부터 복잡하고 혼란스러운 상황까지 다양한 상황에서 효과적일 수도 있고 그렇지 못할 수도 있다. 끊임없이 업데이트되는 숙성된 지식 시스템이 없다면 리더와 도시는 도시의 요구에 자원을 맞출 정보가 결여될 것이다. 그러한 리더들은 한 시스템의 상호 작용을 다른 시스템의 상호 작용과 연결하여 변화의 파급 효과를 이끌 능력도 부족할 가능성이 높다.

5. **가치, 변화 상태, 체계, 지식의 상관관계를 보여주어라.** 이러한 요소들을 함께 평가할 수 있는 리더들은 도시의 작동 시스템의 능력과 결핍 요소를 식별할 것이다. 도표 5.1은 (파워 4, 5, 6, 7 수준의 리더십을 위한) 적절한 학습/변화 전략을 설계하는 공간에서 그 모든 요소 사이에 어떤 상관관계가 있는지 보여준다.

6. **시스템을 통합적 지속성의 방향으로 전환할 수 있는 적절한 학습/변화 전략을 설계하라.** 통합 도시를 실현하고자 하는 리더들은 인간 시스템에서 생물–심리–문화–사회적 변화의 원인이 되는 핵심 실체를 고려할 필요가 있다. 효과적인 학습 설계는 학습 과정이 플레이어의 가치, 작동 상황(변화 상태와 체계), 적절한 지식 자원에 대한 접근성과 잘 맞는지에 따라 결정된다.

도표 5.1. 지식, 체계, 가치, 삶의 조건에 대한 설계 공간 창조하기.
K=지식, S=체계, V=가치, LC=삶의 조건

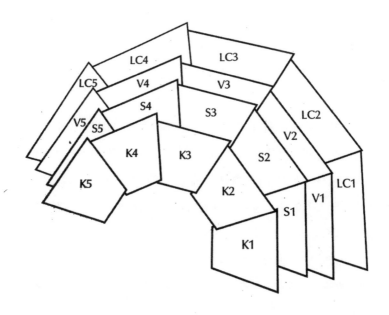

결국 파워 8의 리더를 준비시키려면 지식과 가치, 체계, 삶의 조건을 정렬하는 교육 과정과 경험을 가지고 능력을 개발해야 한다. 이는 궁극적으로 교실에서, 온라인에서(혹은 다른 미디어를 활용하여), 일자리에서의 학습 경험에 관한 것이며, 그러한 경험은 파워 7과 8 수준에서 작동하여 사일로와 외딴 곳 사이에 역동적이고 회복력 있고 적응성 있는 다리를 놓을 수 있는 기회를 리더들에게 제공할 것이다.

사상한, 온수준 모델은 통합 학습 시스템을 위한 발달 순서, 교육 과정 체계, 도시 교육 시스템에 지금 필요한 성숙도 모델을 정의한다. 도시에는 실제로 다수의 문화가 존재하므로 우리는 이 학습 시스템—사설, 공공, 협력, 영리, 비영리—들이 모두 도시에 공존할 것이라고 기대하며 그렇게 되도록 장려해야 한다. 교육에 한 가지 길만 있으면 된다는 접근법은 복잡한 도시에 충분하지 않다. 그런데 무엇보다 우선적으로 필요한 것은 도시의 목적을 만들고 유지하고 진화시키기 위해 모든 학습 시스템의 의도를 적절한 자원과 결합시키는 도시의 비전이다.


## 결론

시민들의 의도가 도시의 진정한 정신을 창조한다. 의도를 표현하고 실현하는 일은 도시 에너지의 심장과 같다. 그것은 삶의 환희이자 단결심이다. 시민의 의도는 개인이 도시에서 행복과 웰빙, 삶의 질을 어떻게 경험할지 결정한다. 오늘날 도시의 복잡성 수준이 끊임없이 높아지면서 이 복잡한 삶의 조건에서 최적으로 사는 데 적절한 정신, 마음, 기상을 지닐 수 있도록 도시는 반드시 시민의 의식 능력을 배양해야 한다.

시민 개인의 느낌이나 생각, 욕구, 가치를 표현하고 탐구하고 진화시킴으로써 그 특성들을 다른 사람과 공유하고 공동의 의도를 창조할 수 있다. 궁극적으로 도시라는 사회적 홀론의 특성은 전적으로 시민 개인의 능력 배양에 달렸다. 따라서 의도 발달의 내용과 과정, 맥락에 주의를 기울이는 일은 도시가 적응성, 회복력, 궁극적으로 지속성을 발달시키는 데 필수적이다.

## 질문

1. 개별 의도는 얼마나 강력한가? 공유된 의도는?
2. 총체적인 최적화라는 맥락에서 개체인 최적화를 어떻게 고려할 것인가? 둘을 모두 가능하게 하는 교육 시스템을 어떻게 설계할까?
3. '결코 끝나지 않을 과제'를 위해 어떤 계획을 세울 것인가? 늘 향상되고 있는 지능을 어떻게 이용할 것인가? 사람들을 뒤에 내버려두지 않으려면 어떻게 해야 할까?

## 통합도시 원칙을 적용하기 위한 간단한 규칙 세 가지

1. 자신을 인식하고 깨어 있는 의식으로 현재에 머무른다.
2. 도시 지능을 알아차리고 그것을 통합적으로 파악한다.
3. 마음과 정신과 영혼으로 리더십을 기른다.

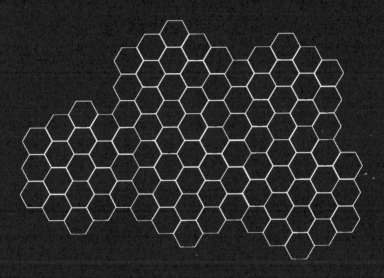

Outer Intelligence

6장
—
외적 지능

• • •

꿀벌들은 우리 조상이 나무에서 내려오기 전부터 힘들이지 않고
채집이라는 대수학을 통해 일을 해왔다. 이것이 바로 수많은 세대 동안
자연선택을 거치면서 연마한 선천적 잠재력이다.
– 굴드 & 굴드, 『꿀벌』

우리 문명의 물질 기반 전체를 의식적으로 재설계해야 한다.
대체할 새 모델은 생태적으로 훨씬 더 지속 가능해야 하고,
행성에 사는 모든 존재의 번영에 크게 기여해야 하며,
혼란스럽고 부패한 곳에서 기능할 뿐 아니라 그곳의 변화를 도울 수 있어야 한다.
– 알렉스 슈테펜, 월드체인징 공동설립자

## 기초적 웰빙의 생물물리적 필수 요소: 공기, 물, 식량, 의복, 주거지

이 장에서는 우상상한에서 보는 도시의 삶을 다룬다. 우상상한, 즉 도시의 생물학적 '그것'이라는 공간은 행위와 행동의 공간이다.

행동은 행위를 하는 우리의 지능을 보여준다. 우리가 실험과학을 통해 일반적 행동을 연구한 성과는 놀랍지만, 의도적으로 행동을 변화시킨 기록은 참담할 뿐이다. 그렇지만 일부의 성과가 있기에 행동을 바꿈으로써 지능을 확장할 수 있다는 기대를 할 수 있다. 20세기의 변화된 행동의 예를 통해 이를 확인할 수 있는데, 특히 흡연 감소, '참여participi-action'(신체 활동을 규칙적으로 실천하는 일), 차량 안전벨트 사용을 들 수 있다. 그런데 이러한 예는 의도나 문화적 또래의 압력, 사회 시스템이 분리되면 행동이 변하지 않는다는 사실도 보여준다. 교육 메시지의 지원이나 문화적 또래의 압력, 입법, 혹은 장치, 그리고 사법적 실천 강화 등이 없다면 그러한 논리적 행동조차 일어나지 않았을 것이다. 행동 변화를 위해 통합 시스템 접근법을 취하지 않는 나라의 도시에서 그런 증거를 확인할 수 있다. '계몽된' 유럽과 아시아의 개발도상국에서도 여전히 공공장소에서 흡연을 한다. 안전벨트 의무 착용이 시행되지 않는 곳에서는 고속도로 사고로 인한 사망자 수가 확연히 높다.

시민 개인이 삶을 유지하려면 기초 필수품이 필요하다는 것은 진부하지만, 도시의 일상에서는 생물물리적 웰빙의 중심에 이 말의 진실이 숨어 있다. 어떤 면에서 생태발자국[1]은 도시 목적의 효과성을 가늠하게 하는 측정값이다. 생존하려면 일정 양의 깨끗한 공기와 물과 음식, 의복, 주거지가 사람마다 필요하다. 그러므로 도시는 인구를 지탱하는 데 필요한 양의 생필품을 시민들에게 공급해야 한다. 각 개인이나 가정에는 기본적으로 '가정' 경제가 있다. 가정이라는 몸의 각 세포에는 삶에 기본적인 것들이 제공되어야 한다. 그러한 생필품의 유일한 공급원이 도시가 자리 잡은 환경이며, 그 범위는 도시의 중심에서 세계의 가장 먼 곳까지 뻗어나가고 있다.

가정 경제는 벌집 경제를 통해 잘 드러난다. 자연 세계의 경제는 정상 상태의 흐름을 유지하는 시스템이 드물고, 오히려 꿀벌의 수분 주기처럼 오르내림을 보인다. 꿀벌의 경우, 한 해 중 중요한 몇 주 동안만(북반구의 경우 4월 중순부터 6월 하순까지) 에너지 소득이 최고에 이르지만, 그것으로 벌집이 생존한다. 한 해 중 나머지 기간 동안 벌집은 거의 본전도 유지하지 못하고, 벌어들이는 것보다 더 많이 쓰면서 적자 운영을 한다.[2] 개인과 도시 관리자는 이같은 자원의 밀물과 썰물의 경영을 알아야 한다.

삶에 기본적인 것들을 "도시가 제공해야" 한다고 할 때, 나는 도시 시스템을 의미하고 있다. 이에 관해서는 7장에서 논의하겠지만, 벌집과 마찬가지로 도시의 모든 필수 시스템이 시민의 신체나 관계, 교환의 직간접적인 존속을 지원하고자 존재한다는 사실을 여기서도 언급할 필요가 있어 보인다.

드 란다는 "도시의 생태 시스템이 작동하려면 먹이사슬이 짧아져야 함"[3]을 도시의 생물학적 역사가 증명한다고 말한다. 도시가 일정 크기 이상으로 성장하면, 먹이사슬의 단축이 어려워지거나 불가능해진다. 이 때문에 과거에는 대규모 이주가 일어났다. 이 문제에 상당한 관심을 가져왔던 드 란다는 사람이 땅을 차지함으로써 사회적 생태계뿐 아니라 생물학적 생태계도 문제가 생겼고 그 결과로 인간과 환경의 유전자 풀에 영향을 미쳤다고 설명한다.

실제로 삶에 기본적인 것들에는 가장 기초적인 생물학적 요구로 표현되는 삶 자체의 복잡성 질서가 있다. 기초—공기, 물, 식량, 의복, 주거지—질서는 진화적 욕구가 진화하는 순서(따라서, 복잡성의 순서)를 나타내며, 그 목록의 첫째는 그다음 모든 것보다 우선적이다. 그러므로 위기 상황에서 생존 확보를 위해 다루어야 할 욕구의 순서는 정확히 그 순서여야 한다. 이러한 체험적 진실의 실제는 일상적인 뉴스의 내용이 되고 있다. 뉴올리언스의 시민들은 도시 시스템이 마비되었을 때 생필품을 얻고자 싸워야 하는 상황으로 추락했다. 중국의 인구 과잉 도시에서는 깨끗한 공기가 부족하다는 단순한 이유 때문에 매년 75만 명이 죽고 있다.[4]

## 삶의 조건

모든 살아 있는 시스템에는 세 가지 기본 특성이 있다. 생존하고, 환경과 연결되어 있으며, 자신을 복제한다.[5] 살아 있는 시스템으로서 인간은 그러한 특성을 공유하고, 다른 포유류와 마찬가지로 다른 인간들과의 상호 작용이 필요하다. 따라서 우리가 집단으로 함께 사는 것은 우리가 살아 있는 시스템이라는 사실에서 비롯된다.

삶의 생물물리적인 사실들이 개체와 종의 생존 조건을 형성한다. 도시는 인간의 진화를 낳은 인간 행동의 자연스럽고 불가피한 결과일 뿐이다. 하지만 도시도 시민들의 웰빙에 직접적으로 영향을 주는 삶의 조건이 되었다.

도시는 인간이 복합적인 노력으로 만들어낸 가장 복잡한 창조물이지만, 도시의 궁극적인 안녕과 기능은 시민 개인의 건강과 기능에 달려 있다. 도시를 이해하자면 시민의 행동을 이해해야 하고, 시민의 행동을 이해하려면 다수 안에서 개인으로서 살아가는 시민을 이해해야 한다.

## 생물물리적 인구통계학

도시에 사는 개인의 생물물리적 특성은 도시 인구통계의 원료다. 그 특성들이 모여서 구성된 도시는 과립 상태 같은 얼굴을 지닌다.

도시의 인구통계학적 조건은 도시가 환경과 상호 작용하는 대상 및 방법을 결정한다. 성별, 연령대, 세대, 인종, 키, 출생 시 몸무게, 사망률, 출생 국가, 위치 등이 어우러져 도시라는 산일구조의 물리적 특성을 규정한다. 이 조건들이 잉태의 순간부터 사망까지 우리의 웰빙을 최대화하려면 어떤 원료가 필요한지를 결정한다. 인구통계학자들은 인구통계가 사람들의 웰빙을 구체화하고 사람들의 의도를 구현하게 하기 때문에 도시와 사회의 운명을 결정한다고 주장한다.

인구통계는 우리의 의도, 문화, 시스템이 전달되는 통로인 몸체를 대표하기 때문에 의도 역량, 문화 역량, 사회 역량을 결정하는 핵심 요인이다. 이를 무시하면 위험을 자초하게 되지만 여기서 배운다면 유리하다. 그 메시지에서 배우지 않는다면, 우리의 몸은 신음하고 속삭이고 잔소리를 하다가 결국 더 큰 소리로 항의할 것이다.

도시는 인구통계의 생태계다. 복잡한 적응 시스템의 역동적인 컨테이너다. 도시의 특성은 시민이 태어나고 살고 죽음에 따라 변한다. 1945년 이후에 태어난 베이비붐 세대는 분명히 인구통계의 매력을 드높였다. 그 시기의 인구 팽창으로 이전 어떤 세대와도 같지 않은 도시 시스템이 요구되었다.[6]

### ≫ 타고나는 선호도 특성

생물학자와 뇌과학자는 유전자 수준에서 생명을 밝히는 연구로 치열한 경쟁을 치르고 있다. 스티븐 핑거(2003) 같은 물질주의자는 모든 인간의 행동을 전기화학적 생물물리적 뇌 구조물과 유전자와 단백질 분석으로 설명할 수 있다고 단언한다. 다른 한편에서는 루퍼트 셸드레이크(1988)와 엘리자베스 사투리스(1999) 같은 발달/진화생물학자 그리고 브루스 립턴(2005) 같은 미생물학자가 단순한 유전적 조작 이상의 일이 세포 안에서 일어나고 있다고 주장한다. 세포 자체(그리고 그 DNA)가 에너지장을 만들며, 자신이 반응하고 적응하는 에너지장에 묻혀 있다. 세포는 학습할 수 있고 그렇게 해서 의식을 입증한다. 이는 아메바나 우리 몸의 어떤 단세포에서도 가장 기초적인 수준에서 확인할 수 있다.

따라서 두 가지 실재가 모두 진실이다. 세포에는 물질적 존재도 있고 의식적 존재도 있다. 인간 개체가 세포로 이루어져 있는 이상, 모든 규모에서 인간 시스템은 생명의 객관적(물질) 특성과 주관적 특성(의식)을 모두 망라한다.

이렇게 말하고 보면, 생물물리적 패턴의 어떤 측면들은 습관(즉, 정보)이 되며 어느 정도 타고나는 행동으로 간주된다. 예를 들어, 심리학자 아이젱크는 외향성과 내향성이 피질 자극에서 나온다고 주장한다.[7] 외향적인 사람은 망상활성화계(RAS: reticular activation system)에 신경세포가 더 많이 있는 내향적인 사람보다 RAS에 가해지는 자극을 더 잘 견딜 수 있다. 외향성과 내향성이 출생 시부터 존재할 가능성이 다양한 문화권을 대상으로 한 아이젱크의 연구에서 드러났다. 하워드는 생물물리적 토대를 나타내는 양극성 행동으로 '5가지 주요' 성격 특성—외향성/내향성, 회복력/반응성, 개방성/보수성, 친화성/도전성, 성실성/유연성—을 설명한다.[8]

비슷한 방식으로, 좌뇌형과 우뇌형 같은 다른 특성들도 타고나는 것 같다. 우뇌가 선호하는 방식은 일종의 아날로그 사고 능력으로, 큰 그림과 패턴을 본다. 좌뇌가 선호하는 방식은 일종의 디지털 사고 능력으로, 실체의 세부 사항과 분석적 측면을 본다. 융과 마이어스 브릭스부터 허먼의 두뇌활용 유형, 16가지 성격 특성, 코스타와 맥크레이에 이르기까지 여러 특성 이론 시스템들[9]은 공유된 행동 패턴이 인간에게 있다는 인식 위에 세워졌다. 그러한

인식은 그리스 시대부터 존재했고 현재 전통적인 중국의학자들도 견지하고 있다.[10]

도시의 맥락에서 인간 시스템을 이해하려는 관점에서 보면, 이러한 특성들은 인구통계적 특성의 두 번째와 세 번째 수준과 비슷하고, 삶 전체에서 수행되는 인간 시스템의 수평적 역량과 관련 있다. 이 능력들은 우리의 발달 과정에 영향을 주는데, 예를 들어, 개인적 표현력과 집단적 표현력, 일차 변화와 이차 변화, 과제 선호와 관계 선호 등에 영향을 줄 것이다. 집단(사회적 홀론)의 특성과 성격은 팀 수행의 효과성이나 조직적 전략, 커뮤니티 정신과 마찬가지로 그런 선호도에 영향을 받는다.


## 에너지 관리하기


도시의 개인과 집단, 그리고 거버넌스 시스템에서 인구통계 자료의 가치는 그 자료가 도시의 에너지 관리 방법을 계산하는 데 필요한 물리적 자료를 제공한다는 점에 있다. 도시에서 에너지를 관리하는 것은 산일구조를 통해 흐르는 에너지를 측정하는 것, 즉 개별적으로 얼마나 소비하는지를 재고 그 값을 에너지 기반의 공통분모로 환산하는 것이다.

생태발자국은 그 같은 계산을 위해 고안되었다.[11] (생태발자국을 계산하려면, footprintcalculator.org를 볼 것.) 생태발자국은 모든 사람이 그 수준으로 산다면 지구가 몇 개나 필요한지 계산한다. 선진국 사람 대다수에게는 현재의 지구가 세 개 필요하며 그 양은 증가하고 있다.

생태발자국 같은 계산법은 자기 관리의 첫 단계인 자기 인식 수준을 제공한다. 생태발자국에는 자료 간극이 있다는 비판이 있지만, 전체를 보여주는 정보를 나타낸다는 점에서 유용하다. 더 많은 자료가 이용 가능해짐에 따라 현재 모델의 부적절성이 증명되고 생태발자국 알고리즘도 바꿔야 할 수 있다. 그렇지만 생태발자국 개념은 기후 변동에 관한 담화에서 지극히 중요한 자리를 차지한다. 그(혹은 또 다른 전체 시스템 모델) 중요성을 평가절하해서는 안 된다. 이는 기후 변동 가능성에 영향을 주는 개인의 행동과 서로 다른 단체의 집단적 행동을 비교하는 시도 모두를 강조한다.

이러한 계산이 개인의 생물물리적 웰빙 유지에 쓰이는 에너지에 초점을 두는 반면, 에너지 관리는 의도나 문화, 사회 시스템과 밀접하게 관련되어 있는 통합적 과정임을 주목해야 한다.

## 산일구조: 처리, 패턴화, 구조화

앞에서 제안한 바와 같이 도시가 프랙털로—여러 규모에서 반복되는 패턴을 가진 실체로—이루어져 있다면, 생명의 생물학은 외면적 도시 패턴의 가장 논리적 원천인 것 같다. 인간은 단세포에서 출발하는데 분열과 분화라는 과정을 거쳐 인체라는 기적적인 구조물로 발달한다. 발달 과정 전체에서 환경으로부터 영양분을 얻어 대사함으로써 인간의 패턴을 유지하고 부양한다.

게다가 구조물을 유지하고 부양하는 과정은 기관과 인체 시스템, 인체에서 온전체(홀론)로 기능하는 세포 집단의 협력으로 이루어지며, 가족이나 씨족, 커뮤니티, 교육 기관, 일터, 시민 사회 안에서 일어난다. 가장 기초적인 기능에서 이 모든 홀론의 가정 경제는 세포에서 도시에 이르기까지 산일구조로 구조화하고 패턴화하고 처리하는 일에 관한 것이다.

따라서 도시는 벽돌과 회반죽으로 된 정적인 장소가 아니다. 그보다는 구체화된 행동 패턴이라는 흐름 속에서 환경으로부터 자원을 취하는 역동적인 산일구조다. 이러한 패턴은 여러 문화권에서 일관성 있게 반복되므로 사실상 보편적이라고 할 수 있다. 브라운은 행동 패턴을 식별해내는 표면 행동과 언어 기반의 보편적 행동을 열거했다.[12] 핑커는 이 종합적인 목록도 더 심오한 정신적 구조를 포함하도록 더욱 확장되어야 한다고 주장한다.

이러한 인식으로 삶의 기본에 관한 짧은 목록을 새로이 이해하게 된다. 첫 세 항목은 인간 경제의 투입 항목으로 공기, 물, 식량이다. 의복과 주거지는 생물학적 시스템의 일차 산물이다. 그것 없이는 도시에서 살아남지 못하기 때문이다. 그런데 공기나 물, 식량은 인간에 의해 내부에서 처리되는 반면, 의복과 주거지는 외부에서 창출된다.

따라서 인간의 본질은 두 종류의 필수품에 의해 규정된다. 첫 번째 그룹은 전(前) 인간적 실체를 지원하고, 두 번째 그룹은 확연히 인간적인 실체를 뒷받침한다. 다른 어떤 생명체도 생물물리적 형태를 보호하고 담기 위해 의복과 주거지를 생산하지 않는다. 더욱이 인간 시스템 확장체의 발명과 생산으로 인간의 모든 창조물과 인공물의 전체 흐름이 솟구쳐 나왔다. 이 얼마나 놀라운 발견인가.

에덴이 꾸미지 않은 우리의 생물학적 상태를 대표한다면, 추방은 실추를 대표하는 것이 아니라 의도와 행동의 결합을 비유하는 것이다. 에덴동산을 떠난 이상, 우리는 생물학적 필수품을 구하고, 다른 모든 생존 요소, 즉 의복과 주거지를 생산하고 공급해야 한다.

에덴의 우화는 프랙털(혹은 원형적인) 이야기다. 그것은 개체로서 역사적 출현과 발달뿐 아니라 종으로서 인간의 진화를 나타낸다.

우리가 에덴을 떠나지 않았다면 도시도 없을 것이다. 에덴에서 우리는 숨쉬고 마시고 먹는 존재에 지나지 않았다. 에덴을 떠나자 우리는 우리의 창조물이 되었다.

『살아 있는 시스템*Living Systems*』(1978)에서 과학자이자 작가인 제임스 그리어 밀러는 인체의 결정적인 시스템과 하위 시스템을 상당히 세세하게 기록했다. 그는 모든 종류의 살아 있는 시스템에서 하위 시스템의 기능이 유사함을 보여주고자 했다. 그 일을 하면서 세포부터 국가에 이르기까지 살아 있는 시스템의 모든 규모에서 과정(및 공생)의 정도와 중요도를 도표로 만들었다.

다른 과학자들과 마찬가지로[13], 밀러는 자기 유지 구조를 통해 에너지를 처리하거나 대사함으로써 자신을 끊임없이 재창조하는 산일구조라는 면에서 인체를 논했다. 생명의 생물물리적 산일구조를 강조함으로써 그는 인간 유기체의 19가지 하위 시스템(이는 다른 모든 살아 있는 시스템의 19가지 하위 시스템과 유사) 및 우리의 생물물리적 경험의 경이로운 복잡성을 유용한 방식으로 도표화했다. 밀러의 19가지 하위 시스템은 물질, 에너지, 정보와 관련해서 세 가지 범주로 나뉜다.

## 도시의 몸

이제 몸의 건강이 도시의 건강 상태를 어떻게 반영할 수 있는지 살펴보자. 통합의학을 보여주는 모델[14]은 이 점과 관련하여 주요한 건강 상태 세 가지를—질병, 기능 장애, 건강을—제시한다.

질병 상태에서는 구조와 기능이 세포 수준에서 변화하여 비정상 상태가 드러난다. 신체는 위험 상태에 있어서 바로잡지 못하면 기능 장애나 사망에 이를 수 있다. 신속하게 돌보고 위기에 대처해야 한다.

질병 상태의 도시는 핵에너지 발전소 사고가 일어난 체르노빌, 2001년 9월 11일에 충격적인 구조 붕괴를 겪은 뉴욕 시, 제방이 무너져 경계가 파괴된 뉴올리언스와 같은 상태다.

기능 장애 상태는, 신체의 건강이 분열부터 부조화에 이르는 범주에 속한다. 가장 심한 결핍 상태는 단일 기능 장애로 나타나는 일이 거의 없고, 복합적으로 작용하여 신체를 여러 면에서 약화시킨다. 기능 장애는 다음과 같은 것들의 결핍 상태를 드러내 보일 수 있다.

- 영양
- 구조
- 독성
- 마음
- 정서
- 정신

(오늘날의 과도하게 정제된 식품이나 완전한 단식으로 인해 발생하는) 신체의 기능 장애로 몸에 적절한 영양이 결핍될 수 있다. 기능 장애는 (관절염, 신경이상, 에이즈, 골다공증의 경우처럼) 뇌, 척수, 연조직 및 부속 조직의 기능을 방해할 수 있고, (수은 중독, 배스가스로 인한 공기 오염, 폐기물 누출로 인한 수질 오염, 약물 중독의 경우처럼) 신체 조직에 중독을 일으킬 수도 있다. 마지막으로 기능 장애는 (신체 학대, 전쟁, 정신분열증, 근심의 경우처럼) 통증, 정신적 외상 등으로 신체를 약화시킬 수 있다.

머피는 퇴행 상태를 부정적인 변형의 하나로 설명하며, 집단 전체를 폄하하고(노예제도, 인종 차별) 사람들을 분리시키고(여성, 동성애자) 다른 사람들을 거부하거나(특정 나라의 이민자) 다른 사람들을 적절하게 받아들이지 않는(호주 원주민들) 등의 부정적인 방식으로 사회가 작동할 수 있음을 지적한다. 그는 그로 인해 "사회가 불구가 되거나 해체되거나 우리의 비밀스러운(진화적, 생물학

## 통합적 신체훈련법

『몸의 미래(*The Future of the Body*)』에 관한 연구를 진행하면서 마이클 머피와 조지 레너드는 외적 지능 최적화를 위해 초기 통합훈련의 하나인 통합변형훈련법(Integrated Transformative Practice)을 공동 개발했다.[15] 저자들은 동양과 서양 전통의 신체 최적화 훈련을 결합했는데, 여기에는 무술, 유연성, 정신력, 에어로빅 훈련이 포함된다. 그들은 객관적인 측정법도 제공했으며, 개인의 노력만으로는 완전한 최적화가 일어날 수 없고 커뮤니티의 실천과 서비스가 필요하다고 주장했다.

최근에는 신경근육통합행동(NIA: Neuromuscular Integration Action) 같은 더 통합적인 신체 훈련이 등장했다. 이는 오리건, 포틀랜드에 사는 부부 팀이 개발했다. 그들은 춤, 힐링, 무술이라는 전통에서 유래한 세 가지 훈련을 결합했다.[16]

신체를 마음, 정신, 영혼, 그림자와 통합하기 위해 개발한 가장 종합적인 훈련법은 통합연구소에서 만든 통합적 삶의 훈련법(ILP: Integral Life Practice)이다. 앞 장에서 설명한 내적 지능을 개발하는 훈련에 덧붙여, ILP에서는 에너지 수준을 유지하고 높이기 위해 세 가지 신체(원인체, 정묘체, 거친체)를 훈련하고, 웨이트 트레이닝과 인터벌 트레이닝을 하고, 주요 영양소(탄수화물, 단백질, 지방)를 적절히 섭취함으로써 외적 지능을 개발하는 방법을 설명한다. 훈련법을 실천하는 사람은 신체만이 아니라 내면의 삶, 일, 관계에서도 건강과 에너지가 증진되었다고 말한다.[17]

적) 자원의 도움을 받지 못하고 (……) 자신의 창조적인 속성들을 잃어버리게 될 것"이라고 주장한다.[18]

기능 장애 상태의 도시는 기반 시설을 지탱할 만큼 과세가 충분하지 못할 것이고, 보충할 수 있는 한도 이상으로 땅과 에너지 자원을 소모하고 있을 것이며, 통행할 수 없는 도로, 환승 시스템의 불량, 전화와 미디어 서비스의 돌발적인 불통, 대기·수질·토양의 오염과 비위생적인 물 관리, 분쟁, 폭정, 거버넌스 시스템의 압박 등의 특징을 보일 것이다. 극심한 예는 전 세계 여러 곳에서 찾을 수 있는데, 상하이(대기 오염), 멕시코시티(토양 오염), 뉴욕(폐기물 관리), 바그다드(분쟁), 델리(수질 오염)를 예로 들 수 있다. 이보다 약한 기능 장애의 예는 대부분의 도시에서 나타난다.


## 도시에서의 감각: 자연과학과 학습의 뿌리

'질병(불편함)'이나 기능 장애 상태에서 변하고자 한다면, 관찰과 선택에 필요한 자료를 제공하는 우리의 감각에 의지해야 한다. 우리의 감각은 생물학적 증거를 수집하는 메커니즘이다. 그렇게 수집된 자료는 (눈 깜박거림, 움찔거림, 재채기, 구토 같은) 자동 반응과 의도적 행동을 모두 자극한다. 의도적 행동에는 선택이 있으며 의식이 관여한다. 충분히 반복한다면 행동이 습관화될 수 있지만, 감각으로 수집하는 자료에 의식적인 주의를 기울이면 그다음에 무엇을 할지 저울질할 수 있다. 이 상태로 계속할 것인가? (방향, 속도, 빈도, 강도 등을) 바꿀 것인가? 지금 하는 일을 그만둘 것인가? 선택하려고 하면 그 선택의 가치 평가를 도울 정보가 더 많이 쏟아져 들어온다.

루퍼트 셸드레이크는 그가 6번째 감각과 7번째 감각이라 부른 것을 연구했지만, 우리는 보고 듣고 냄새 맡고 맛보고 느끼는 '보통의' 오감의 가치를 이해하는 것만으로도 충분하다.

두뇌 지도를 통해 뇌 세포가 할당되어 있는 비율을 살펴보면 시각이 가장 부담이 큰 감각이다. 그다음으로는 촉각인데 손의 감각이 매우 강조된다. 그렇지만 원시적인 감각인 후각이 뇌에서 가장 빠른 경로라는 것도 우리는 알고 있다. 청각은 우리가 잠을 자는 동안에도 계속되고, 미각은 먹을 때뿐만 아니라 먹는 것을 생각할 때도 깨어난다.

이 감각들은 서로 불가분하게 연결되어 있고, 하나가 손상되거나 파괴되었을 때 서로 대체되기도 한다(공감각 상태). 감각은 우리의 의식이 객관적으로 인식할 수 있기 전부터 구체화된 생존 전략으로 출현했다.

감각은 개인적인 생물학적 자료 수집 도구이며, 여러 자동 해석 능력이 아주 밀접하게 연결되어 있어 입력과 거의 동시에 출력 신호(밝음, 시끄러움, 뜨거움, 신맛, 부드러움)를 보낸다. 도시에서 우리의 감각은 자극의 폭격으로 종종 자극을 과도하게 받거나 고통을 느끼기까지 한다. 감각이 과도하게 자극될 때 자료 수집과 해석의 효과는 정체기에 이르며 우리는 자극이 보내는 신호를 무시하기 시작한다. 이는 스트레스를 주고, 우리의 생존에 필수적인 정보까지 놓치게 하므로 위험하다.

이러한 감각의 정체 상태는 난로 위 냄비에 담긴 물속의 개구리 이야기에서 확인할 수 있다. 냄비 아래 열기가 물을 서서히 데워 끓이기까지 개구리는 자신이 죽게 될 것을 알지 못한다. 도시의 생물학적 경험은 겹쳐진 산일구조의 기능 불량과 영양소 공급 부족으로 끓는 물속 개구리처럼 죽게 되는 지경에 다가가고 있다. 도시는 규모가 늘어나 여러 곳에서 대사 과정이 막히고 독소가 쌓인다. 시스템에서 독소가 제거되지 못하니 오염이 발생한다. 그리하여 우리는 물과 공기, 식품의 오염과 독성에 시달린다. 우리의 감각은 시각 피질의 끝없는 폭격, 지속적이고 종종 고통스럽기까지 한 소음, 독성 가스, 비정상적 식품, 연마재 등으로 고통받고 있다.

도시에서 감각의 과잉 자극이 초기에는 신나는 일일 수 있으나, 결국 이는 시간이 지남에 따라 우리의 수신 장치를 마비시키며 해석 센터를 지치게 한다. 시각, 청각, 촉각, 미각, 후각이 모두 희미해진다. 자극 수용 능력은 기질과 나이에 따라 다양하다. 유지하고 환경에 유의하는 법을 익히지 않는다면 그 능력은 성인기에 감소하는 경향이 있다.

## ≫ 자연과학의 뿌리

궁극적으로 우리의 감각은 관찰 도구를 제공하며, 감각이 없다면 느낌이나 생각, 욕구에 필요한 자료를 얻지 못할 것이다. 감각은 삶이라고도 알려진, 개인적인 (비록 비공식일지라도) 과학적 실험을 위한 자료를 끝없이 제공한다.

감각으로 수집된 자료를 형식화한다면 이는 과학으로 바뀐다. 그렇지만 과학의 기초는 우리의 기본적인 감각을 수집하고 산일구조를 작동시키는 시스템을 통해 진화한 학습 과정을 단순히 공식화하는 것이다. 감각과 자료가 없다면 우리는 말 그대로 지능이 없는 존재일 것이다.

지능이 없는 도시는 모순이다. 복잡성에 맞는 지능이 없다면 그 도시는 감각을 잃은 것이다. 무감각의, 즉 감각이 사라진 도시는 이치에 맞지 않으며 궁극적으로 유지 불가능하다.


## ≫ 감각은 불협화음을 통해 학습을 가능하게 한다

관찰 능력에 관한 마지막 지적은 불협화음과 관련 있다. 도시의 어떤 측면에서든 우리의 감각 능력은 변화에 관한 정보를 제공하는 첫 번째 원천이다. 감각은 즐거움을 느끼는지 고통을 느끼는지 알려준다. 대부분의 감각에서 즐거운 경험을 확인하고 편안함을 느낄 때 우리는 변화의 욕구를 거의 느끼지 못한다. 인간은 삶의 조건이 현재 상황을 뒷받침한다면 그 상태를 유지하려는 경향이 있다. 그렇게 해야 에너지를 덜 쓴다.

그런데 감각이 삶의 조건이 변하고 있음을 알려줄 때는 편안하고 안정적인 상태를 회복함으로써 적응하려 한다. 에너지 보존의 관점에서 볼 때 변화를 촉발하는 요인이 너무 강하거나 빈번하게 발생하지 않는다면 그런 전략이 이치에 맞다. 변화를 이루려면 행동을 바꾸어야 하는데, 에너지의 양과 사용 방식까지 바꾸어야 하기 때문이다.

감각에 기초한 증거에 주의를 기울이는 한, 우리는 편안한 상태로 돌아갈 수 있을지, 아니면 삶의 조건이 상당히 바뀌어서 새로운 행동이 필요할지를 알아차릴 수단을 지니게 될 것이다. 감각에서 얻는 자료가 보통의 방식으로 돌아갈 수 없음을 알려준다면, 우리는 신체적 불편과 인지적 부조화를 경험하게 된다. 보고 생각하고 느끼고 원하는 것이 더 이상 '정렬'되어 있지 않는 것이다. 이러한 정렬 불량 상태가 오래갈수록 불편과 부조화를 더 많이 경험하고, 마침내 다시 생각하고 깊이 느끼고 욕구와 관계를 재조정하고 마지막으로 행동을 바꿈으로써 에너지를 재조직한다. 이는 학습의 여정을 보여주는 간단한 지도다. 이 지도는 학습 과정에서 우리의 감각이 중요한 문지기 역할을 하고 있음을 분명히 보여준다.

학습을 통해 우리는 개체의 지능 역량을 높이고 그렇게 함으로써 도시의 지능 자산을 넓힌다. 학습에는 단순한 지성적 문제만 있지 않으며, 행동을 바꾸고 조치를 취하기 위해 에너지를 재조직하고 재적용하는 일도 포함된다.


## 도시에서의 행복

생물학적 삶에서 감각에 기초한 행복 지표는 산일구조의 모든 시스템과 하위 시스템의 역동적인 균형과 관련 있다. 생명 활동도 환경을 변화시키므로, 모든 수준의 개별 유기체가 계속 관계를 조정함에 따라 건강은 늘 변화를 겪는 과정이 된다. 공생과 구조적 결합은 살아 있는 시스템의 특성이며 커뮤니티와 도시 안녕의 기초. 그것은 문화적 수용의 표현과 동등한 생물학적 현상이다. 실질적으로 공생과 구조적 결합이 없다면 어떤 복잡한 생명 활동도, 어떤 소우주나 대우주도 존재하지 못한다.[19]

생물학적 정렬 상태와 통일성의 지표는 건강한 역동성에서 나온다. 심신의 건강(혹은 전체성)이라는 특징을 지니는 생물학적 건강은 환경에서 영양분을 찾아내고(이는 과학자들이 환경과의 구조적 결합이라고 일컫는 기초다), 그 영양분을 대사하고(즉 신체적 정체와 구조를 유지할 수 있게 에너지를 얻고) 번식 혹은 재생하는 능력에서 나온다.

또한 건강은 환경의 변화에도 불구하고 계속 영양분 공급원을 찾고 생명을 유지하고 번식할 수 있게 하는 회복력에서—환경 속의 다른 존재를 포함하여 유연하게 환경과 관계를 맺는 능력에서—나온다.

몸은 건강의 범주에 가까워지면서 기능 장애에서 통합과 최적의 기능 상태로 바뀐다. 건강한 몸은 면역 시스템과 구조와 대사 과정이 튼튼하다. 신체적·심리적·정서적·정신적 보살핌을 받는 몸은 질병에 대한 저항성을 지니고 해체나 구조적 절단, 조직 손상을 치유할 수 있다. 건강한 몸은 확신과 자신감을 가지고 긍정적으로 반응하며, 단지 균형을 유지하기보다 정신, 심리, 정서, 신체, 대인관계의 모든 면에서 회복력을 지니려고 한다. 환경과 조화를 이루면서 모든 구조와 과정을 통합한다.

마이클 머피는 최적의 건강 상태가 '초超표준 기능성metanormal functioning'을—이는 통합도시에서의 몸의 기능에 해당될 것이다—달성하는 출발점이라고 주장한다.[20] 그의 연구는 업무를 향상시키는 시스템 내 대화를 개선함으로써 새로운 능력, 심지어 '초표준 수용력metanormal capacities'을 개발할 수 있음을 보여준다.

시스템과 하위 시스템의 구조와 과정이 분명하게 정의되는 건강한 도시에서는 초표준 기능성이 다중 조정 장치를 제공하고(도시/주/지방법과 연방법: 사법, 입법, 행정을 통한 힘의 균형), 다양성을 활용하며(한 도시 내 여러 문화), 역설적이게도 통제를 인식하지 못하는 가운데 작동한다(시민들이 만족하고 사회의 기반 시설을 당연시할 때 그러하다).

건강한 몸이 도시라면, 도시는 완벽하게 균형 잡힌 호흡계, 순환계, 골격, 소화계, 자율신경계를 지닌 것이다. 이는 상태가 최고인 운동선수다. 오늘날 건강한 도시에 가장 근접한 곳은 경제협력개발기구(OECD)가 세계에서 가장 살기 좋은 도시 후보로 선정한 밴쿠버, 취리히, 시드니다.

건전한 몸을 개발하고 건전한 도시를 개발하려면 일반적인 건강 실천법(그리고 아래에 요약되어 있듯이 건강관리 시스템)을 장려해야 한다. 게다가 최적의 도시를 개발하든 최적의 몸을 개발하든, 머피는 건강한 생물물리적 기능이 건강한 의도와 밀접하게 연결되어 있음을 상기시킨다. "일반적으로 좋은 사회를 만드는 데 도움이 되는 선과 여러 특성이 필요하다. 그중에는 자선, 용기, 용서, 균형도 있다."[21]

## 의도를 구현하는 목적

인간이 진화함에 따라 의식이 복잡해지는 것처럼 몸도 그러하다. 생물학자들과 의학도들은 '개체발생이 계통발생을 개괄한다'고 말한다. 그야말로 한 개체의 생명 주기가 그 종의 진화 단계를 반영한다는 뜻이다. 이는 어류, 양서류, 파충류, 포유류의 진화를 반영하는 단계를 거치면서 태아가 자라는 것에서 볼 수 있다. 이러한 단계의 흔적이 남아 있는 삼중의 인간 뇌에는 복잡성의 층이 있고 각 층은 과거의 양서류(편도체, 투쟁-도피 반응과 정서의 자리), 포유류 조상(피질), 고등 학습의 기반(자기 인식과 관련 있는 신피질)과 관련이 있는 것으로 알려져 있다.

우리는 호모 사피엔스 사피엔스가 뚜렷이 구분되는 종으로 출현한 이후 몸과 뇌가 변하지 않았다고 생각하는 경향이 있지만, 사실은 둘 다 삶의 조건에 적응해왔다. 인간 유전체 분석으로 계속 밝혀지는 놀라운 사실들 덕분에 우리는 형태의 출현 순서[22], 혈액형(O. A, B, AB)[23], 남성과 여성의 유전적 가계 분류를 추적[24]할 수 있다. 우리는 모체 자궁의 생명 조건이 성별 유형에 크게 영향을 미친다는 것도 알고 있다.[25] 다른 신경생물학 연구에서는 뇌 구조[26]와 세포 기능[27]의 비밀을 밝혔다.

사실 유전자나 뇌, 신체를 연구할수록 인간의 기본 조건이 적응하고 변화하는 것임을 확인한다. 후생유전학이 알려주듯이[28] 생명의 가장 기본이 되는 구성 요소인 유전자가 끊임없이 생명 조건에 적응하고 있지 않다고는 가정할 수 없다.

게다가 의도와 생물물리적 수행 사이의 신비스러운 연결이 계속 실험 중이다. 루퍼트 셸드레이크는 고전적인 생물학과 심리학의 가정을 부인하는 일련의 현상을 연구해왔다. 그가 연구하는 수수께끼의 해법은 아인슈타인과 하이젠베르크의 양자물리학 및 립턴의 양자생물학에서 설명을 끌어내고 있다.[29] 그러한 질문들은 텔레파시나 예감, 누군가 쳐다보는 느낌처럼 의도의 '으스스한' 효과에 접근하는 문을 연다. 고전과학에서는 그러한 현상을 미신으로 취급하려들지만, 인간이라는 종만 그런 능력을 지닌 것 같지는 않다. (주인이 나타나기 전에 주인이 오고 있음을 아는) 개나 고양이, 새, 말의 행동이 이런 현상을 보여준다면, 어쩌면 이 행동들은 생존 전략으로 진화했다고 말할 수 있을지 모른다. 인간도 전에 발달시켰을 수 있는 그 같은 능력은 오늘날 도시의 개체와 집단에서 대체로 미개발 상태로 있지만 다시 깨어날 수 있을지도 모른다. 분명히 일부 토착민이 그러한 능력에 잘 접근하며, 아마존 정글, 호주의 오지, 보르네오의 제방 같은, 도시와 멀리 떨어진 곳에서 그 능력을 계속 발휘하고 있는 것 같다.

이 연구는 우리의 몸과 뇌의 구조적 진화를 파악할 수 있는 기술을 모두 갖추지 못했을지라도 머지않아 복잡성이 증가하는 발달 단계가 식별될 것임을 보여주는 것 같다. 의도와 목적이 주는 기회가 개체적으로 구현되면서도 집단적으로 모여 있는 도시에서 인간의 경험이 진화할 수 있는 전적으로 새로운 가능성이 곧 드러날지 모른다. 셸드레이크가 제안하듯이 인간 시스템이

먼 곳에서 오는 신호를 자연스럽게 받아들이는(그리고 인식으로 이해할 뿐 아니라 구현된 상태를 인지하는) 능력을 지니고 있다면, 인간의 능력은 완전히 새로운 지평에 서게 되어, (5장에서 상세하게 다룬) 파워 8 수준의 리더십 능력은 미개해 보일지도 모른다.

## 적절한 건강관리 시스템 설계하기

시민의 생물물리적 건강을 유지할 수 있는 적절한 건강관리 시스템 설계의 뿌리는 통합도시의 생물학적 상한에 있다. 5장에서 통합교육 시스템을 논의했던 것과 마찬가지로 통합적 건강관리 시스템에도 책 한 권이 할애되어야 할 것이다. 하지만 건강관리 시스템이 통합도시의 구조 속에 통합되어야 한다는 필요성이 절실하므로 여기서는 그런 시스템을 매우 간략하게 설명할 것이다.

대부분의 나라에서(가장 발전한 나라에서조차) 건강관리 시스템은 현재 상당히 혼란스럽다. 그 이유를 열거하기는 쉽지만 그 문제를 빨리 고치기는 매우 어렵다. 따라서 통합적 건강관리 시스템을 어떻게 설계할 것인지, 긍정적인 논의에 가속도를 붙이고자 여기서 몇 가지를 제안한다.

**도시의 건강관리 시스템의 이상과 목적을 분명히 해야 한다.** 도시의 이상과 목적이 건강관리 시스템의 목적을 알려준다. 그 두 가지는 잘 정렬되어서 건강관리 시스템을 유지하는 데 필요한 자원을 거버넌스 시스템을 통해 제대로 이용할 수 있어야 한다. 도시의 건강관리 시스템의 목적이 최적의 산일구조가 시민들을 지원할 충분한 에너지를 최소한의 생태발자국으로 처리할 수 있게 하는 것인가? 목적이 단순히 급성환자 치료에 반응하는 것인가? 도시와 건강관리 시스템은 건강을 증진하는 데 있어서 어떤 역할을 하는가? 질병을 예방하는가? 수명을 늘리는가? 앞의 질문에 대답하는 과정에서 건강관리 시스템의 이상과 목적이 드러날 것이다.

**시민들이 건강을 어떻게 정의하는지를 물어야 한다.** 이는 사소한 질문으로 보일 수도 있지만, 시민들이 건강을 어떻게 정의하는지에 초점을 맞추고 도시의 문화와 발달 상태를 훑어보아야만 건강의 정의가 가치관에 기반을 두고 있음을 알게 될 것이다. 가치관과 문화가 생물물리적 신체를 설명하는 데 사용되는 실질적인 배치도라는 점을 고려한다면, 건강을 어떻게 정의하는지에 따라 서로 다른 방식으로 우리의 신체를 말 그대로 보고 느끼고 돌본다는 사실이 명백해질 것이다. 경혈을 따라 흐르는 기로써 건강을 판단하는가? 우리의 차크라에 에너지를 제공하는 음식물 섭취량으로 재는가? 근육을 강화하는 운동량으로? 확장기 혈압과 수축기 혈압의 비율로? 건강에 관한 수많은 해석이 발견되고 이에 따른 지지는 건강에 대한 문화적 민감성과 발달상의 민감성을 보여준다. 이는 어떠한 건강관리 양식에 재원이 조달되어야 하는지, 얼마만큼의 다양성(과 회복력)이 건강관리 시스템에 적용되어야 하는지에 대한 근거가 될 수 있다.

**시민이 선호하는 건강법을 통합하고 교육하고 지원해야 한다.** 우리는 건강의 정의가 물리적 건강에 국한되지 않음을 알 수 있다. 하지만 정서적·정신적(즉 의도적) 건강을 생물물리적 건강과 함께 끌어안을 방법은 문화에 따라 다르다. 이는 다시 건강관리 서비스를 제공하기 위해 개발하는 사회 시스템과 시설에 영향을 준다. 그런 서비스는 우리의 발달상 특성까지 고려해야 한다. 우리는 생명의 생물학적 기초를 제공할 수 있어야 하지만, 발달상의 문제에서 기인하는 상처도 치유해야 한다. 발달상의 욕구에 맞는 처치는 치유를 촉진한다. 예를 들어, 뼈가 부러졌을 때 외과의사가 손상된 뼈를 치료할 수도 있다. 기력이 빠졌을 때 약초 전문가가 주는 즙이 기력을 되찾아줄 수도 있다. 장애가 생겼을 때 침술사가 에너지의 균형을 잡아줄 수도 있다. 몸이 무리를 했을 때 물리치료사가 허리 통증을 덜어줄 수도 있다. 우울증에 걸렸을 때 정신과의사가 신경전달물질 계통의 약을 처방할지도 모른다. 전신 피로 증상을 느낄 때 영양사가 새로운 식단을 제시할 수도 있다. 심리상담가가 쉼을 이끌어줄 수도 있다. 생물학적 욕구가 다양한 도시에서 적절한 건강관리 시스템을 창조하려면 다양한 양식이 필요하다.

**적어도 수준 7(노랑)의 세계관에서 건강관리를 설계하라.** 이 시스템은 체계적으로 반

---

### 통합적 건강관리 시스템을 일별하다

대부분의 선진국 도시에서는 통합적 건강 진료를 제공하는 클리닉이 있다. 예를 들어, 브리티시컬럼비아 밴쿠버의 통합건강센터에서 제공하는 통합적 건강 진료에서는 중국의 전통 침술, 카이로프랙틱, 동양 약초학에서 유래한 영양식과 약물류, 서구의 동종요법, 건강식을 제공한다.

콜로라도 카본데일 같은 몇몇 지역에는 Davi Nikent(davinikent.com) 같은 커뮤니티 기반의 통합건강회가 있어서 엘리엇 다커Elliott Dacher의 통합의학이 개발한 것과 같은 통합적 건강 프레임워크를 제공한다. 윌버의 통합연구소에는 통합의학에 초점을 맞춘 특별한 그룹이 있다.

올림픽 같은 세계적 수준의 이벤트를 활용해 지역의 건강 증진에 영향을 미칠 기회를 얻을 수도 있다. 밴쿠버와 휘슬러가 2010년 동계 올림픽을 개최하는 브리티시컬럼비아에서는 2010년 올림픽 전에 시민들의 (신체) 건강을 향상시킬 핵심 전략을 수립했다. 그것은 운동을 늘리고 과일과 채소를 많이 섭취하며 흡연을 줄이는 것이다.[30]

응하고 적응하며 유연성이 있어야 한다. 건강관리 시스템을 위해 열거되는 다양한 서비스를 고려한다면 이상적으로는 발달, 문화, 생물학적 다양성을 존중하며 체계적으로 설계에 필요한 요구 사항이 나와야 한다. 수준 7, 혹은 그 이상의 설계자가 있다면, 그들은 모든 수준의 건강관리 시스템에 대해 분명히 표현해야 할 것이다. 수준 7의 설계자가 없다면, 설계자(와 이해 당사자)의 수준에서 시스템이 설계되어 나올 것이다. 덜 복잡한 건강관리 시스템도 적절하게 작용하는 도시라면, 수준 7의 설계자가 현재의 필요를 만족시키면서 적절한 시기에 더 높은 복잡성 상태로 진화할 수 있게 시스템 정렬을 도울 수 있다.

**도시의 인구통계 자료를 파악해야 한다.** 도시에서 인구통계 자료를 이해한다면 도시에서 건강의 변화와 흐름을 결정하는 데 도움이 된다. (앞에서 제안했듯이) 도시에서 서로 다른 건강 정의를 살펴본다면 건강관리 시스템에 충분한 정보를 제공할 수 있도록 그러한 기대를 지니는 사람들의 비율, 나이, 성별, 인종 등도 알아야 한다. 이 요소들은 인구통계적 요구에 부응하려면 어떻게 자원 활용을 계획해야 하는지 보여준다.

**도시의 통합적(사상한, 온수준) 건강 목록을 만들어야 한다.** 이 자료는 도시에서 건강상의 강점과 약점을 나타낸다. 모든 상한을 포함함으로써 도시의 어느 한 측면의 능력 혹은 결함이 다른 측면에 어떤 영향을 주는지 알아볼 수 있다. 예를 들면, 유나이티드 웨이에서 개발한 Success By Six 프로그램은 도시의 아동 건강에 영향을 주는 요인을 보여준다. 이 프로그램은 연구를 통해 커뮤니티의 미래 건강에 결정적인 영향을 줄 것으로 나타난 인구통계 자료에서 건강 자원에 초점을 맞춘다. 그런데 여섯 살 아이들은 불가피하게 성인의 생명 조건이 아이에게 영향을 미치는 가족의 일원이다. 따라서 여섯 살과 그 전후 시기의 건강을 위해서는 그들을 일차적으로 돌보는 성인의 생물-심리-문화-사회적 건강을 고려해야 한다.

**도시와 지역 내 현존하는 건강 시설과 자원의 목록을 만들고 그것을 보여주어야 한다.** 이렇게 하면 인구통계상의 욕구와 실제의 건강 조건을 정렬하기 위해 자원을 어떻게 배치해야 하는지 알 수 있다. 앞에서 설명했듯, 생물물리적 건강을 지키려면 건강의 심리-문화-사회적 측면이 연관성을 가지도록 도시의 모든 상한의 실제 자산들이 파악되어야 한다. 사상한 중 어느 하나가 다른 상한과 비슷한 수준에서 작동하지 않는다면 인간 시스템에서는 뒤틀림과 질병이 발생한다. 건강한 건강관리 시스템은 모든 상한의 건강에 도움이 되는 자원을 고려한다.

**핵심적인 문화적 하위 집단이 존재하는 도시에서 생물-심리-문화-사회적 건강 시스템을 다루는 건강관리 시스템을 설계하라.** 이러한 수평적 접근법은 전달 방식과 병행한다. 인구 집단에 문화가 섞여 있음을 이해한다면 결코 사소하지 않은 차이에 특별한 주의를 기울일 수 있다. 예를 들어, 주요 문화집단이 넷인 싱가포르에서는 건강관리 시스템이 식사, 의료행위, 심지어는 해당 문화의 성별 관례와도 맞아야 한다. 이로써 (이슬람교도가 돼지고기 식품, 주류, 부적절한 간호 인력에 반대하는 등) 자연스러운 저항을 극복하고, 사람들이 중요한 문화적 금기를 거스르는 두려움 없이 치유될 수 있는 환경을 조성한다.

**웰빙 면에서 도시에서의 건강을 감시할 수 있는 기준과 활력 징후를 설정해야 한다.** 도시 건강관리 시스템의 목적이 도시에서의 웰빙 조건 창조라면, 웰빙을 정의할 기준을 마련해야 한다. 그다음에 도시에서의 웰빙 조건을 만들고 지원하는 면에서 건강관리 시스템의 업무를 감시하는 것이 이치에 맞다.

진행 과정과 건강 단계를 연구하고, 끊임없이 적응하는 건강 조건에 부합하는 건강관리 시스템을 개발해야 한다. 이는 적절한 메시지 전달과 교육, 건강관리 방식을 가능하게 한다. 모든 발달 수준의 질병에는 관련된 처치가 있고 이는 시간이 지날수록 진화한다. 우리는 베이지, 자주, 주황, 초록, 노랑, 청록 수준의 적절한 욕구를 다루는 건강관리가 필요하다. 교육과 마찬가지로 건강관리도 결코 끝나지 않는 과제다.

## 생물물리적 잠재력, 연결성, 웰빙을 문화적으로 촉진하기

건강관리 시스템에 관한 마지막 내용은 다양한 신체 지도 및 우리의 지능을 확장할 방법과 관련 있다. 우리는 신체의 정신 모델을 당연하게 보는 경향이 있고, 연장자나 멘토나 전문가들이 안내하지 않는다면 행동을 주어진 것으로 받아들인다. 하지만 우리의 감각, 학습, 과학은 이제 도시에서의 행동이 더욱 지능적일 수 있음을 알려준다. 우리는 더 높은 지능을 가지고자 열망한다.

뇌과학의 놀라운 발견으로 뇌와 신체의 생물학, 물리학, 화학, 에너지 측면의 능력이 나날이 더 드러나고 있다. 건강 과학에 다르게 접근해오던 동양과 서양의 과학이 만나자 새로운 신체 지형도가 생겼다. 그렇게 문화적 영향을 받은 건강 지도의 각주들을 최종적으로 비교할 수 있게 되었으니, 여덟 명의 맹인이 코끼리의 다른 부위에 손을 대고 각자 다르게 느끼고 해석한 수피의 전통 우화를 더 잘 이해할 수 있게 되었다.

문화는 생물물리적 생존을 위해 분리되었지만 동시에 경계와 자원과 기대감은 연결의 잠재력을 품고 있다. 이를 관리하기 위한 문화의 다양성 지도의 이해는 현대 도시에 필수적이다. 집단마다 의도는 다르다 해도 비슷한 생각이 시민을 결속시킨다.

의도의 장은 경험적으로 측정할 수 있는 실체이다. 이는 그 효과를 드러내는 실험에 커뮤니티가 참여할 때 분명해진다. 기 치료와 접촉 요법 같은 시술에서는 시술자의 의도와 에너지가 환자에게 영향을 미친다. 기도나 또래 집단의 지지가 질병 치료에서 효과를 보이는 것도 의도와 관계가 미치는 영향을 입증한다.

형태장을 연구한 루퍼트 셸드레이크는 정서적으로 혹은 관계로 연결된 사람들 사이에서 의도가 가장 큰 영향력을 미친다고 주장한다.[31] 누군가 쳐다보는 느낌, 텔레파시, 예지, 선견지명처럼 인간 생물학의 이례적인 여러 현상을 깊이 연구한 그는 이러한 능력이 자연의 생물학적 생존 과정이라고 본다. 다른 생물학적 능력과 마찬가지로 사람들이 이러한 능력을 똑같이 지니고 있지는 않다. 어떤 사람은 다른 사람보다 뛰어나다. 그런데 연구에 따르면 생물물리적 존재가 사람의 내부와 주위에 측정 가능한 에너지장을 형성하며, 주변뿐 아니라 멀리 떨어진 곳과도 효과를 주고받는 것으로 보인다.

실증주의 세계관과 과학이 증거를 무시하거나 억압했음에도 불구하고 그런 효과는 계속 발생했다. 하지만 시술과 시술자는 무시당했고 역사의 무대에서 국가의 억압을 받는 지경까지 이르렀다.

도시 에너지장의 효과에 관한 진정한 호기심은 제쳐두고라도, 이해는 우리 자신의 신체가 지니는 에너지장의 능력에 대한 호기심보다 (송전선과 통신 안테나처럼) 거대한 에너지 기반 시설이 인간 에너지 시스템에 미치는 영향에 대한 두려움에서 나온다. 하겔린이 묘사한 것처럼[32] 인간 에너지 시스템이 선을 위해 이용될 수 있다는 인식은 여전히 새로운 생각이다. 하지만 이 책은 반복된 질문을 분명히 던진다. 도시의 목적은 무엇인가? 도시의 밀도 속에서 사람들이 함께 살아갈 수 있다는 가능성만으로 다른 사람들에 대한 억압을 풀고 사람의 생물물리적 건강을 최적화한다는 목적을 위해 통일된 에너지장을 의도적으로 구현할 수 있음을 고려한다면, 그 대답은 상상조차 할 수 없는 가능성으로 가득 채워질 것이다.

## 결론

시민의 행동에서 중요한 점은 무엇인가? 시민의 행동은 도시의 행위 방식이다. 그것은 의도라는 인식 영역이 구현되고 구체화되는 곳이다. 도시에서 생물학적·물리학적 상한은 본질적으로 우리와 유사한 다른 사람들이 존재할 때 경험할 수 있다. 우리는 그들의 행동을 감각하고 그들은 우리의 행동을 감각한다. 개인은 일시적으로 공간적으로 연결되어 있고 심지어 다른 사람들과 결합되어 있어서 어떤 집단을 형성하든 곱셈 효과를 낳는다.

세계에서 테러가 일어나고 스트레스와 갈등이 계속되는 가운데, 최소한의 수용 혹은 관용이 존재하지 않는다면 도시가 존재하지 못했을 것이라는 생각은 역설적이다. 수용은 우리와 대략 비슷한 사람들을 관용하는 정도를 측정하는 척도가 되는 행동이다. 커뮤니티의 시민이 자신과 눈에 띄게 다른 사람을 더 많이 받아들일수록, 생물학적 다양성은 도시의 회복력에 더 많이 기여한다.

도시에서의 웰빙을 위해 개인과 집단의 에너지를 어떻게 관리할 것인지에 주의를 기울여야 한다. 그렇게 함으로써 웰빙의 패턴, 과정, 구조에 기여하고 도시의 의도, 문화, 사회 시스템을 뒷받침하게 된다. 그러지 못한다면, 다이아몬드가 언급하듯이 단기 행동이 장기적 생존 가능성에 대해 암시하는 바를 눈먼 사회가 파악하지 못하는 일이 반복될 것이다. 그는 남태평양에서 북대서양과 라틴아메리카에 이르기까지 사회적 '붕괴'의 역사를 잔인하게도 세세히 설명한다. 그는 그러한 역사적 예가 지구의 생명 지속에 대한 비유적

예고 이상일 수 있다고 경고한다.[33]

## 질문

1. 전일론적 가치에 기반을 두며 도시의 목적을 뒷받침할 수 있도록, 다양한 수준의 행복에 맞는 건강관리 시스템을 문화적으로 어떻게 설계할 수 있을까?
2. 우리의 에너지장은 얼마나 강력한가? 행복을 위해 그 에너지장을 이용하는 법을 어떻게 배울 수 있을까?
3. 눈에 보이지 않는 생물학적 신경화학 전달물질이 어떻게 도시에서의 행동에 긍정적 부정적 영향을 미치는가?

## 통합도시 원칙을 적용하기 위한 간단한 규칙 세 가지

1. 개인의 에너지를 관리한다.
2. 자신과 다른 사람을 위해 생물물리적 웰빙을 추구한다.
3. 건강한 지도자를 육성한다.

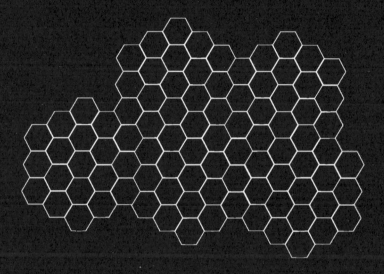

Building Intelligence

7장
—
구조지능

• • •

꿀벌의 삶은 마법의 우물과 같다.
더 많이 길어 올릴수록 더 많이 솟아난다.
- 카를 폰 프리슈: 굴드 & 굴드,『꿀벌』, 재인용


오늘날 세계 어떤 곳에서든 사회의 발달과 과거 어떤 시기든
사회에서 드러난 모습에서 재빨리 학습하는 기회를
우리(사회)는 최초로 누리고 있다.
- 다이아몬드,『문명의 붕괴』

## 보는 것을 얻는다: 화학, 물리학, 생물학, 건축학, 공학

이 장은 통합지도의 우하상한으로 대표되는 도시의 실체와 연결된다. 감각 수용기를 통해 우리에게 가장 익숙한 도시의 측면을 탐구한다. 이는 우리가 보고 느끼고 듣고 냄새 맡고 만지고 맛보는 도시다. 우리의 외부에 있으며 동시에 우리를 내포하고 있다.

도시의 구조와 인프라는 자연 시스템에서 나온다. 도시를 보는 시각을 우리 '외부'에 건설된 환경으로 보는 것에서 단순히 '우리의' 확장으로 보는 것으로 바꾼다면 도시는 훨씬 더 개인적이게 된다.

가장 살기 좋은 도시는 물질과 정보, 에너지라는 구성 요소가 조화롭고도 일관성 있는 방식으로 인간 시스템에 도움이 되도록 만들어져 있다. 그 구성 요소들은 화학과 물리학이라는 자연과학을 통해 발견된 실체에 기반을 두고 있다. 물의 화학적 상태는 어떠한가? $H_2O$의 순환주기는 어떠한가? 수압은 어떻게 형성되는가? 쓰레기는 어떻게 수거하고 처리하는가? 아치는 어떻게 세우는가? 목재와 벽돌, 강철, 유리로 얼마나 높은 건물을 세울 수 있는가? 식품을 얼마나 오래 보관할 수 있는가? 사람과 상품의 운송은 일상적으로 어떻게 이루어지는가?

이 질문에 대한 답은 공학자와 건축가가 건설한 도시 환경으로 표현된다.

우리가 창조한 외골격과 근육, 기관은 기본적으로 우리의 기능을 담는다. 우리의 생물학적 기능이라는 실체는 도시의 구조물이 물질, 에너지, 정보가 개체화된 인간 시스템에까지 흐르도록 명령하고 결정을 내린다. 그러면 개인은 결코 끝나지 않는 흐름 속에서 자신의 개체 시스템을 통해 직접 물질, 에너지, 정보를 처리한다. 사람이 도시의 부분인 이상 사람은 자신의 인간적 능력을 유지하고 개발할 수 있도록 자신을 지지하는 인프라를 건설할 것이다.

생물학, 고고학, 인류학, 사회학에서 설명하는, 눈에 보이는 인간 능력은 개체와 집단의 행동을 우리가 이해할 수 있게 도왔고 눈에 보이지 않는 인간 능력이 발달할 정도까지 이르렀다. 기본적으로 도시에서는 보는 것을 얻는다. 그리고 우리가 얻는 것을 (의식적으로) 보게 된다.

도시의 구조와 인프라는 물질에 기초한다는 본성 때문에 다른 상한의 명백한 지능보다 훨씬 오래 존속하는 경향이 있다. 구조물들은 시간 속에 얼어붙은 듯 보이지만, 실질적으로 물질과 에너지는 생물학적 개체보다 도시의 구조물을 통해 훨씬 더 느리게 움직인다. 도시의 규모는 개개인과 다르며, 그 측정치는 도시의 규모에 맞춰 보정해야 한다.

### 에너지, 정보, 물질을 관리하는 구조 시스템

에너지, 정보, 물질을 관리하는 구조 시스템은 본질적으로 6장에서 살펴본 개체의 생물학 면에서 설계되어 있는 것과 같다. 제임스 그리어 밀러(1978)는 한 사회의 구조 시스템을 요약했다. 그 내용은 도표 7.1에 정리되어 있는 것처럼 도시에 적용해볼 수 있다. 이 시스템은 도시의 상태가 실제로 존재함을 보여주며(밀러는 이 점을 사회에 포함시켰다), 도시가 자연적 인간 시스템에서 파생되었으며, 그렇게 다룰 가치가 분명히 있다는 점을 보여주는 강력한 논

도표 7.1. 개체와 도시의 주요 하위시스템 비교.
출처: Miller, 1978.

| 시스템 | 하위시스템 | 개체 | 도시 |
|---|---|---|---|
| 1. 물질-에너지-<br>정보 관련 | 1. 재형성<br>2. 경계 | 생식기<br>피부 | 도시 선언<br>법률제정<br><br>규약집행<br>도시경계 |
| 2. 물질-<br>에너지 관련 | 1. 소화<br>2. 순환<br>3. 전환<br>4. 생산<br>5. 물질<br>-에너지 저장<br>6. 배출<br>7. 운동<br>8. 지지 | 구강<br>혈관계<br>위장관<br>눈/손<br>지방 조직<br><br>요도<br>다리근육<br>골격 | 수입(공공, 민간)<br>운송회사<br>에너지 정제(가스, 석유, 전기, 에탄올)<br>공장 조정자<br>창고<br><br>폐기물 관리 하수처리<br>운송회사, 택시 회사<br>토지 및 건물<br>개발과 유지 |
| 3. 정보 관련 | 1. 입력 변환<br>2. 내부적 변환<br>3. 통로와 그물망<br>4. 암호 해독<br>5. 연합<br>6. 기억<br>7. 결정<br>8. 암호화<br>9. 출력 변환 | 감각 기관<br>항상성 감시<br>신경 그물망<br>감각기관 세포<br>신경전달물질: GABA<br>뇌/마음<br>대뇌피질(일부)<br>측두부정엽<br>발성기관 | 의사소통 인프라: 전화, 컴퓨터,<br>무선통신 등<br>여론 조사, 감시 조직, 회계 감사<br>의사소통 그물망<br>통역, 번역, 편집<br>교육기관, 문화적 관계<br>도서관<br>정부, 투표<br>미디어 전문가, 블로거<br>미디어 기자, 광고회사, 블로거 |

거가 된다. 따라서 이 점이 거버넌스 시스템의 관리에서 특별히 고려되어야 한다고 주장한다.

　에너지, 물질, 정보를 처리하는 인간 능력이 더욱 복잡하게 진화함에 따라, 도시 역시 그런 진화 능력을 반영하기 위해 늘 반응했음을 알 수 있다. 이 점이 반영되어 있는 3장의 지도 4에서는 자라고 성숙해질수록 복잡해지는 도시의 구조를 분명히 보여준다. (범위와 위치 면에서) 이러한 기능에 대한 증거 자료를 원한다면 도시의 기록 보관소나 역사적 건물과 고고학적 기록(이 장의 사이드바 〈발명이 기반 시설을 바꾸다〉 참고)을 보면 된다.

## 수용 용량 및 여러 심각한 사실들: 건설된 도시와 생태 지역의 관계

도시가 인간의 요구에 맞게 맞춤형 해법을 점점 더 능숙하게 만들어내고 있지만, 도시 시스템이 의존하고 있는 궁극적인 인프라, 다시 말하자면 행성의 수용 용량과 도시는 점점 더 단절되고 있는 듯하다. 도시가 생필품을 점점 더 먼 곳에서 수입하고(예를 들어, 당신이 먹는 음식은 평균 2400 내지 3200킬로미터를 여행하여 식탁에 놓인다) 과도한 쓰레기와 오물을 발생 위치에서 가능한 한 멀리 떨어진 곳으로 내다버린다 할지라도 각 도시의 수용 용량은 생태 지역과 밀접하게 관련되어 있다.

도시의 구조적 뿌리를 생태 지역 안에서 분명히 볼 수 있다면, 도시는 생태 지역에 대한 관리 책임자 역할을 맡음으로써 도시의 이익이 최고로 보호됨을 볼 수 있다. 그러나 여러 강력한 도시의 역사가 19세기 유럽의 인구 과잉 도시에서 유래했기 때문에 도시의 습성은 쉽게 사라지지 않는다. 분봉을 하도록 유도되는 벌집과 마찬가지로, 1800년대에 유럽 도시에서 폭발한 인구는 드 란다가 '신유럽'이라고 부르는 곳에—북아메리카, 아르헨티나, 호주, 뉴질랜드의 온난한 지역에—식민지를 개척했다.[1] 그곳에서는 옛 고향의 삶의 조건이 그대로 복제되었고 유럽 사회와 유사하게 문화, 농산물, 가축이 완비된 사회를 창조할 수 있었다. 실질적으로 신세계 사회에서는 진정한 유럽 스타일 생태 시스템을 육성할 수 있었다. 도시의 생태 시스템에는 단축된 먹이 사슬이 필요하며 방식 하나가 발견되면 그 방식은 거의 변하지 않으면서 다른 모든 방식을 무찌른다고 드 란다는 설명한다.

역설적이게도, 도시의 먹이사슬 길이가 짧아져도 도시는 생태적 맥락과 더 단절되고 있다. 근본 원인은 도시에 목적과 전망이 부재하기 때문이다. 도시의 사령관이 도시와 거버넌스 시스템이 내부 조건과 외부 조건 모두의 건강을 책임져야 한다고 생각하지 않는다면 캘거리처럼 스프롤 현상이 계속 발생할 것이고, 피닉스처럼 만성적인 물 부족에 시달리는 도시와, 멕시코시티처럼 극심한 인구 과잉과 가난을 겪는 거대 도시와, 상하이나 베이징처럼 숨 쉬기도 위험한 유독한 도시를 만들어낼 것이다.

이런 딜레마에 대한 강력한 처방은 생태발자국에서 시작된다.[2] 생태발자국은 어떤 도시든 생활방식의 상대적 효율성을 보여주기 위해 에너지, 특히 탄소 기반의 연료 사용량을 측정하는 방식을 만들었다.

기후 변동 영향에 대한 인식이 빠르게 높아짐에 따라[3] 생태발자국, 탄소발자국, 기후변화가 제공하는 경고 신호는 모두가 모니터링해야 할 결정적인 활력 징후이며 그 신호가 주는 피드백에 근거하여 행동을 바꾸어야 한다는 새로운 인식이 자라고 있다.

간단히 설명하자면

1. 생태발자국으로 식량을 재배하고 에너지를 생산하고 건물을 세우고 쓰레기를 치우는 데 필요한 공간의 양을 계산한다. 생태발자국이 도시의 실질적 물리적 발자국보다 커져 지구 공간을 더 많이 차지할수록, 도시는 도시 생활을 유지하기 위해 더 많은 자원을 수입해야 한다. 물 소비량을 재기 위해 수도 계량기를 고안한 것처럼 개별 소비에 근거하여 한 사람의 생태발자국 크기를 계산하는 일이 이제 가능하다. 리스

와 웨커너겔은 생태발자국이 우리의 생활 표준을 뒷받침하는 데 필요한 토지의 크기를 측정한다고 말한다. 이들은 지구에 사는 모든 사람이 선진국 수준으로 산다면 지구 세 개가 필요하다고 추정한다.[4] 그러므로 토지 사용을 유지할 수 있도록 우리의 생활방식을 조절해야 한다고 주장한다. 도시가 그 도시의 생태 지역과 직접적인 관계가 있으며 (생태 지역에서 생산되지 않는 상품을 수입하는) 나머지 세계와의 관계에 대해 강제적인 책임이 있다는 것이다. 생태발자국과 주도적인 관계를 설정하려면 회복과 지속을 가능하게 하는 활력 징후 지표가 필요하다. (수돗물 배급처럼) 선명한 선택을 내리고 (피크 타임에 전기 사용을 줄이는 것처럼) 행동을 결집하는 데 필요한 양성 피드백 고리가 쉽게 보이게 만들 수 있다.

2. 탄소발자국에서는 화석연료 연소 시 생산되는 이산화탄소와 온실가스의 양을 계산한다. 공기 중에 이산화탄소가 더 많이 생길수록 기후는 더 따뜻해진다. 몬비오의 계산에 의하면 1.5도(혹은 그 이하)만 기온이 올라도 저지대가 침수되어 4억 명의 난민이 발생하고(혹은 죽고) 또 다른 500만 명이 굶주리고 존재하는 종의 18퍼센트가 멸종할 것이다.[5] 그는 이산화탄소에 요금을 부과하고 어떤 생활방식이든 도시나 거버넌스 당국이 이산화탄소 배출량을 조절해야 한다고 주장한다.

3. 생태발자국과 탄소발자국은 도시의 건강한 기능을 위해 실질적인 제약을 가한다. 도시가 도시의 부양 능력뿐 아니라 지구의 부양 능력 이상으로 살고 있지 않은지 알려주는 지표다. 도시와 에너지 및 물질 자원 사이의 단절과 부조화를 측정할 충분한 정보를 가진 시대가 울리는 첫 번째 경고음이다. 또한 우리가 기다려온 피드백 고리다. 도시가 지구 건강에 미치는 영향을 우리가 더 이상 무시할 수 없다는 점을 사람:토지:에너지의 비율이 분명히 보여주고 있다.

벌집 비유로 다시 돌아가면, 이 자료들이 모두 도시에서 지속 가능한 삶과 관련 있다는 점에 놀라서는 안 된다. 벌집은 함께 유지하는 환경과 관계 있다. 벌집을 뒷받침하는 꽃을 생산하는 데는 일정량의 토지가 필요하다. 더 구체적으로 꿀벌은 탄수화물원인 꿀과 단백질원인 꽃가루가 필요하다.

또한 꿀벌은 그들 세계의 온도를 다루어야 한다. 삶의 조건이 열을 상승시키는 환경이 되면 벌집의 이상적 온도인 36도를 유지하기 위해 꽃가루보다 물을 더 많이 채취한다. (야생이든 인공이든) 벌집의 모양과 크기는 진화를 거쳐 최적 크기의 '꿀벌 공간'을 지니고 일정한 수의 꿀벌(대략 5만)을 수용하게 되었다. 꿀벌이 같은 양의 에너지를 밀랍 1킬로그램 생산에 쓸지, 꿀 8킬로그램 생산에 쓸지를 결정하는 것은 벌집의 방 구조와 움직일 수 있는 공간의 비율로 정해진다. 따라서 인공 벌집을 돌보는 양봉가는 생산적이고도 지속 가능한 벌집이 되도록 최적의 조건을 설계하고 유지한다.[6]

이 같은 사실에서 도시 삶의 질을 최적화하려면 인구의 크기와 밀도, 토지, 열 방출을 모두 고려해야 한다. 살 만한 지역에 살기 좋은 도시를 만드는 것은 도시 거주자의 기분 좋은 경험을 훨씬 넘어서는 일이다.

기본적으로 생태 지역이 유지되지 못하면 도시도 유지될 수 없다. 도시와 생태 지역은 함께 지속 가능해야 한다. 도시와 생태 지역의 회복력 및 도시와 생태 지역의 지속 가능성에 기여하는 요인들, 그리고 그 요인들이 지구의 회복력과 지속 가능성에 기여하는 요소들은 현실적인 과학이다.

도시의 회복력은 인간 시스템의 둥지가 도시 및 그 생태 지역의 삶의 조건에 적응할 수 있다는 뜻이다. 다이아몬드(2005), 라이트(2004), 호머-딕슨(2006)은 생태발자국과 도시의 열 방출 사이 관계를 인식하고 적절하지 못한 행동의 결과로 도시가 회복되지 못하고 사라져버린 순간을 기록하고 있다. 이러한 정보에 비추어보면, 눈에서 사라져버린 도시 아틀란티스의 전설은 새로운 의미를 가지게 된다. 우리는 현대의 아틀란티스를 초래할 지구의 조건을 만들고 있지는 않은가?

(다이아몬드, 호머-딕슨, 라이트가 기록해온) 도시와 자원의 어두운 그림자 사이의 잔혹한 관계에 대한 설득력 있는 경고는 에너지와 물질, 정보 사이의 관계가 우리가 끊임없이 조정해야 할 문제이며, 궁극적으로는 삶과 죽음의 문제임을 다시 한 번 일깨워준다. 도시는 이제 경계 안의 건강과 생태 지역의 건강에 주의를 기울이는 동시에 책임을 질 만큼 성숙해져야 한다.

**≫ 누가 무엇을 위해 어디서 얻은 어떤 자원으로 누구를 어떻게 살아가게 하는가?**

이는 도시의 지속 가능성 변수를 정의하는 명쾌한 질문이다. 도시가 수집하고 소유하고 있는 자료를 끌어내고 도시의 기능, 자원, 교환 시스템 및 에너지 흐름을 파악하며, 자신의 수준에 맞게 살기 위해 소비 수요와 개발 정책과 거버넌스 시스템을 분석하고자 던지는 질문이다.

이탈리아 토스카나 주에서 시작된 슬로푸드 운동과, 지역에서 나는 것을 먹자는 100마일 식사 운동의 창시자들은 단순히 일상적인 식생활과 관련 있는 것으로 이 질문에 답하려고 한다. 장바구니 식품을 더 멀리서 가져오면 로컬푸드 생산자의 권리뿐 아니라 로컬푸드 소비자의 권리도 박탈하는 것이다. 하지만 그 도시의 생태 지역에서 나는 먹을거리를 먹고자 한다 해도 밀(혹은 제분된 곡물)이나 식용유, 콩 같은 주요 식량이 그 지역에서 나지 않으므로 전부 그렇게는 못 할 것이다(이 장의 사이드바 〈풍요함의 유출에 영향을 주다〉 참고).

## 보이지 않는 것을 보이게

집합체 및 건설로 만들어지는 도시 구조물은 인간 시스템의 확장으로 도시 인구가 가까이 밀집하여 살게 한다. 건설된 구조물은 인간이 사용하기 위해 창조한 불변의 도구나 물건인 것처럼 종종 인공물이라 불린다. 그러나 통틀어 시스템으로 간주되는 도시 구조물은 실용적일 뿐 아니라 인간 존재를 드러내는 기능이 된다. 우리는 구조물을 하부 구조(표면 아래)와 상부 구조(표면 위)로 분류한다. 그러나 제임스 그리어 밀러(1978) 팀이 개발한 분류 시스템은, 충분히 멀리서 본다면 건설된 환경과 인간 시스템의 기본 기능이 이음매 없이 연결되어 있음을 인식하고 있다.

건설된 환경으로서 도시의 역사는 더 많은 사람이 함께 살 수 있도록 인간 시스템의 내부(그리고 일반적으로 보이지 않는) 기능을 표면화한 역사다. 도시에서 주변을 돌아보면 실제로 신체의 기본 기관에 해당하는 기능을 뚜렷이 볼 수 있다. 더욱이 도시에 발만 딛고 있어도 공기의 질이나 물, 식량, 쓰레기 처리, 신체 보호(옷과 집), 이동, 온도 조절, 정보 교환, 휴식과 회복을 위해 그런 시스템에 의존하게 된다.

---

### 생물학적 흉내

건축가 윌리엄 맥도너는 자연환경에 적응하고 햇빛에 반응하고 녹색 지붕을 지탱하며 '살아갈' 건물을 실험하고 있다. 건축가 크리스토퍼 알렉산더는 건물 중심과 외피와 공간이 함께 창조되는 살아 있는 세계를 이해 당사자와 미래 건물 사용자와 함께 설계하면서 '생명현상'을 실험하고 있다. 그는 가난한 멕시코 일꾼부터 일본 대학생, 시골과 고도로 도시화된 커뮤니티의 주택 소유주까지 모든 사람들과 함께 일한다.

## 인간의 사회적 구조물을 인공물과 구별하다

호모 사피엔스 사피엔스의 진화로 지구상 모든 인간 집단에서는 사회 구조물이 생산되었다. 사회 구조물의 건축 양식에서는 늘 (단일 층만 있더라도) 어느 정도의 계층 구조와 중심을 지니는 조직 구조가 생겼다. 이러한 복잡성의 계층 구조는 삶의 조건이라는 복잡성에 대한 직접적 반응에서 나온다. 삶의 조건은 자연 세계(암석-지리-생물-인지적 발달 수준을 구성)라는 맥락에서 인간이 만든 세계의 환경과 생태로 정의될 수 있다. 자연 세계가 진화를 거치면서 구조가 더 복잡해진 것과 마찬가지로, 인간 시스템도 자연 시스템으로서 복잡성이 증가하는 방향으로 진화한 것은 아주 자연스러운 일이다. 그 방향은 일반적인 것이지 확정된 것이 아님에 유의해야 한다. 복잡한 삶의 조건으로 인해 짧은 시간 내에서는 지연과 반전이 일어나지만 우주적 규모에서 일반적인 진화의 방향은 더 큰 복잡성을 향한다.

조직 구조의 중심이 항상 기하학적 혹은 지리학적 중심인 것은 아니다. 실질적으로 가치의 중심이며 그곳에서 구조의 나머지 부분으로, 또 그 역으로도 흐름이 형성된다. 따라서 조직 구조의 중심은 에너지 중심이자 힘의 중심이기도 하다. 도시에서 삶의 조건이 바뀜에 따라 도시의 '우주 중심'(다음 장에서 논의)이 변하며 구조 중심도 변한다. 마을과 소도시의 조직 중심과 구조 중심은 시장과 광장이다. 전근대 도시의 경우, 중심은 시청이었다. 현대 도시의 경우 금융 지역이고, 포스트모던 도시의 경우 커뮤니티 센터이며, 통합도시에서는 서로 쉽게 접근할 수 있게 네트워크를 이룬 허브다. 통합적 건축가와 도시 계획가는 가치를 강화하도록 중심을 설계한다.

건축 기술이 변함에 따라 구조물도 차원이 높아졌고 사람들은 여러 가치 중심에서 멀어졌으며 건설된 도시의 규모에서도 멀어졌다. 건축가 크리스토퍼 알렉산더는 생명의 조건(2장에서 논의)을 적용하여 살아 있는 중심부터 설계할 뿐 아니라 자연스러운 '외피' 즉 경계의 위치도 정한다. 통합도시에서 구조물의 설계 조건은 시민의 가치관을 초월하면서도 내포하여 생명력을 주는 중심과 자연적인 경계에 사람과 구조물의 기능에 도움이 되는 특성을 부여한다. 기능에 따라 경계는 시장 지역처럼 열려 있고 투과를 허용할 수도 있고, 업무 구역처럼 닫혀 있고 보호되어 있을 수도 있고, 교통 시설처럼 반투과성이지만 굳건한 형태일 수도 있으며, 공원 설비처럼 눈에 보이지 않지만 사람에게 공인된 것일 수도 있다.

도시를 구성하는 계층 구조와 중심을 고려한다면, 도시가 왜 인간 사회의 출현에서 정점을 이루는지 쉽게 이해할 수 있다. 도시는 시공간상 인구가 집중적으로 밀집되어 있어 지금까지 창조된 것 중 가장 복잡한 형태의 사회 관리 시스템이 필요하다. 덧붙여 인간 시스템의 확장체를 건설된 형태로 전환하는 데는 생명체에게 필요했던 것 중 가장 복잡한 형태의 구조 관리 시스템이 필요하다.

따라서 생물과 무생물 모두 구조화되고, 그 구조들은 공존하면서 얽혀 있다. 의도적 목표를 달성하기 위해 인간 구조human structures의 구성 요소가 등장한다. 우리는 우선 생존에 기여하는 전략을 수행하며 그다음에 웰빙에 매우 중요한 것으로 간주되는 가치의 계층 구조를 달성하고 지지하는 면에서 기초 작업primary work을 규정한다. 제2작업secondary work과 제3작업tertiary work은 기초 작업에 기여하는 시스템을 지원한다.

기초 작업, 제2작업, 제3작업을 지지하면서 우리는 집합적 기능을 가능하게 하는 팀과 조직 구조, 도시 구조를 만들어냈다. 그 구조들의 형태나 질감, 인체 공학적 특성은 그것을 창조하고 사용하는 사람들의 생물-심리-문화-사회적 특성을 반영한다. 구조들은 다시 산물과 소득을 만들어내는 노동력의 과정과 순서, 관계를 지시하며 그 내부와 주변에서 누가 일하고 살고 놀며 쉴지를 결정한다.

인간의 사회적 구조물이 만들어내는 에너지장의 영향은 측정할 수 있지만, 현재 그 방법은 다소 원시적이다. 예를 들어 사람이 많이 모였을 때 방의 온도가 올라가는 것을 잴 수 있다. 투표 집계로 사람들이 투표하는 양상을 살펴볼 수 있다. 멀리서 보거나 여러 명이 한 사람의 치유를 위해 기도하는 등 상호주관적으로 보이는 효과에서 객관적인 성과를 측정하는 통계학적 유의성도 잴 수 있다. 현재는 방법론적으로 연구되고 있지만, 기기가 발달하고 향상을 이해함에 따라 생물물리적 근접성이 집합적 인식론(앎의 방식)을 위한 조건을 형성한다는 사실을 알게 될 것이다. 기기가 발달하고 복잡성을 이해함에 따라 작업 시간뿐 아니라 의도라는 마음의 범주도 측정할 수 있을 것이고, 그러한 앎의 방식을 최적화하려면 사회 형태를 어떻게 구조화해야 할지, 그 효과를 증폭하려면 어떻게 구조를 설계해야 할지 알게 될 것이다(이 장의 사이드바 〈생물학적 흉내〉 참고).

이런 방식으로 인체의 확장체인 인공물이 인간 행동과 지능을 반영하고

## 발명이 기반 시설을 바꾸다

에너지를 소비하는 이동 시스템으로서 자동차가 말을 대체하자, 자동차를 지원하는 기반 시설이 가두 풍경을 지배하게 되었고, 디트로이트에서는 헛간 대신 주유소가 들어섰다. 정보의 전달과 보관 수단으로 컴퓨터를 선호하게 되자, 런던에는 휴대용 컴퓨터 사용을 지원하는 무선 통신 기반 시설이 설치되었다. 기술이 발달하여 정보 처리에서 새로운 선택 사항을 제공함에 따라 도시의 정보 생산자가 변했고, 편집자는 오리건의 아스토리아에서 에스프레소를 마시고, 기자는 뉴욕에 있고, 블로거는 자신의 집에서 웹 서핑을 한다. 건설 자재의 발달로 북아메리카의 산업 단지와 일본의 주거 건물이 조립식으로 세워질 정도로, 빠르고 쉽고 저렴한 건설이 가능해졌다.

증폭한다는 것을 알 수 있다. 아마도 인체와 인공물의 분리는 현실이라기보다 환상일 것이다. 분명히 인공물은 인간의 삶에 도움이 되는 한 떼어놓을 수 없는 삶의 일부다. 인공물 덕분에 인간의 능력이 증폭되고 훨씬 더 큰 복잡성이 출현할 수 있다.

기능이 인간의 삶에 기여하기를 오래전에 멈춘 곳에서 그곳을 사용하지 않는 눈으로 인공물을 볼 때만 그 물질 구성 요소에 초점을 맞추게 된다. 이스터 섬의 기괴한 암석과 마야 신전, 클론다이크 트레일의 탄광촌이 그랬다. 더 이상 에너지장은 발생하지 않고, 구조물을 통한 에너지와 물질의 흐름만 무생물 구조가 나타내는 아주 느린 변화 속도로 측정된다. 그러나 돌과 벽이 말을 할 수 있다면 돌과 벽은 과거 사회를 가능하게 했던 인간 시스템의 정보와 에너지장을 어떻게 끌어안았는지에 대해 구조 속에 묻혀 있는 이야기를 털어놓을 것이다. 장소와 인간의 관계가 일단 끊어지면, 살아 있는 에너지가 더 이상 활발하게 움직이지 않고 무생물 구조 속에 단지 수동적으로 묻히고, 남아 있는 비활성 구조물만이 인간이 한때 이 특정 장소에서 집합적인 삶의 공식을 어떻게 풀었는지 알려준다.


## 기반 시설과 자원 배분

도시 계획에는 도시를 기획하고 펼쳐 보이는 이론이 풍성하다. 대부분의 도시에서 도로 지도를 보면 표면 아래의 기반 시설을 피상적으로나마 알 수 있다. 도로는 표면에 드러나 있는 부동산에 접근하는 길을 제공하므로 도로 아래에(혹은 옆이나 위에) 상수도와 하수도, 전기, 가스, 전기 통신 및 대중매체의 통로가 있음을 경험적으로 짐작할 수 있다.[7]

기반 시설이 갖추어지려면 시설을 만드는 설계자나 기술자, 정비공, 공사장 인부가 필요하고, 그들이 일하기 위해 조직화가 이루어져야 한다. 게다가 도시의 기반 시설이 갖추어지면 그에 의존하는 다른 모든 시설을 건설할 수 있다. 따라서 기반 시설은 도시를 제한하기도 하고 도시의 한계를 정하기도 한다. 이는 궁극적으로 도시로 들어와서 도시 내에 존재하는 자원이 어떻게 어디에 할당되는지 규정한다.

기반 시설 시스템은 본질적으로 도시의 생명 설비다. 케이트 아셔가 『뉴욕의 해부*Anatomy of New York*』에서 생생하게 설명했듯이 도로와 지하철, 교량, 터널, 철도, 물, 대기, 시장을 통해 도시에서 사람과 화물이 움직일 수 있게 하며, 전기·가스·스팀 형태의 에너지 공급, 전화·전자 우편·전자 통신 시스템, 물·하수·쓰레기의 흐름을 가능하게 한다.[8] 이 설비가 무너지면 조화로운 구조가 깨지고 업무 수행에도 차질이 생긴다. 선발된 집단을 대상으로 에너지와 식량의 자급자족을 포함하여 여러 방식으로 설비 없이 지내는 생활을 실험 중이다.[9]

엘리엇 자크의 업무 시스템에 관한 견해에 대해서도 똑같이 이야기할 수 있다.[10] (조직 구조, 조직화 과정, 개별 가치관과 역량에 담기는) 역할 관계가 적절치 못하면, 인간 시스템에는 오류가 생기고 업무 수행에 차질이 생긴다.

따라서 기반 시설과 인간 조직 구조가 정렬되면 지능이 최적화된다. 나선형 역학Spiral Dynamics을 통해 그레이브스의 연구를 살펴보면,[11] 인간 구조와 인간 가치 사이의 상관관계를 보여주는 인간 조직화 시스템의 자연적 구조 여덟 가지를 확인할 수 있다. 그 구조는 도표 7.2에서 간단히 보여준다. 이 구조에 관한 기본 설명은 버크민스터 풀러의 크리스털 자연 시스템에 관한 연구나 형태의 복잡성 증가를 연구한 베넷의 계통학에 나온다. 그 구조는 다음과 같이 설명할 수 있다.

**수준 1** 가족 집단

**수준 2** 부족 집단

**수준 3** 권력 기반의 계층 구조

**수준 4** 권위 기반의 계층 구조

**수준 5** 전략적 계층 구조 시스템

**수준 6** 사회적 네트워크

**수준 7** 자기 조직화 시스템

**수준 8** 지구적 인지의 장

## 자원을 재생하는 책임감

꿀벌이 그들 세계에서 개발한 가장 매혹적인 구조적 관계 중 하나는 에너지원의 유지와 관련 있다. 들판과 농장과 과수원의 꽃이 녹색 에너지의 원천

도표 7.2. 인간의 구조 조직화를 보여주는 계통도.
출처: Beck & Cowan, 1996.

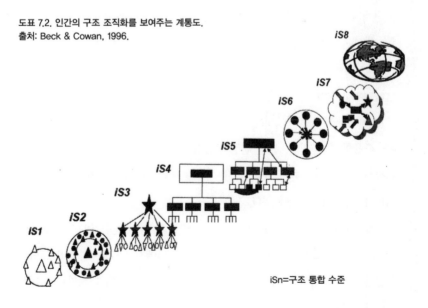

iSn=구조 통합 수준

일 뿐 아니라 꽃과 함께하는 꿀벌의 활동이 에너지 공급을 영원히 가능하게 한다. 꽃을 수분함으로써 꿀벌은 매년 에너지 공급을 보증하는 생명의 원천을 회복시킨다.

통합도시는 생태 지역과의 관계에 대해 비슷한 관점을 지녀야 한다. 생태 지역을 당연시하거나 그 자원을 착취하거나 풍경의 가치만 평가하거나 수동적 관계를 형성하는 대신 도시는 생태 지역의 하천 유역과 농장의 건강 상태, 어쩌면 녹색 에너지원의 건강에 대해서도 지극히 관심을 기울여야 한다.

인간의 역사 초기에 정착지의 생태 지역은 분명히 식량과 집 지을 재료와 연료의 원천이었을 것이다. 하지만 정착지에 인구가 증가함에 따라 일반적으로 생태 지역은 도심부터 더 심하게 훼손되었다.

가비오따스 같은 실험에서만 실질적으로 재생 가능한 정착지를 만들려고 시도해왔다. 모든 도시가 생태 지역에 대해 관리자 역할을 맡는다면 어떻게 될까? 도시와 시골의 상호 관계가 책임과 의무, 합의에 의해 소중히 이루어지면 어떻게 될까?

현재의 경제는 도시와 시골이 서로 관련 없는 듯 작동한다. 어떤 지역에서는 생산물의 상당량이 종종 그 지역 도시의 수요보다는 수출을 위해 경작된다. 이 때문에 생태 지역의 활력이 대부분의 도시 사람에게 보이지 않고, 그들은 생태 지역의 건강 상태를 인식하지 못한다.

비슷하게 생태 지역에서는 소유주의 경제적 이익을 위해 토지 기반의 자원을 사용할 수 있지만, 은행 업무와 금융 거래는 불가피하게 도시의 자원을 사용한다. 온라인 은행 업무와 금융 거래가 널리 퍼지고 있지만, 일반적으로 금융 기반 시설은 도시에 있다.

화석연료에 의존하기 때문에 도시는 생태 지역과 독립적인 것처럼 보인다. 일반적으로 모든 도시에서 멀리 떨어진 지역에서 나오는 화석연료 덕분에 현대의 도시 생활이 가능한데, 우리는 최근에 들어서야 화석연료의 대체재를 상상하기 시작했다. 도시는 헤로인 중독처럼 화석연료에 의존하고 있다.

대안은 재생 가능한 에너지원의 혁신적 개발에 있다. 태양광이나 풍력, 조력, 녹색 (에탄올) 에너지 같은 자연 원천의 조합으로 각 생태 지역이 지속적으로 재생 가능한 에너지를 생산할 잠재력을 얻는다. 이런 가능성으로 꿀벌과 자연적 에너지원의 관계와 매우 유사한 그림을 그려볼 수 있다. 모든 통합도시가 식량과 연료의 원천을 관리하고자 생태 지역의 녹색 들판에 책임을 진다면 (그리고 태양광, 풍력, 조력 사용에 전문가가 된다면) 어떤 일이 벌어질까?

빌 맥키번, 알리사 스미스, 제임스 맥키넌 같은 로컬푸드 지지자들은 그런 관계를 옹호한다. 비슷하게 캐나다 기업가 켄 필드는 재생 가능한 녹색 연료를 모든 도시에 제공할 수 있는 기술을 개발하는 데 투자했다. 조지 몬비오는 모든 에너지원 세트(바람, 태양, 물, 화석연료, 핵에너지)를 지역 자원에서 구비하자고 주장한다.

도시−시골 관계의 예는 우리의 무척추동물 사촌인 꿀벌에 대한 감탄을 불러일으키며, 생물학적 흉내[12]가 상품 생산에만 강점을 보이는 것이 아니라 통합도시 같은 온전체의 기능에도 영감을 줄 수 있음을 알려준다. 재닌 베니어스는 자연계의 기능을 흉내 냄으로써 심오한 통찰을 얻어 강철보다 강한 섬유를 만들고(거미줄), 자연의 처방전으로 치유하고, 창조적 폐회로술(creating closed-loop commerce. 제조 공정에서 나온 폐기물을 처리해 재활용하는 시스템—옮긴이), 광합성으로 태양 연금술을 발휘할 수 있음을 보여주는 데 10년을 바쳤다. 맥키번, 스미스, 맥키넌은 그런 실천을 하면 슈퍼마켓 유통업자가 아니라 생산자에게서 직접 구매하는 관계망을 형성해 민주주의가 바로 선다고까지 주장한다.

## 온전체, 더미, 적합성 지형: 의도적 설계 대 의도하지 않은 결과

이 책 곳곳에서 주장하듯이 우리는 도시를 온전체로 본다. 사상한과 통합지도를 사용하는 것은 지도가 곧 영토라는 뜻을 전하려는 것이 결코 아니다. 그렇지만 주의 깊은 렌즈로 사용되는 사상한은 서로 다른 견해를 보여주는 여러 관점을 식별하는 데 도움을 준다. 인간 시스템과 하위 시스템이 프랙털과 홀론으로 존재함을 이해하는 데도 도움이 된다.

문화 상한처럼 사회 상한의 경우에도 사회적 홀론의 생물학적 실체에 담긴 매우 실질적인 차이를 무시하고 단순히 표준이나 평균의 집합으로 보고 싶은 유혹에 빠진다. 표준에 초점을 맞추는 실수를 저지른다면, 우리는 물질 '더미'를 이해하려고 애쓰는 셈이 된다.

그 대신에 사회 상한에서 개인의 역동적인 특성을 염두에 둔다면 사회적 홀론의 특성이 대체로 인구통계 역동성으로 정해진다는 점을 이해할 수 있다. 베이비부머 세대에 관한 디치월드의 연구[13]는 "인구통계가 우리의 운명이 될 수 있었다"고 제대로 경고한다. 사회적 홀론의 역동성은 나이, 성별, 인종, 키, 몸무게 같은 생물학적 분류 체계와 그 요소들의 가중치에 의해 영향을 받는다.

인구통계는 누구와 함께 누구를 위해 어떻게 도시를 건설할지에 영향을 준다. 도시를 통해 흐르는 자원의 유형을 결정하며, 대체로 도시의 모든 사람을 위해 누가 결정을 내릴지도 결정한다. 따라서 문화적·사회적 인구통계 맥락에서 사람들의 생물학적 특성과 의도가 단체의 지도자가 될 개인을 결정할 것이다. 우리의 친구인 꿀벌들 사이에서 순응 집행자와 다양성 제공자의 관계로 돌아가 생각해본다면, 사회적 홀론 내에서 인구통계 세트가 클수록 전체 사회에 미치는 영향도 클 것이고 순응 집행의 방향을 설정할 가능성도 높아진다.

도시는 전후 베이비부머들의 우세로 과잉에 대한 교정 작용을 하는 핵심 피드백 메커니즘 하나를 잃어버린 시대까지 진화해왔다. 사실상 전 세계에서 식량을 수입하며 우세한 인구통계 집단의 영향을 확장하고 강화한다.

시스템의 가장자리는 표준을 따르지 않는 사람들, 즉 다양성 제공자들에 의해 규정될 것이다. 과거에는 자연계에 자기 교정 기능이 있어서 도시의 순응 집행자들이 역할을 다 했을 때 다양성 제공자들이 새로운 시스템 해법을 내놓고는 했다. 그러나 아웃소싱 영역이 넓어지면서 순응 집행자들의 주기가 길어졌고 우리는 행동을 바꾸는 데 늦을지도 모른다. 다이아몬드, 호머-딕슨, 라이트는 이를 돌이킬 수 없는 지점으로 언급한다. 역설적이게도 그러한 시점은 순응 집행자 영향력의 절정peak point 직후에 나타나는 경향이 있다. 따라서 사회는 그러한 티핑포인트를 지났음을 알아차리지 못한 채 마지막 나무를 베고, 마지막 남은 물을 쏟고, 마지막 곡물을 소비한다. 미처 의도하지 못한 설계에서 의도하지 않은 결과가 나온다.

복잡성 과학에서는 살아 있는 시스템이 환경에 적응하는 것을 '적합성 지형fitness landscapes'으로 이해한다. 현재의 진화 단계에서는 사실상 어떤 도시도 지형에 잘 들어맞지 않는 것 같다. 이는 대체로 환경적 적합성 지형이라는 맥락을 포함하여 온전체 관점에서 도시를 보지 못했기 때문이다. 도시와 환경 사이에서 균형을 잡으려면—도시의 삶을 지속 가능하게 하려면—도시의 지형에 맞는 생활방식을 찾아야 한다.


**관계를 표명하다: 인간과 인공물에서 중요한 것**


사람과 세워진 인공물을 아우르는 사회 상한은 겉으로는 구조물, 시스템, 기반 시설을 포함한다. 이는 관계를 구체화하고 표명하는 것이다. 도시의 사회 구조에 새로운 질서를 세우려면 관계가 현재 어떻게 존재하며 어떤 상태로 바뀔지 이해해야 한다. 그렇게 함으로써 시민인 개인과 조직을 위한 적합성 지형을 창조하기 위해 도시를 구조화해야 하는 복잡성의 방향을 잡을 수 있다.

생존이나 유대, 개인의 힘, 질서, 생산성, 공유, 주고받음, 세계 인식 등 도시의 개인들에게 중요한 것은 도시가 성공하는 데도 필수적이다. 지속 가능성을 연구하든 행복을 연구하든, 이 같은 일반적 가치는 도시의 바람직한 특성 목록에 늘 등장한다.[14]

---

## 풍요함의 유출에 영향을 주다

캘거리 시에서 폐기물 처리를 하는 마이크 샐리는 폐기물 관리가 기술로 풀 문제만은 아니며 문화적·사회적 해법이 필요함을 알아차렸다. 그는 시의 폐기물 증가 문제에 대응하면서 이에 대해 우리가 어떻게 하고 있는지 물었다. 그는 편리성이나 처분 가능성, 탐욕, 새로움을 좇는 풍요로운 문화와 경제에서 유출은 서서히 그 영향을 나타내므로 개인이 책임감을 가지고 '스스로 지키려는 노력'을 기울이고 폐기물 관리자를 도와야 효과적으로 해결될 수 있다고 말한다. 지구과학자 캠 오언은 낭비적 소비의 잠재 요소를 파악하기 위해 사상한 분석틀을 제안한다. 주관적·상호주관적·객관적·상호객관적 영역이 고려될 수 있다. '우리의' 낭비적 소비에는 다음과 같은 원인이 있을 수 있다.

- (좌상) 인식 부족, 관심 부족(스스로 관련성을 느끼지 못함), 의도성이나 자기 권한의 부족(예를 들어, 내가 영향을 미칠 수 없다는 믿음)
- (우상) 신체 능력과 힘이 부족하여 분리수거함에 접근할 수 없음
  (좌하) 남에게 뒤처지지 않으려고 사회 표준을 따르거나 '유감스럽기는 해도 건강한 경제를 위해 폐기물은 나올 수밖에 없다'는 문화적 미신을 따름

- (우하) 프로그램이나 설비나 기반 시설의 부족, 폐기물 제한이나 폐기물 감소를 독려하는 법과 규제 미비

사상한 분석틀로 원인을 밝히는 일은 전통적인 기술적/객관적 (우상한) 영역과, 고무적인 변혁적/주관적 (좌상한) 영역 모두에서 작동하는 통합적 전략 수립에 도움이 된다.

캘거리 시의 후원을 받는 폐기물 감시자 프로그램은 성실한 가족이라면 기존 프로그램과 설비를 이용하여 85퍼센트에서 97퍼센트까지 폐기물을 줄일 수 있음을 보여주었다. 논의된 다른 통합적 방안에는 다음과 같은 것들이 있다.

- '객관적/상호객관적' (우상한) 전략으로는
- 분리수거함 접근성 높임(여성과 어린이를 위해 뚜껑 경량화)
- 과도한 폐기물에 벌금 부여, 적게 버리기 장려 위해 종량제 봉투로 요금 부과
- 분리수거 프로그램 확대. 특히 (강력한 퇴비화 시스템을 개발하여) 하수에서 가장 큰 부분을 차지하는 유기 폐기물 처리

- '주관적/상호주관적' (좌상한) 전략으로는
- 다수 이해 당사자가 참여하는 '폐기물 전환 포럼'을 정착시켜 폐기물 수거업체, 산업체, 시민, 학계, 정부 간 소통 위한 공식 통로 마련
- 매립지에 교육 센터를 세워 인식을 바로세우는 현장 학습 기회 제공
- 폐기물에 대한 전일적 이해를 증진하는 교육 프로그램을 초등과 중고등 과정에 도입(초등 4학년과 중등 2학년에서는 이미 진행 중)
- 중등 과정 이후의 교육과 연결(나는 마운트 로열 칼리지의 교육과정에 인간 생태/지속 가능성을 고려하며 통합적 접근법을 취하는 과정을 개설하도록 로비를 벌였다)
- 지방자치정부 및 다른 정부 부처 사이의 의사소통 통로를 마련하고(특히 일괄 규제 법안이 연방 사법부에 넘어가 있을 때), 캘거리 같은 지속 가능한 비정부 기구와 의사소통 통로 마련
- 캐나다 지방자치 위원회 같은 조직과 연대하여 정보 공유
- 대중을 교육하고 폐기물 전환과 지속 가능 소비에 관한 활발한 대화에

시민을 참여시켜 일반인의 주도력 지원
• 지속적으로 '커뮤니티 기반의 사회적 마케팅'이라는 이상을 실행에 옮기고 '스스로 지키려는 노력'을 촉진

인간적인 우선 사항을 최적화하려면 적절한 적합성 지형이 더 필요한 듯하지만, 사실 그러한 지형은 인공물이라는 건설된 지형의 창조, 유지, 의도적 파괴에도 필요하다.

우리는 현재 건설된 지형이 지구온난화의 원인이 되어 더 크게 지형을 바꾸고 있음을 알게 되었고, 그에 대한 책임 역시 받아들여야 한다.[15] 그런 책임을 지기 위해 구조를 재정의해야 할까? 그렇다면 우리는 이 기념비적인 과업을 새로운 방식으로 접근할 수 있게 관계를 재정립하는 일부터 시작해야 한다. 사실 지구 자체와의 관계를 재정립하는 것부터 시작할 수 있다. 실질적으로 현재의 행동과 그로부터 발생하는 구조를 초월하고 품어 안아야 함을 의미한다. 이는 무제한적 확장, 경쟁적이고 파괴적인 관계, 세계에 대한 책임 없이 추구하는 권리 등 근본적인 가치관을 재보정하는 일에서 시작될 것이다. 권리와 책임, 구조가 정렬되는 체계적인 사고방식으로 전환해야 한다.

구조를 먼저 바꾸기로 한다 해도 그 안에서 상호 작용하는 사람의 관계도 반드시 바뀔 것이다. 교통수단부터 버스 터미널의 대합실까지 모든 설비와 공공장소의 크기와 접근성을 규정한 경험으로 이를 알고 있다.

**구조에 패턴과 과정의 기억을 담다**

앞에서 설명했듯이, 사람과 구조의 생물물리적 변화는 마음과 정서, 영

혼이라는 의도적인 실체에서보다 훨씬 더 천천히 일어난다. 신체와 구조로 모습을 드러내면서 우리는 구조물을 생산하는 사고 과정과 패턴의 기억을 기본적으로 그대로 담는다. 구조물은 눈에 보이는, 인간의 의도와 선택과 관계의 역사가 된다.

구조와 기반 시설은 우리의 사회적 역할을 반영한다. 인간의 역할을 수행하고자 우리가 창조한 공간을 보여준다. 사람들이 매일 살아가고 관계를 맺고 놀고 조직을 만들고 일하고 돌보며 시스템을 창조할 수 있게 자원을 할당한다. 그리고 각 구조 내에서 우리가 성과를 내기 위해 자신을 어떻게 조직화하는지 보여준다. 구조를 연구함으로써 복잡성 및 발달 수준과 관련하여 조직과 도시의 우선 사항이 무엇인지 밝힐 수 있다. (예를 들어, 수준 4의 우선 사항은 목표와 원칙이고, 수준 5는 이익, 수준 6은 사람, 수준 7은 행성이다.) 또한 업무 역할(누가 어디서 어떻게 누구를 이끄는지), 업무 생산(어디서 어떻게 일이 수행되는지), 사회적 관계(서열), 거버넌스 시스템(누가 누구를 다스리는지), 인프라와 산업 시스템, 정보 시스템을 밝힐 수 있다.

도표 7.1에서 설명한 조직적인 하위 시스템을 각 시스템 내에서 찾아볼 수도 있고, 하위 시스템을 통한 에너지와 물질, 정보의 흐름을 창조하고 유지하는 데 할당되는 자원을 알아볼 수도 있다. 구조 지도의 단면을 살펴보면 인간 가치관(수준 1부터 수준 8까지 각 복잡성 능력에서 지키고자 하는 중요한 것은 생존과 유대, 질서, 생산, 돌봄, 지속 가능성, 지구적 웰빙이다)에 기초하여 자원이 할당됨을 알 수 있다.

우리는 사람들이 그러한 구조를 지지하기 위해 수행하는 역할을, 역할 수행의 기간으로 나타낼 수 있다. 역할 기여의 시간 요소를 인식함으로써 인간 구조물을 유지하는 데 필요한 투자량과 업무의 복잡성을 모두 알아볼 수 있다. 이런 분석을 통해 구조는 의도를 지지하고 따라서 전략도 지지함을 알 수 있다. 엘리엇 자크의 연구[16]에서는 현대의 업무 역할이 8단계로 나누어지며 각 단계는 업무 결정에 허용되는 자유재량 기간을 나타내는데 그 기간은 단계마다 실질적으로 2배가 된다. (이 단계들은 나선형 역학에서 사용된 것과 동일한 눈금이 아님에 유의하라.) 기간은 (생산직의) 3개월 이상부터 (국제 CEO직의) 50개월 이상까지 다양하다. 따라서 조직의 영향을 받는 자유재량 기간뿐 아니라 측정되는 도시 인력의 능력도 나타낼 수 있다. 이론적으로 출생부터 교육을 받고 일하고 죽음에 이르는 전 생애에 걸쳐 인간 시스템에 필요한 투자를 계산하는 핵심 요소가 된다. 이런 계산은 개인의 삶과 지속 가능한 생태계 유지에 필요한 에너지 측정을 돕는다. 종합해낸다면 우리는 꿀 18킬로그램에 해당하는 것을 산출할 수 있을 것이다. 어마어마한 규모이겠지만 이 필요한 계산에는 보험 회계의 과학도 틀림없이 적용될 것이다.

토머스 호머-딕슨은 로마 콜로세움을 짓는 데 쓰인 에너지양을 계산하면서, 그와 비슷한 접근법으로 에너지와 구조의 관계를 이해하려고 했다.

콜로세움을 세우는 데는 440억kcal 이상의 에너지가 필요했다. 그중 340억kcal 이상이 재료 운송에 동원된 소를 먹이는 데 주로 쓰였다. 그리고 5년 동안 인부 2135명이 매년 220일간 일했는데, 계산하면 숙련공과 비숙련공 인부에게 공급된 에너지는 100억kcal가 넘었다.[17]

더 나아가 호머-딕슨은 건축물을 세우는 데 필요했던 에너지양을 곡물 생산에 필요한 땅의 크기로 환산했다.

콜로세움을 세우는 5년 동안 로마인들은 밀과 알팔파를 키우는 데 해마다 적어도 $19.8km^2$와 $35.3km^2$를 바쳐야 했다. 모두 합한 면적이 $55km^2$이며, 이는 거의 맨해튼 섬 크기에 해당된다.[18]

구조물과 기반 시설은 공유된 의도의 기억을 담고 있다. 구조물을 세운 문화의 세계관과, 공유된 믿음과 각자의 마음에서 시작된 패턴과 과정이 물질 속에 살아 있다.

## 건강한 교육, 건강관리, 일터 시설을 위한 기반 시설과 진화하는 구조

도시 구조와 조직 구조는 인간 사고의 네 번째 수준이 질서라는 가치를 출현시켰을 때(지도 2 참고) 가능해진다. 질서의 중요성을 인식하지 않고서는 인간 조건의 생물-심리-문화-사회적 실체들이 번성할 수 있는 도시의 창조가 사실상 불가능하다. 도시가 앞서 등장한 '권력'이라는 수준 3의 가치 위에 세워진다면 수십 년간 세대를 거쳐 지속될 필요한 조직을 형성하지 못하고 봉건 제국이나 군대 진지로 변질되고 말 것이다.

이 책을 쓰고 있는 지금도 기반 시설의 중요성은 세계 주식 시장에서 재평가되고 있다. CIBC Wood Gundy에 따르면, 캐나다 기반 시설의 60퍼센트 정도가 50년 내지 150년이 되었으며 이 시스템 중 반 이상이 수명의 80퍼센트를 다했다고 한다.[19] 이는 노후해가는 미국 기반 시설과도 다르지 않다. 논문에서 경제 전문가는 기반 시설에 대한 수요가 전 세계적으로—특히 중국과 인도에서—매우 높아서 기반 시설 주식이 지난 2년 동안의 투자에서 60퍼센트의 수익을 냈다고 주장한다.

교육, 건강관리, 일터의 시설 등 도시에 필수적인 2차 시스템으로 적절한 구조물과 인프라를 설계하는 일도 지금은 매우 중요하다. 그런데 도시는 이 구조물들을 도시의 전망과 목적과 정렬에서 지금까지 해온 것보다 더 잘해야 한다. 전망이 없다면 사람들은 소멸할 것이고 인간성이 충만하도록 인간을 지원하는 구조물도 마찬가지로 소멸할 것이다. 기반 시설은 수준 4의 가치인 질서가 등장할 때만 가능해지며, 그다음에는 교육, 건강관리, 일터 구조의 최적화가 생산성(수준 5), 돌봄(수준 6), 지속 가능성(수준 7)이라는 가치관에서 등장한다. 이 가치들은 역순으로 서로를 포괄한다(지속 가능성은 돌봄을, 돌봄은 생산성을, 생산성은 질서를 포괄한다).

이처럼 높은 질서 구조로 올라갈수록 더 복잡하고 비선형적이다. 전 지구적으로 디지털 기술과 운송 수단이 발달하면서, 구조에는 점진적으로 위임 조직뿐 아니라 자기 조직화도 포함되어야 한다. 각 2차 시스템에는 50년 이상의 사고를 반영하는 복잡성 수준(자크의 시스템에서는 8번째 단계)에서 나오는 설계가 필요하다. 여기서는 2차 시스템이 구조물, 문화, 인구통계, 의도로 나뉘지 않고 서로 연결되어 함께 설계될 것을 요구한다. 시스템의 구조적 설계 필요성을 다루어야 최적화된 지능을 내놓는 조건을 창조할 수 있다.

도시의 가장 큰 딜레마는 현실적으로 전통적인 거버넌스 형태로 인해 필요한 수준의 구조가 만들어지지 못하는 점이다. 의사 결정권자들이 충분히 높은 복잡성 수준에서 사유하지 못하기 때문이다. 전형적으로 의사 결정권자들은—정치인과 공무원은—순응 집행자가 우세한 유권자들에 의해 선출된다. 현실적으로 선거 시스템은 유권자가 오늘날의 삶의 조건에 맞춰 충분히 복잡한 사고를 하는 대표자를 뽑지 못하게 하고 있다. 더구나 행정 관료 후보는 유권자의 중심점을 만족시키고자 하고, 당연히 유권자는 자신의 맞춤 영역에 호소하는 정치인에게 표를 던진다.

공무원은 자신의 업무 성과가 전통적 질서를 유지하는 사람들에 의해 보상을 받는 지위에 있다. 당연히 공무원은 전통적 질서를 따를 것이고, 더 복잡한 사고를 도입하여 처벌의 가능성은 높아지고 보상은 적어지는 시스템으로 전환하는 데 저항하는 경향이 있다.

민주주의라는 특권과 함께 인구 증가와 그로 인한 복잡성의 압력이 작용하여 지난 20년간 2차 시스템의 구조화와 작동을 위한 새로운 선택 사항들이 진화했다. 전통적 질서의 계층 구조 속으로 생산성과 돌봄이 도입되었고, 만능 패로 자기 조직화하는 선택 사항들이 도입되었다. 사설 시스템이 공공의 교육 및 건강관리 시스템과 나란히 제공되고 있다. 공공 시스템에서는 부모들에게 공공 시스템과 경쟁 중인 사설 교육 시스템을 이용할 수 있는 이용권을 제공하고 있다. 사설 기관과 공공 기관의 연대로, 어느 한쪽만으로 이루는 것보다 훨씬 나은 성과를 내는 건강관리 설비가 생기고 있다.

흥미롭게도 국제표준화기구International Standard Organization와 RO(Requisite Organization)가 필요한 의사소통과 대중 보고를 통해 사일로, 굴뚝, 허허벌판 사이에 다리를 놓고 있다. 이러한 새로운 선택 사항들은 국가적 국제적 표준으로 높은 수준의 책임감으로 설계되고 도입되고 있다.

교육 시스템, 건강관리 시스템, 일터 시스템은 개인의 웰빙을 우선에 둘 뿐, 집합적 전망의 중요성을 거의 혹은 전혀 인식하지 못하고 있다. 도시 전체를 위한 집합적 선을 만드는 더 높은 가치에는 거의 주의를 기울이지 않는다. 도시에 퍼져 있는 효과성이나 효율성, 다양성, 전체적 혜택은 모두의 이익을 위한 것이 아니며, 집합적 웰빙을 고려하지 않고 개인적 수준에서 축적된다.

결국 도시가 건강하려면 건강관리 시스템에서 개인의 건강뿐 아니라 집단의 건강도 다루어야 한다. 이를 체계적으로 다룬다면 건강은 사상한 수준 8에서 민족 전통 문화에서 유래한 다양한 건강관리 방식을 모두 끌어안게 될 것이다. 중국의 침술, 일본의 지압, 인도의 아유르베다, 스위스와 독일의 전기 피드백, 동종요법, 토착 약초와 꽃 요법, 대증요법, 카이로프랙틱, 접촉요법 등이 모두 통합된 건강관리가 필요하다. 또한 치료보다는 예방을, 입원 치료보다는 자기 책임과 집단 책임, 연구와 평생 학습을 강조할 것이다.

비슷한 방식으로 도시의 교육은 개인뿐 아니라 집단의 지식과 기술, 능력을 위해 최적화되어야 한다. 이는 평생에 걸친 학습과 능력 개발에 초점을 둘 것이다. 무엇을 생각하고 배우는지에 그치지 않고 어떻게 생각하고 배우는지를 가르쳐야 한다. 개인적 성과뿐 아니라 팀과 관리, 리더십 역량을 개발하도록 개개인을 격려해야 한다. 또한 개인적 목적을 발견하고 목적, 원칙, 이익, 사람, 행성이라는 다섯 가지 핵심 가치를 위해 타고난 창의력과 혁신 지능을 활용하도록 사람들을 도와야 한다.

교육 시스템은 모든 시민이 평생 학습자가 될 수 있도록 교육자들이 그런 조건을 창조하는 구조를 발견하고 실행해야 한다. 교육 시스템은 사상한 수준 8(과 그 이상)에서 다양한 사고의 복잡성 범주에 걸쳐 교육을 통합해야 한다. 교육 시스템은 도시 리더의 의도를 이해하고 새로운 리더들이 어느 때보다 더 깊고 창조적으로—자기 혼자만이 아니라 대화와 협력으로 함께—사고하는 조건을 만들어야 한다. 교육 시스템은 학교교육뿐 아니라 일터, 건강, 거버넌스 시스템 등 다른 모든 부문에서의 직무교육도 끌어안도록 재구성되어야 한다.

일터 시스템에 있는 사람은 시스템이 어떻게 도시의 웰빙에 기여하는지 분명하게 이해되도록 도시 거버넌스, 건강관리 시스템, 교육 시스템의 사람과 함께 일해야 한다. 일터의 기회, 분석, 구조는 시장의 역동성을 통합하여 이익을 다른 부문으로 돌릴 수 있어야 한다. 동시에 일터 시스템은 공공 부문과 비영리 부문의 이익을 민간 부문으로 통합시켜야 한다. 이들은 경쟁과 구조의 혜택을 설계와 실행 전략으로 보여주어야 한다. 동시에 취약 계층을 제압하는 경쟁적 접근을 막아야 한다. 특히 영리 부문과 시민 사회 부분에서 봉사, 교육, 건강관리 부문과 함께 수행할 특별한 역할이 있다. 개인과 전체의 웰빙에 해를 미칠 만큼 이익을 강조하지 않으면서도 성과를 내는 방안을 다른 부문에서 배우고 함께해야 한다.

## 네트워크, 자기 조직적 시스템, 복잡성의 위계

뇌과학에서 유래한 '네트워크'는 관계의 계층 구조와 자기 조직화 망을 통합하는 용어다. 도시의 네트워크 구조는 서로 다른 역량, 기능, 위치를 조화롭게 조직하고 정렬하여 일관성 있게 전략을 구사하고 비상사태에 대처할 수 있게 한다. 네트워크는 효과적인 행동과 성과를 낳도록 자료와 사람을 묶는다. 네트워크를 창조하는 행위에 대해서는 10장에서 더 상세히 논의할 것이다.

여기서 알아야 할 중요한 점은 네트워크가 복잡하고 적응성 있는 인간 시스템의 자기 조직화 결과를 복제할 수 있는 계층 구조 조직의 뼈대와 결합한다는 것이다. 작동 가능한 두 시스템의 최상을 취하는 것으로도 보인다. 네트워크 형성은 시스템 아래 혹은 위에서 시작할 수 있다. 동시에 시스템을 포함하여 경계를 인식하고, 더 큰 시스템 안에 있는 모든 시스템과 상호 연결된다. 기본적으로 네트워크 형성은 자기 조직화 과정을 뒷받침하도록, 계층 구조를 재평가하고 재조정하는 것이다.

계층 구조나 자기 조직화 시스템 사이에서 다리를 놓거나 연결하거나 협력하는 것은 네트워크의 기반과 관련된다. 거버넌스 시스템은 계층 구조와 자기 조직화 시스템으로 이루어진 여러 층 사이의 관계를 보여준다.


## 적절한 거버넌스 시스템 설계하기

도시의 구조적 설계는 궁극적으로 가치 중심의 거버넌스 시스템을 향한다. 언제나 세계는 가치를 더하는 에너지와 정보, 물질의 유연한 흐름과 책임을 보장하는 새 거버넌스 시스템을 필요로 한다. 시민에게는 인간이 창조한 어떤 시스템보다 많은 자원을 최상으로 제공하는 도시가 필요하다. 동시에 상위 수준의 정부 시스템은 도시의 가치 중심에 맞춰 조직화되지 않았고, 세계나 국가나 도시의 필요에 적절히 반응할 만큼 견고하지 않다. 정부에는 도시의 성공을 위한 권한이나 인센티브가 결여되어 있다. 과세를 통해 도시의 자금줄을 조절함에도 불구하고 이는 바뀌어야 한다.

다른 발달 단계와 변화 상태에 있는 정부에 맞게 진보적이고 체계적으로 설계된 도시의 작동 틀이 필요하다. 도시가 세계의식이라는 소우주를 다양한 인지, 정서, 문화와 함께 담고 있는 세상에서 거버넌스 시스템은 스티브 매킨토시가 제안했듯이 입법부, 사법부, 행정부의 삼권 대표로 이루어진 전 지구적 거버넌스 설계도를 채용할 수 있을지도 모른다.[20] 이는 (모든 의식 수준에 걸쳐) 개인의 표에 부여되는 가중치, (실행 선택 기준을 이용하는) 지역 대표, (균형을 맞추지만 다른 힘을 장악하지 않도록 하는) 경제적 혜택, (역량 근거를 이용하는) 통합적 집행을 가능하게 할 것이다. 더욱이 도시에서 이러한 통합적 거버넌스 시스템의 모델을 확립하면 전 지구적 맥락으로 확대될 역량이 커질 것이다.

거버넌스 시스템은 네트워크 형성 원칙을 이용하여 적절한 계층 구조를 진화시키고 자기 조직화 적응성을 가능하게 할 것이다. 아이착 아디제스는 조직의 생명 주기 조건이 도시의 발달 연령에 적용될 것이라며 우리를 일깨운다. 나아가 이 같은 구조를 도시의 일부가 아니라 전체에 적용하는 문제는 도시의 규모에 맞추어 적용될 것이고, 지역 조건에 맞게 조정되어야 한다.


## 결론

도시의 구조와 기반 시설과 시스템은 인간 종의 본성에서 직접 기인한다. 인간의 역사에서 우리는 생존을 위해 그 관계를 다시 이해해야 하는 단계까지 진화했다.

　도시가 지구의 자원을 끌어당기는 자석임을 기억함으로써 지구의 안녕을 위협하는 상태에서 지구 생명에 가치를 더하는 방향으로 첫발을 내디딜 수 있다. 우리의 체제와 기반 시설과 시스템이 자원을 집중시키고 에너지 흐름을 방해한다 해도 우리의 지능을 이용하여 도시라는 규모에서 건강한 산일 구조가 어떠해야 하는지 다시 정의할 수 있다. 다음과 같은 질문을 스스로에게 던질 수도 있다.

## 질문

1. 중심 주변에서 변화와 흐름을 유지하고 지역적으로도 지구적으로도 지속 가능성을 포용할 수 있는 도시 구조를 어떻게 건설할 것인가?

2. 중심점이 낮은 유권자의 힘으로 지속 가능한 삶의 조건에 기여할 구조를 창조할 만큼 복잡성 수준이 높지 않은 정치인을 선출하는 민주주의의 딜레마를 어떻게 다룰 것인가?

3. 도시가 책임과 의무와 권위를 지니고 지속 가능한 거버넌스 시스템을 창조하며, 주 정부와 연방 정부가 도시 네트워크의 개인과 집단의 지속 가능한 웰빙에 기여하는 방향으로 정렬될 수 있게 정부를 어떻게 재정립하고 재정렬할 것인가?

## 통합도시 원칙을 적용하기 위한 간단한 규칙 세 가지

1. 모든 존재의 생명을 돕는 방향으로 에너지를 관리한다.
2. 어떤 홀론이든 어떤 규모든 중심부터 설계한다.
3. 자기 조직화하는 창의성을 질서의 계층 구조와 통합하는 구조를 건설한다.

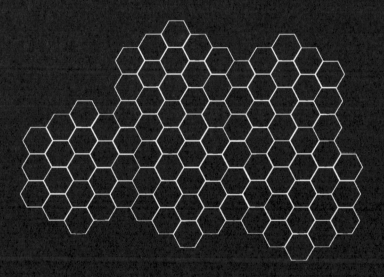

Story Intelligence

8장
—
이야기 지능

벌집에서는 모든 꿀벌이 마주치는 꿀벌에게서 먹이를 구하거나
그런 요청을 받는다. 단 1분도 그러지 않고 지나가지 않는다.
꿀벌 한 마리에게 방사능에 오염된 꿀을 조금 먹인다면
그날이 가기 전에 군집의 거의 모든 꿀벌이 방사능을 지니게 된다.
공용 위장을 가지고 있는 셈이다.
– 굴드 & 굴드, 『꿀벌』

사람은 살아가는 데 먹을 것보다 이야기가 더 필요하다.
– 로페즈 & 피어슨, 『까마귀와 족제비』

## 도시의 운율

이 장에서는 좌하상한에서 도시의 관계를 탐구한다. 도시에서의 관계는 포함하기도 하고 분리하기도 하여 경계를 초월한다는 점을—예를 들어, 개인과 집단의 목소리, 다층적 가치, 심지어 도시 문화와 시골 문화를—고려하면서 시작할 것이다. 도시 커뮤니티나 구역 경계를 지각할 때 우리는 도시의 분위기와 운율을 감각한다. 경계는 도시에 정체성과 문화 지도를 제공하는 컨테이너를 규정하는 가장자리다.

도시의 웰빙은 분위기와 운율로 진단할 수 있다. 분위기는 웰빙의 감각이다. 이는 삶의 조건을 얼마나 지배하고 있는지를 보여주는 사람들의 평가와 관련 있으며, 적응성을 특징짓는 다섯 가지 변화 상태로 쉽게 구분해볼 수 있다(4장에서 자세히 논의했다). 도시가 안정된 알파 상태에서 콧노래를 부를 때는 세상의 모든 것이 올바르다. 날씨도 화창하고, 희망이 가득하고, 사람들은 낙천적이다. 삶은 안정적이고 예측 가능하며, 주요한 문제점을 어떻게 다루어야 하는지 우리의 문화는 알고 있다.

도시가 쯧쯧거리고 "어어!" 하는 소리를 내고 있다면 사람들은 무엇인가 제대로 되어 있지 않음을 감지한다. 날씨는 흐리고 소나기가 쏟아질 수도 있고, 사람들은 근심에 차 있고 세상은 어제보다 예측이 더 어렵다. 우리는 변화를 예감하지만, 그 변화를 다룰 수 있을지 확신하지 못한다. 이는 격변의 베타 상태를 특징짓는 분위기다.

도시가 불평하거나 두려워하거나 망연자실하여 아무것도 못 할 때, "이런! 도대체 뭘 할 수 있겠어?"라는 말이 여러 사람들의 입에서 나온다 해도 뚜렷한 답을 얻을 수는 없다. CNN은 뉴올리언스, 뉴욕, 샌프란시스코에서 재해가 발생하자 상황을 충실히 보고했다. 일어날 것 같지 않았고 예측도 힘들었다. 폭풍, 토네이도, 지진, 홍수, 화재 같은 날씨와 자연 변화는 불안까지 야기한다. 우리는 제어 감각을 잃었고 어떻게 회복할지도 모른다. 이것이 갇혀 있는 감마 상태가 보이는 전전긍긍, 망연자실, 우울, 분노의 분위기다.

도시가 신이 나고 기쁨에 넘치고 자유분방하게 축배를 들 때, 사람들은 불빛을 볼 수 있다거나 아주 긴 암흑의 터널을 지나 환한 곳으로 나왔다고 느낀다. 날씨는 맑고 쾌청하며, 목소리와 표정과 몸짓으로 무아의 안도감을 나타내며 춤추고 노래하고 탄성을 지른다. 어려움을 돌파했다고 느낀다. 이는 평화가 공표되었을 때, 2000년을 앞두고 밀레니엄의 암흑이 예측되었지만 아무 일 없었을 때, 폭풍우가 지나간 뒤 전기가 들어왔을 때 도시의 상태다. 이는 델타 상태의 고양된 분위기다.

도시가 다시 콧노래를 부르고 세상의 모든 것이 제자리를 찾았을 때 우리는 새롭고 더 복잡하지만 안정된 일상으로 돌아간다. 날씨는 예측되고, 희망도 되찾았고, 사람들은 낙천주의를 회복한다. 삶은 다시 안정적이고 예측 가능하며, 우리의 문화는 주요한 문제점을 어떻게 다룰지 알게 된다. 이는 안정적인 새로운 알파 상태의 행복한 분위기다.

이런 각각의 도시 분위기는 도시 자체의 컨테이너의 운율과 관련 있다. 척추 지압사나 휄든크라이스(자신의 움직임에 집중함으로써 몸과 마음을 인지하는 '움직임'이다. 천천히, 아주 느리게, 앉고 서고 만지면서 자신이 어떻게 움직이는지, 어느 부위가 필요 이상으로 긴장하고 있는지를 명확히 알 수 있도록 도움을 준다―옮긴이) 수련자나

무술가처럼 우리는 특정 분위기뿐 아니라 각 변화 상태 사이의 운율의 전환까지 감지함으로써 컨테이너의 웰빙 상태를 감각한다. 예측 불가능성으로 인해 컨테이너가 불안정해질 때(가장자리에 구멍이 생기고 강도가 떨어질 때), 운율은 깨어져 불확실해지고 예측 불가능해진다. 십대들이 추는 무정형의 춤과 같다. 예측 불가능성이 사라지지 않고 강화되면 불안정성은 경계에서 컨테이너 내부의 배우나 관계로 옮아간다. 운율은 대치하고 대립하며 충돌한다. 전쟁터의 전사, 무대 위 어릿광대, TV에 출연한 논객의 춤이 된다.

전쟁이 끝나고 평화 조약이 맺어지기 전, 컨테이너 내부의 운율은 광적이고 주기가 짧은 전투 리듬에서 더 긴 주기의 사색적인 탐구 리듬으로 전환된다. 이 운율은 깊은 '알지 못함', 그러나 새로운 답에 열려 있음의 상태를 반영한다. 이 운율은 결정적 전환점이다. 기나긴 지금long now(장기적이고 훨씬 느리면서 나은 사고를 설명하기 위해 만든 용어)의 춤이다.

전투 에너지가 관계를 바꾸고 탐구가 결실을 맺을 때, 운율은 하나의 창조성으로 전환된다. 창조적 리듬에는 개인의 업무 수행이 집단의 팀워크와 어우러지는 쿨 재즈의 변화와 흐름 같은 특징이 있다. 컨테이너는 잠재력으로 가득하고 혁신적인 주도성으로 넘친다. 이는 거리에서 연주되는 즉흥 재즈 같다. 따라서 도시 내부의 관계는 문화적 실체를 반영하며 불가피하게 도시의 건강과 부, 지속 가능성의 시금석이 된다.


### 관계: 강한 유대, 회복력, 변용 잠재력

도시 문화는 전적으로 관계의 특성에 달려 있다. 도시는 벌집의 대규모 의사소통 춤이 벌어지지는 춤판과 같고 무용수들은 그 위에서 계속 움직이고 짝을 짓고 모이고 뭉치며 패턴을 형성한다. 훈련되지 않은 눈에는 모든 것이 혼돈과 움직임으로 비친다. 우리는 무용수들이 공유하고 이해한 바를—미소 지을 때를, 손을 맞잡은 느낌을, 어디에 발을 두어야 할지를—보지 못하고 알지 못한다. 하지만 통합 렌즈를 사용하면 춤판 위 자기 조직화된 관계에서 출현한 지능의 거대한 패턴을 이해하게 된다.

관계는 통합도시 제1의 통화prime currency일 수 있다. 살아 있는 시스템에서 관계는 정체(홀론)와 정보를 연결하고 교환이 일어나게 하는 끈이다. 관계 형성은 새로운 패턴, 지능, 복잡성의 중심이 된다. 관계의 재조정으로 경계가 인식되고 연결되고 교차되고 포용되고 부인되고 정립된다. 관계는 거래와 변용, 변형을 통해 생긴다.

가장 간단한 거래 관계를 통해 교환이 일어나지만, 거래 당사자 중 어느 쪽도 근본적으로 변하지 않는다. 이는 현관 앞에 신문을 배달하는 소년과의 관계다. 바리스타와 커피를 사는 당신의 관계일 수도 있다. 당신이 버린 쓰레기를 수거하는 도시 노동자와의 관계다. 거래 관계는 우리를 같은 패턴과 주기로 지켜주고 예측 가능성과 안정성을 보장하는 일상적 유대다. 거래는 투자(탐험)와 축적(보존)의 패나키 단계에서 일어난다.

변용 관계에서는 교환으로 한쪽이나 양쪽이 변하지만 변화된 당사자를 알아볼 수 있으며, 다른 질서 패턴이 출현한다. 한 명 이상의 당사자 사이의 교환으로 춤이 재조정되어 (교환이 일어나기 전보다 더하거나 덜 복잡한) 다른 질서 패턴이 등장한다. 이는 부모와 자식이 더불어 살면서 발달하는 관계다. 학습을 지식으로 변환시키는 교사와 학생의 관계다. 금속을 자동차로 바꾸는 공장 근로자와 고용주의 관계다. 정신을 영성으로 바꾸는 목사와 신도의 관계이기도 하다. 변용은 와해(방출)나 돌파와 재분배(재조직)의 패나키 단계에서 일어난다.

변형 관계에서는 근본적으로 당사자 모두 완전히 새로운 무엇으로 재결합한다. 둘 이상의 당사자 사이 교환으로 관계가 바뀌어 완전히 새로운 패턴이 출현한다. 새 패턴이 형성되는 과정에서 전에 존재했던 관계는 초월되고 녹아들어 더 이상 알아볼 수 없을 수 있다. 이는 도시 규모에서는 거의 볼 수 없는 관계다. 도시의 본성 자체가 일상적 주기로 일어나는 예측 가능한 거래에 의존하며, 함께 발생하는 변용 관계는 계절 주기나 관계 당사자의 단계에 따라 더 많이 일어난다. 변형 관계는 조직이 합치거나 완전히 참신한 방식으로 작동하는 새로운 독립체를 형성할 때 나타난다. 비자 신용카드 시스템을 지원하는 독립적 은행 업무 시스템의 개발이 일례다.[1] 좌하상한에서 집단적 신념이 변형 수준으로 변할 때 새로운 형태의 조직과 구조가 우하상한에서 태어난다. 예를 들어, 19세기의 새로운 사고가 회사 법인을 낳았고, 21세기에는 사회적 기업의 창조를 목격하고 있다.

그런데 도시 규모에서 변형 관계는 시대가 바뀌는 막바지에 일어난다. 변형 관계는 이전에 전혀 존재하지 않던 관계, 말하자면 혁신이나 발명, 통찰에 의해 탄생하는 관계를 창조한다. 예를 들어, 전기의 발명으로 낮 시간이 늘고 수면 시간이 줄자 가족 관계가 변했다. 일터에서는 벨 전화, GE, 애플, 마이크로소프트의 발명으로 시간과 거리, 정보의 간극이 붕괴되었다. 텔레비전과 저가 항공사 덕분에 미지의 지형과 문화를 자주 접하게 되자 레크리에이션 공간의 관계에도 변화가 생겼다. 이런 변형은 도시 삶의 특정 측면뿐 아니라 도시 삶 전체에 영향을 미쳤다.

거래 관계는 우리의 생물물리적 행동 욕구에 도움이 되는 경향이 있고, 변용 관계는 의도적 욕구에 도움이 되는 경향이 있다. 변형 관계는 전체 시스템의 집단적 욕구를 충족하는 전환에서 촉매 역할을 한다.

관계는 규모에 따라 단순(거래), 복수(변용), 복합(변형) 관계로 나눌 수 있다. 거래 관계는 두 사람이 왈츠 춤을 추는 것과 같아서 두 사람은 서로의 영혼을 느낀다. 변용 관계는 여러 명이 줄을 지어 동시에 춤을 추는 것과 같아 조화를 만들어내는 기쁨이 매우 크다. 변형 관계는, 예를 들어 네트워크를 이룬 사람이 멀리 떨어진 곳에서 행동을 조직화하여 혁신적인 결과를 낳을 때 일어나며, 성공할 때는 놀라움과 고양된 기분을 크게 느끼지만, 실패할 때는 우울감과 침울한 분위기에 빠진다. 변형 관계 패턴이 충분히 반복되면 관계는 제도화되고 새로운 문화의 시대로 들어가게 된다.

## 도시의 가치관

많은 도시가 단순히 거래 관계였던 농경 시대 정착지에서 진화했다. 상대적으로 단순한 거버넌스 시스템이 요구되는, 더욱 단순한 관계였다. 그곳의 가치관은 생존의 기반 위에 세워졌고, 가족과 친족의 유대는 강했고 강력한 리더가 있었다. 이들은 수준 1, 2, 3의 가치를 실현했다.

이들 정착지가 소도시로, 결국은 도시로 진화하면서 거래 관계는 이어졌고 변용 관계가 등장했다. 이 시점에 관계 시스템인 도시는 복잡해졌고 거버넌스 시스템을 거래 능력 이상으로 변용해야 했다. 도시는 권위, 표준 및 교역과 직업의 전문성(수준 4)에 의존하게 되었다.

어떤 도시는 처음부터 산업혁명의 변형된 영향에 따라 형성되었다(워싱턴 D. C.와 영국의 밀타운mill town). 이들 도시의 원래 목적은 중앙집중식 정부나 산업도시였다. 정부와 공장 운영, 고용인 훈련 면에서 일차적으로 수준 4의 전문 기술 가치에 의존했고, 삶의 기초 욕구를 유지하는 수준 1, 2, 3의 가치를 당연시했다. 그러나 효과성뿐 아니라 효율성도 추구하면서 경쟁과 이익, 수행 결과라는 수준 5의 가치를 진화시켰다. 캐나다의 카나타, 온타리오와 아이다호 주 보이시 같은 새 도시는 장거리 교역으로 도시 안에서도 도시 사이에서도 경쟁이 일어나는 관계를 증진했다.

수준 5 도시의 문화는 전략적으로 시 당국 내부에 사업 기반의 관계를 배치하여 시 당국 밖의 관계를 다스렸다. 이제 수준 5의 가치가 과도하게 달성되었으니 도시는 자원을 끌어오고 폐기물을 처리하는 환경과의 관계를 재조정해야 한다. 도시와 환경의 관계는 해로운 것이 되었다. 전형적 예가 오염이다. 100년 동안 무시되어왔으나 그 결과는 기후 변화라는 형태로 확연해졌다.

도시 간 경쟁 관계 또한 예측하지 못하는 결과를 낳았다. 이런 관계 모델에서 어떤 도시는 패자가 되고 어떤 도시는 승자가 된다. 자본과 기계가 인간의 노동을 대체함에 따라 패자 도시는 경제적 추진력을 잃게 된다. 먼저 상품과 생산 동력(석탄, 강철, 직물)을 잃었고 그와 함께 일자리가 사라졌다. 전문 직종도 저비용으로 제공되며 정보 기반의 일자리도 사라지고 있다. 일자리 손실은 도시에서 조직과 고용주, 근로자, 가족, 파트너, 개인의 관계를 바꾼다.

처음 거대한 교체의 물결이 일어났을 때는 새로운 가치가 등장해 실업자와 장애인, 기술이 없는 사람들, 건강이 나쁜 사람들에게 사회 안전망을 제공했다. 이런 변화에서 수준 6의 가치와 돌봄과 공유라는 제도적 관계가 등장했다. 진보적 시 당국은 사회적 필요를 다루기 위해 부처를 신설했다. 자선단체는 비영리 조직으로 변모하여 산산조각이 난 관계를 지원할 수 있었다.

도시의 일부 개인은 관계에 자연스러운 변화와 흐름이 있다는 현실을 수용하는 가치관을 지니고 있다. 하지만 도시의 관계는 이러한 수준 7의 가치관으로 쉽게 채색되지 않는다. 관료주의로 오랫동안 자리 잡은 관계는 규칙 기반인 수준 4의 관계를 지키려고 한다. 선출된 고위 공무원에서 나타나는 경쟁 관계는 수준 5의 전략적 가치, 최근에는 수준 6의 사회적 정의라는 가치를 추구한다. 그 결과, 대부분의 도시 문화는 수준 7의 생태 기반의 가치를 추구하며 관계 재정립에 대체로 저항한다. 기후 변화라는 고차적 딜레마가 이 모든 것을 바꿀 수도 있다. 도시 내, 심지어 도시 간 관계를 변형하고 재조정하고 촉진하는 방아쇠 역할을 할지도 모른다.


## 적응 관계: 내부 판정자, 자원 배분가, 순응 집행자, 다양성 제공자, 집단 내 토너먼트


우리의 친구 꿀벌들이 서로 맺고 있는 관계를 통해 (그리고 다른 벌집과의 집단 내 토너먼트를 통해) 벌집을 위해 꿀 18킬로그램을 생산하는 그들의 생존 목표를 떠올린다. 도시 내 그리고 도시 간 관계에 대해 벌집의 관계가 알려주는 바는 무엇인가? 벌집의 네 가지 역할은 도시 내부의 관계에 대해 폭넓은 시야를 제공한다. 우리의 내부 판정자, 자원 배분가, 순응 집행자, 다양성 제공자는 누구인가? 어떻게 하면 이들이 우리의 관계를 적응시켜 생존, 효율성 향상, 웰빙에 기여할 수 있을까?

4장에서 설명했듯이 아이착 아디제스(1999)는 비슷한 역할에 통합자, 행정가, 생산자, 사업가라는 이름을 붙였다. 그는 조직의 자연적 생명 주기 동안 이런 기능 간의 관계가 어떻게 변하는지 연구했다. 아디제스는 조직의 생명 주기 단계의 패턴이 인간 개체의 생명 주기와 동일한 프랙털 패턴임을 관찰했다. 개인과 마찬가지로 조직도 생명 주기상 어느 단계에서든 죽을 수 있고, 주기를 다 채우리라는 보장은 없다.

6장과 7장에서 살펴보았듯이 제임스 그리어 밀러(1978)는 살아 있는 시스템의 관계가 생물 시스템의 주요한 세 부류로 구현된다고 본다.


1. 물질-에너지와 정보를 모두 처리하는 하위 시스템(내부 판정자/통합자?)
2. 물질-에너지를 처리하는 하위 시스템(순응 집행자/생산자?)
3. 정보를 처리하는 하위 시스템(자원 배분가/행정가?)

벌집에서 네 번째 역할인 다양성 제공자/사업가는 첫 번째 부류의 특별한 형태이며 적응을 촉진하는 특별한 목적을 위해 만들어진 것 같다. (밀러가 연구하던 시대에는 적응 역량을 감지하고 조사할 기술이 없었다. 그래서 이 기능이 빠진 것은 아닐까?)

기업의 생명 주기와 구조화 분야의 전문가인 아이착 아디제스, 행동과학자이자 생물학자인 제임스 그리어 밀러, 생물학자이자 기획자인 하워드 블룸(꿀벌 이야기를 해준 사람)은 모두 인간관계가 어떻게 삶의 조건에 적응하는지에 관해 암시를 주었다. 인간 시스템이 본질적으로 프랙털이라면 우리는 인간 시스템의 각 규모에서 동일한 패턴을 볼 수 있어야 한다. (홀링의 패나키 모델은 반복적으로 변화를 촉발하는 삶의 조건 주기의 자연스러운 흐름을 보여준다.)

각 단계에서 메타 역할 사이의 관계는 변하며 그에 따라 도시의 문화적 삶은 서로 다른 특성을 보인다. 도표 8.1은 각 복잡성 단계에서 우선적 가치(질서, 이익, 돌봄, 체계화, 세계화 등)로 인해 관계라는 공유된 공간에 새로운 의도가 생김을 나타낸다. 진취적인 다양성 제공자는 눈앞의 문제를 해결하는 새로운 적응 방식을 발견하여 각 단계에 시동을 거는 역할을 한다. (홀링은 이를 '재조직화' 단계라고 부른다.) 진입 단계가 무르익으면 그 복잡성 수준의 가치를 이

**도표 8.1. 가치 단계별 도시문화의 관계.**

| 단계 | 복잡성 단계 4 | 복잡성 단계 5 | 복잡성 단계 6 | 복잡성 단계 7 | 복잡성 단계 8 | 복잡성 단계 9 |
|---|---|---|---|---|---|---|
| 추동가치 | 질서 | 이익 | 돌봄 | 체계화 | 세계화 | 친환경 |
| 도입 | 창업자 | 창업자 | 창업자 | 창업자 | 창업자 | 창업자 |
| 성장 | 생산자 | 생산자 | 생산자 | 생산자 | 생산자 | 생산자 |
| 절정 | 통합자 | 통합자 | 통합자 | 통합자 | 통합자 | 통합자 |
| 종료 | 행정가 | 행정가 | 행정가 | 행정가 | 행정가 | 행정가 |

용하여 성장과 풍요를 만드는 생산자의 시간이 온다. (홀링은 이를 '탐험' 단계라고 한다.) 충분히 성장하면 관계는 절정에 이르러 통합 단계로 들어간다. (홀링은 이를 '보존' 단계라고 한다.) 마지막으로 단계적 축적이 절정에 이르면(홀링은 이를 '배출' 단계라고 한다.) 주기는 또 다른 복잡성 수준으로 옮아가 다시 시작할 준비를 한다(삶의 조건이 이를 뒷받침한다는 가정하에).

## 우주의 중심에는 누가 있나? 에코, 민족, 에고, 탁월함, 평등, 생태, 진화

문화에서 우세한 행동은 삶의 조건에 대한 반응으로 생긴다. 따라서 각 수준의 존재는 현재 삶의 조건의 조직화 원칙(혹은 가치)을 극대화하기 위해 복잡성 수준을 높이면서 행동함을 알았다. 이런 행동은 (조직화 원칙/가치의) 순응 집행으로 현재 복잡성 수준을 현상 유지하려는 자연적인 경향을 낳는다.

따라서 현재 삶의 조건과 가장 일치하는 가치와 행동에 우호적인 긴장이 유지된다. 이러한 행동의 이면은 우세한 문화가 다양성 생성에 대항하여 자신을 보호할 것이라는 점이다. 다양성 제공자가 제공하는 해법이 마침내 필요한 삶의 조건이 되면, 순응 집행자에 의해 생긴 문제가 극심해져서 다수가 변화하려는 의지를 보인다. 이런 자연적인 진화 주기는 프랙털을 이루며 개인,

도표 8.2. 세계관: 우주의 중심.

| 복잡성 수준 | 추동가치 | 우주의 중심 |
| --- | --- | --- |
| 에코 | 생존 | 개체 |
| 민족 | 관계 | 가족 |
| 에고 | 권력 | 왕국 |
| 민족 | 권위 | 국가 |
| 탁월화 | 성취 | 세계 경제 |
| 평등 | 돌봄과 공유 | 사회 네트워크 |
| 생태 | 변화의 흐름 | 자연계 |
| 진화 | 전 세계 | 가이아 |

가족, 조직, 사회 등 모든 규모에서 출현한다.

　그레이브스의 발달 주기에서 짝을 이루는 가치를 살펴보면, 각 집단 사람들의 생존에 최적으로 기여하도록 순응 집행자와 다양성 제공자의 관계가 끊임없이 두 극단 사이를 오가는 주기를 이룬다. 도표 8.2처럼, 각 극단에서 새 주기가 시작되면서 이를 추동하는 인간의 가치가 세계관까지 진화시킨다. 본질적으로 어떤 문화든 그 세계관은 우주의 중심에 누가 있는지를 설명한다. 문화의 가치가 고도를 올림에 따라 우주는 기하급수적으로 커지고, 문화는 확장하며 타인을 포용하게 된다. (앞 장에서 설명했듯, 맥키번이 관찰한 초개인주의는 미국이 에고 가치 수준에 막혀 있음을 보여준다.) 도시라는 맥락에서 볼 때 이는 민주주의의 기능 면에서 주요한 관심거리다. 민주주의는 적어도 민족 중심의 세계관이 필요하다. 그리고 사회 네트워크, 시스템 중심의 세계관에서 더 잘 작동한다.


## 혼성 가족: 사회적 홀론의 역동성

　크게 나뉘는 문화적 집단 아래에 사회적 홀론이 자기 조직화하는 변화와 흐름이 존재한다. 3장에서 논의했듯이 두 명이 모인 집단도 단순한 홀론(온전체들로 이루어진 온전체)이 아니다. 두 명 이상이 결합한 집단은 특별한 종류의 홀론, 즉 사회적 홀론으로 보아야 한다. 사회적 홀론의 특징은 단순히 더해지는 것이 아니며 역동적인 상관관계를 보인다. 사회적 홀론 내의 개인은 복잡한 적응 시스템이고, 의도와 행동 역량은 자신의 복잡성에 해당되는 '중심점'을 보여준다. 삶의 조건은 어떤 사람이든 자신의 역량 범주 내에서 반응하게 한다. 얼마나 능숙한지에 따라 자신의 중심점으로 돌아오는 회복력이 다르다.

스포츠와 예술 분야는 이런 현실을 보여주는 좋은 예다. 각 선수가 자신의 경기를 이끌어나가는 골프를 예로 들어보자. 내 남편은 골프를 칠 때 자신의 핸디캡에—운동에서 중심점을 보여주는 값에—맞게 경기를 하려고 한다. 경기가 잘 풀리는 날에는 의도한 바를 넘어 핸디캡보다 잘 친다. 몸도 그다지 좋지 않고 비까지 내리는 날에는 자신의 핸디캡보다 못하기도 한다.

두 명 이상이 의도나 신념, 가치, 세계관을 공유하는 사회적 홀론은 구성원 개인의 성취에 의해 성과가 정해진다. 골프 예로 돌아가 내 남편이 네 명으로 이루어진 팀에서 토너먼트 경기를 할 때, 4인조의 점수는 각 선수가 어떻게 하는지에 달려 있다. 각 선수는 자신의 핸디캡(중심점)이 있고 개별적으로 경기를 한다. 개인은 나눌 수 없는 부속으로 이루어진 기계처럼 경기를 하지 않는다. 이들은 느슨하게 연결된 복잡한 적응 시스템으로서 (같은 시간에 그 코스에 있는 다른 골프 선수들은 말할 것도 없고) 골프 코스 및 상대방이라는 삶의 조건에 반응하면서 경기를 한다. 단순한 채점 방식으로 개인의 핸디캡을 합산하고 평균을 냄으로써 팀의 평균 핸디캡을 계산할 수 있다. 이 방식은 단순하기 때문에 아무리 매력적으로 보인다 해도 팀이나 개인의 성적을 예측하지는 못하는데, 그것은 이들 각자가 복잡한 적응 시스템이기 때문이다.

이상적인 상황이라면 팀은 놀라운 성과를 거둘 수 있다(즉 개인도 팀도 중심점인 핸디캡 이상의 성적을 낼 수 있다). 이런 결과를 가져오는 원인은 여전히 연구 대상이다. 이러한 성과를 내는 선수는 '몰입' 상태에 들거나, 서로 긍정적인 영향을 미치거나, 텔레파시로 소통하고 직감적으로 반응하는 등의 경험을 한다는 보고가 있다. 셸드레이크의 형태 공명(경험한 행동이나 형질의 영향이 형태의 장을 통해 같은 종의 개체에게 작용하는 현상—옮긴이) 혹은 형태장 연구가 이러한 문화적 응집 경험을 설명해줄지도 모른다. 우리의 일상 언어로는 '파장이 같다'고 말한다. 문화적 응집은 활동적인 소음과 공명을 추적하는 척도로 측정할 수 있기 때문에 우리는 이런 표현으로 알아차리는 것보다 훨씬 많은 통찰을 얻을 수 있다. 팀 스포츠에서는 대부분 비슷한 현상을 보인다는 보고가 있다.

사실 셸드레이크의 연구에서는 행동과 의도의 패턴이 대규모로 충분히 반복될 때 몸과 주위의 공간에 에너지의 기억이 형성되어 문화가 출현한다고 말한다. 우리는 반복으로 생기는 일종의 에너지 리듬에 접근할 수 있고 거기서 집단의식collective consciousness(융이 이 현상을 가리킨 용어)을 내려받을 수 있다. 융은 문화적으로 반복되며 이런 에너지 기억 장소에 저장되는 행동을 '원형'이라고 불렀다. 원형은 각 문화의 전형적인 행동 방식을 대표하며 처녀, 전사, 왕, 영웅, 주술사, 노파, 바보 등 각 문화의 전통적인 이야기에 등장하는 인물을 만들어냈다.

또한 문화적 원형은 배역과 모든 복잡성 수준에서의 관계를 대표한다. 세계관이나 가치관 그리고 어떤 복잡성 수준이든 어떤 문화든 작용 중인 밈meme(유전자처럼 개체의 기억에 저장되거나 다른 개체의 기억으로 복제될 수 있는 비유전적 문화 요소. 또는 문화의 전달 단위로, 영국의 생물학자 리처드 도킨스의 저서 『이기적 유전자』에서 소개된 용어다—옮긴이)을 반영한다. 원형은 특정 '중심점'에서 역할과 관계의 핵심을 담고 있다.

그런데 형태 공명, 형태장, 원형이라는 이론을 받아들이든 그렇지 않든 문화의 실체는 각 개인의 의도가 잠재적 차이를 만드는 사회적 홀론으로 이루어진다. 역설적이게도 각자의 의도는 순응 집행의 강도가 충분히 낮아져서 차이에 주목하고 반응할 수 있을 때만 차이를 만든다. 이는 벌집의 경우 순응 집행자의 작업이 벌집의 생존에 도움이 되지 않기 때문에 자원 배분가와 내부 판정자에 의해 더 이상 강화되지 않는다는 의미다. 이때 순응 집행자는 에너지를 잃고 (그리고 어느 정도 침체되고), 시스템은 다양성 제공자가 제공하는 에너지를 인식하게 된다.

통합도시에서는 어디에 에너지가 있는지—순응 집행자와 다양성 제공자로 활동하는 사람이 누구인지—알면 도움이 된다. 구역마다 다르기 때문에 자연의 하위 시스템이나 도시 구역별로 알아야 한다. 이런 밀물과 썰물에 주의를 기울임으로써 지렛대가 되는 위치와 어떤 구역에서든 다음 발달 단계의 진행을 알 수 있다. 이 점을 이해하면 실질적인 문화적 민감도가 향상될 수 있다. 집단의 가치관이나 세계관, 욕구는 사회적 홀론의 중심점에 달려 있고 사람마다 다르기 때문이다.


## 통합적 목소리를 발견하다: 시민, 시정 담당자, 시민 사회, 도시 개발자

개인의 가치관과 집단의 우선순위 흐름이 도시에 생성된 삶의 조건에 적응하면서 문화 생태의 밀물과 썰물을 만들었다는 점을 살펴보았다. 이는 객관적으로 측정할 수 있지만(11장 참고), 주관적이거나 상호주관적으로도 경험할 수 있다.

주관적이고 상호주관적인 경험은 개인과 집단의 내면적 실체를 드러낸다. 그런 경험은 객관적이고 상호객관적인 외부 실체를 통합적으로 보완한다. 종합해보면, 네 가지 실체 모두 견해를 이야기하는 자를 나타내는 대명사를—나, 우리/당신, 그/그녀/그것, 그들/그것들을—사용하여 언어를 통해 표현되는 관점의 기초가 된다. 이 네 가지 관점은 도시에 관한 통합모델에서 사상한의 목소리다. 각 상한의 목소리는 도시의 문화 생태에 기여한다. 각 목소리는 복잡성 수준 중 어떤 단계든 될 수 있다. 기본적으로 도시의 목소리는 사상한 수준 8의 합창단이 되는 셈이다. 말하는 자의 목소리는 자신의 가치관과 우선순위로 개인 역량의 중심점을 드러낸다.

이러한 목소리의 생태를 탐구하면서 나는 특정 목소리 네 가지에—시민, 시정 담당자, 시민 사회, 도시 개발자의 목소리에—집중하고자 한다. 각각은 도시의 상호주관적 담화에 기여하지만 동시에 각각의 공식적인 기능으로 인해 도시의 다른 상한으로 연결될지도 모른다.

도시가 작다면, 분리된 목소리 네 가지를 어려움 없이 들을 수 있다. 하지만 도시 인구가 10만에서 2000만에 달하는 지금, 시민 개인의 목소리는 거의 들리지 않는다. 특별한 목소리를 들을 수 있게 모든 사람에게 조용히 하라고 말하는 일이 거의 없다는 점만 제외하면 우리는 수스 박사의 『호튼 *Horton Hears a Who*』(큰 몸집을 가졌지만 여린 마음을 가진 코끼리 호튼은 큰 귀로 아주 작은 소리까지 들을 수 있다. 어느 날 그만의 특별한 능력으로 바람을 타고 들려온 작은 목소리를 포착해 마을을 구한다는 내용의 애니메이션 〈호튼〉으로 영화화되었다―옮긴이)과 유사한 도시에서 살고 있다.

>> **시민의 목소리**

시민의 목소리는 도시 가치관의 중심점을 표현한다. 늘 존재하고 배경음을 내며, 시정 담당자, 시민 사회, 도시 개발자와 함께 서로 의존하면서도 그만큼 독립적이다. 민주국가에서 시민의 목소리는 힘을 가지고 있어서 도시의 나머지 목소리를 선출하고 비판도 한다. 이들에게 궁극적인 힘을 부여하는 것은 집단적으로 동시에 사용되는, 의도적인 소비자로서의 개별적 힘이다. 투표용지에 표기할 때 참여와 의도의 힘이 발휘된다. 시민의 목소리는 도시의 문화적 존재의 혈액이고, 도시 영혼의 목소리다.

시민의 목소리에 담긴 내용과 의향이 시민에게 귀 기울이는 역량에 의해 균형이 잡힌다는 사실은 다방향의 목소리 교환에 특별한 주의를 기울 필요가 있음을 의미한다. 다양한 복잡성 범위에서 들릴 메시지를 새기는 일은 오늘날의 바벨탑 파수꾼의 임무다. 인간 진화의 현 단계에서 도시의 메시지는 결코 하나로 충분하지 않다. 수준 3부터 수준 6에 이르는 중심점의 경우 대부분 적어도 네 가지 메시지가 전달되어야 한다. 베이비부머 세대가 성숙해지면서 수준 7 목소리가 점점 크게 들릴 수 있는데 거기에 메시지가 담겨야 한다.

현대 도시의 주요 딜레마 중 하나는 리더의 가치관이 종종 시민의 가치관만큼 복잡하지 않다는 점이다. 투표가 저조할 때 뽑힌 공직자는 어떤 쟁점에 주의가 필요한지 이해하기는 고사하고 조언자의 말조차 못 들을 수 있다. 이러한 딜레마도 도시의 거버넌스 시스템을 바꿀 때 결정적 요인이 될 수 있다.

### ≫ 시정 담당자의 목소리

(시청이나 교육기관, 의료기관, 도시의 다른 하위 홀론에 있는) 시정 담당자의 목소리는 도시 전문성에 필요한 목소리다. 도시의 인구학적 요구를 감독하고 관리하는 특수한 안내자다. 기반 시설의 프로그램을 짜고 시민의 목소리라는 바벨탑에 반작용하는 힘을 가한다. 도시 두뇌의 목소리다.

시정 담당자의 목소리에는 시청, 학교 위원회, 의료시설, 법 기관, 커뮤니티 서비스 기관 등에서 일하는 유급 직원의 목소리가 포함된다. 또한 시장이나 의원, 학교 이사, 지방정부 의원, 국회의원 등 선출된 공무원도 포함된다.

선진국에서 시정 담당자는 대체로 부당하게 비난을 받는다. 이들의 기능 다수는 권위와 질서라는 가치에서 나오는데, 이 중 어느 것도 지난 40년간 높이 평가된 적이 없다. 영리 사업 부문은 특히 시정 담당자의 통제에 매우 비판적이며, 시정 담당자들이 시대에 뒤떨어지고 변화를 거부하며 지위 권력에 빠져 있다는 고정관념을 지니고 있다. 이 모든 것에도 불구하고 많은 시정 담당자가 정규 교육과 현장에서 배운 숙련된 기술을 습득해 모든 이해 당사자의 의도와 행동, 문화, 사회 시스템을 조정할 수 있는 '네트워크 형성' 기량을 갖추고 있다.

단지 시정 담당자가 개별 도시에서 일하는 차원을 넘어 더 빈번히 영향력 있는 리더 집단으로서 국가적으로 세계적으로 중요한 쟁점을 이끌고 있다.

일례로 시애틀 시장의 주도로 미국 시장들은 솔선하여 교토 의정서를 공개적으로 지지했다.

효과적으로 일하는 시정 담당자가 없다면 도시는 혼돈에 빠지고 말 것이다. 시정 담당자는(중국에서는 '공직자'라고 부른다) 신체 기관 같아서 도시에 흐르는 에너지를 관리하며, 당연한 것으로 여겨지는 도시의 일상을 가능하게 만든다. 시정 담당자가 수행하는 역할에 조금이라도 의심이 든다면 인재와 자연재해로 인해 질서가 무너졌던 최근의 경우—1998년 여름 미국 동부의 정전, 1990년대 오사카, 로스앤젤레스, 멕시코시티 지진, 2005년 뉴올리언스의 허리케인 카트리나, 2001년 세계무역센터 파괴—부터 살펴보아야 한다. 도시 행정에 지장이 발생한 경우를 살펴보면 시정 담당자들이 매일 조정해내는 질서에 우리가 얼마나 의존하고 있는지 알 수 있다.

대중을 위한 시정 담당자의 목소리는 대부분 선출된 공직자로 인식된다. 하지만 일하는 시정 담당자의 목소리는 도시의 수도나 폐기물 관리, 운송 체계에서 흘러나오는 일상적인 홍얼거림이다. 이 목소리는 여전히 종종 남성적이다. 이들은 메조소프라노다.

>> 시민 사회의 목소리

시민 사회는 도시의 특별한 문화적 목소리가 되었다. 시민 사회는 도시에서 돌봄과 공유에 특별한 관심을 기울이는 비영리 조직으로 이루어진 어마어마한 부대를 대표한다. 이들은 도시의 심장이 내는 목소리다. 19세기에 이 목소리는 도시에서 혜택을 못 받는 사람들을 돌보던 자선가와 구세군 같은 신앙 기반 기관의 지지를 받았다. 20세기에는 비정부 기구로 제도화되었고 도시에서 사회적 돌봄을 책임지는 역할을 맡았다. 이 일에는 바깥출입을 못하는 사람과 노령자들에게 식사를 제공하는 것부터 여성과 아이를 대변하는 일, 경제적 어려움을 겪는 가정을 위한 푸드뱅크, 새로운 이민자를 위한 통역 서비스 등이 포함된다.

시민 사회의 목소리는 일반적으로 혜택을 못 받는 사람이나 소외 계층, 장애인을 대변한다. 그러나 여기에 예술가 커뮤니티, (커뮤니티 재단 같은) 자선 기부 단체, (로터리클럽, 유나이티드웨이, 시각장애인협회, 재향 군인회 같은) 특별 이익 집단의 목소리도 더해지고 있다. 또한 시민 사회는 단순히 반응하는 것이 아니라 주도적이 되고 있다. 폴 호큰(2007)은 이런 변화가 집단적 의도의 힘을 도시 삶을 바꾸는 새로운 힘으로 전환시켰음에 주목했다. 그 뿌리는 세계화에 저항하는 토착 문화, 사회 정의, 환경 운동에 있다. 여기에는 선언문도 교리도 따라야 하는 권위도 없다. 이 목소리에는 '지켜보고 알리고 모이는 활동을 통해 정부와 회사, 리더를 끌어내리는' 힘이 있다.

시민 사회가 내는 새로운 목소리의 역동적 특성은 도시가 자신을 알아가는 방법과 도시가 문화를 소중하게 여기는 이유를 바꾸고 있다. 이 목소리는 뒤섞여 모인 커뮤니티의 합창이다. 때때로 알토로 노래하지만 4성부의 조화를 매혹적으로 만들어낼 수도 있다.

## ≫ 도시 개발자의 목소리

도시 개발자의 다양한 목소리는 도시가 출현하는 최첨단에서 들을 수 있다. 전통적으로 이 목소리는 도시 기반 시설에 투자하고 그 시설을 고안하고 건설하는 사람들의 목소리였다.

하지만 최근에는 도시의 눈에 보이지 않는 문화적 삶에 개발 계획의 필요성을 인식한 사람들도 포함된다. 이는 도시의 몸/마음의 목소리다.

도시 개발자는 도시의 미래를 생각한다. 시민의 목소리는 보통 현재의 일에 사로잡혀 있고 시민 사회의 목소리는 과거의 것을 소중히 여기는 반면, 도시 개발자의 목소리는 미래 시제로 말한다. 따라서 진정한 도시 개발자는 다양성 제공자로서 새로운 영토, 새로운 선택 사항, 새로운 시설로 가는 길을 연다. 이들은 종종 특권 계급으로 폄하된다. 시민 사회의 목소리가 불의와 무관심, 우유부단을 바로잡고자 살피는 것과 마찬가지로, 도시 개발자의 목소리는 전망과 참여, 약속에 대해 말한다. 이들은 자신감과 낙관론과 실천을 전달한다. 이 목소리는 종종 외롭고 여전히 대체로 남성적이다. 이들은 테너다.

## 목소리를 보도하다: 도시에서 미디어의 역할

이야기꾼 종으로서 우리는 불가피하게 이야기를 공식화하는 방식을 발명했을 것이다. 이야기를 신속하게 처리하는 미디어가 없는 도시는 이 세상에 존재하지 않는다. 자유세계의 거버넌스 시스템에서 미디어는 권력자와 그들의 정책과 특권을 비판하는 것이 허용된다는(심지어 장려된다는) 점에서 특별한 혜택을 누리고 있다. 정부가 언론을 지배하고 있어서 자유가 없는 세계에서조차 국가는 미디어의 역할이 그들의 도시나 국가에서 작동하고 있는 척하기 위해 자유세계 언론의 분위기를 차용한다.

미디어의 역할과 잠재력은 결국 발행인(자원 배분가), 편집자(내부 판정자), 기자(순응 집행자와 다양성 제공자)의 역량에 의해 제한된다. 도시라는 살아 있는 몸에서 미디어는 도시 시스템을 통해 정보의 흐름에 기여한다. 꽃을 수분하는 꿀벌처럼 이들은 (유의해서 우선순위를 부여하고 기록하고 해석하고 편집하는 일을 통해) 무엇에 집중할지를 주관적으로 선택하고 그 내용을 모으고 정리하고 공유하고 모니터링함으로써 정보 교환을 중재한다.

일인칭, 이인칭, 삼인칭의 목소리를 신속히 전달하고 해석하는 미디어는 자신이 중요한 보도거리로 선택한 것에 불을 붙이기 때문에 도시의 기능에 막강한 영향력을 발휘한다. 따라서 정보를 반사하고 증폭하는 미디어는 책임감 있게 그 일을 해야 하는 막대한 윤리적 의무가 있다. 실제로 미디어 관련 종사자의 가치관은 그 도시의 가치관으로 반영된다. 따라서 도시의 목소리를 전달하는 주요한 기관이 되기 때문에 미디어는 도시 삶에 기여하게 된다.

현대의 미디어 시장은 국제, 국내, 지역 소식으로 나뉘어 있다. 이 세 가지 규모는 무엇을 보도할지, 어떻게 해석할지, 어디에 배포할지를 선택하면서 서로 다른 참여 수준으로 뚜렷이 다른 신념 체계로 문화를 반영한다. 이는 자유세계에서 미디어가 만들어내는 견해를 독자/시청자/청취자가 선택할 수 있고, 미디어는 정보 소비자가 받아들이거나 지지하는 견해를 전문적으로 다룬다는 의미이다. 그런 수용은 수동적일 수도 능동적일 수도 있다. 수동적 방식에서 소비자는 의식적 선택 없이 정보에 노출되는데, 예를 들면 쇼핑몰에서 공개적으로 나오는 라디오 방송을 듣는 것이다. 능동적 방식에서는 목적의식을 지닌 소비자가 미디어를 선택하고 정보를 소비한다.

"미디어는 메시지"라는 마샬 매클루언의 유명한 말은 가치를 끌어당기는 미디어 힘의 핵심을 담고 있다. 자신의 복잡성 수준이 도시의 수준과 동등하거나 그보다 높은 편집자가 있다면, 미디어는 도시의 목소리를 솔직하게 반영하고 정말로 중요한 문제를 파고드는 수준의 지능을 도시에 제공한다. 일례로 브리티시컬럼비아의 밴쿠버(인구 200만)에서 《밴쿠버 선》의 편집자 퍼트리샤 그레이엄은 가족의 유대, 스포츠와 예술의 힘, 거버넌스와 권위의 표준, 기업의 탁월성, 소셜네트워크의 부, 국제 관계의 변화와 흐름 등을 다루어 독자의 이해를 돕는 신문을 만들며, 복잡성 렌즈라는 지혜와 세계적 사안에 대한 즉각적인 접근성을 이용하여 끊임없이 먹잇감을 고른다.

브리티시컬럼비아의 작은 도시 애버츠퍼드(인구 13만)에서는 《애버츠퍼드 뉴스》 편집자 릭 레이크가 시장과 시의원, 학교 위원회, 스포츠 팀, 교회 및 신자 등의 지역적 관심사를 보도한다. 그가 만드는 신문을 통해 애버츠퍼드의 독자와 광고주는 자신들이 신문에 반영되고 있음을 볼 수 있다.

지난 50년간 이미지가 최고가 되고 어디를 가든 휴대전화와 아이팟이 따라다니는 멀티미디어(특히 전자 미디어) 시대에, 많은 미디어가 성숙한 해석 행위에 투자하지 않고 자극적인 이야기를 전달하는 이미지와 소리에 의존해왔다. 우리 도시의 문화는 이제 오락성 정보가 늘 떠다니고, 많은 경우에 대부분 사람들이 공유해온 가치를 노골적으로 몰아세우기도 한다.

지역 문화의 가치가 초국가적으로 약화되어 우리의 도시를 바꾸고 있다. 초국가적 미디어는 도시의 지능을 기하급수적으로 확장할 수 있지만, 현재 상태에서는 지능을 막거나 심지어 파괴하는 메시지를 개발하고 전하는 데(폭력적인 비디오 게임) 빠져 있다. 모든 기술과 마찬가지로 초국가적 전자 미디어는 미성숙한 탐험과 적용으로 시작하는 생명 주기를 거친다.

신문, 그리고 이제 라디오와 텔레비전이 성숙함에 따라 가치가 재조정될 수 있으며, 사려 깊고 생산적이고 생명 친화적인 프로그램과 콘텐츠가 마침내 출현할 수 있다. 이는 과잉 상태의 소셜네트워크 사이트에서 교환되는, 개성 위주에 근시안적인 이야기들과 두드러지게 대조된다. 블로그의 성황으로 인간이 이야기에 매료된다고 단언할 수 있지만 종종 그로 인해 에고 기반의 쟁점에 사로잡혀 미성숙하고 때때로 자기도취적인 필자의 의견이 전달되기도 한다.

무선 미디어의 세계는 상당 부분이 인간 의식에서 가장 낮은 수준의 가치에 빠진 외설물과 섹스에 사로잡혀 있더라도, 상호주관적 교환을 가속화하는 능력을 이미 보여주고 있다(2008년 미국 대통령 선거 운동에서 이를 목격한 바 있다). 도시는 어떻게 그런 지능까지 더 큰 목적에 맞게 변화시킬 수 있는지 배우는 중이다. (미성년자 섹스 관광이 널리 알려지면서 그러한 관행을 불법화하도록 압력이 가해졌고, 부모는 자녀의 텔레비전 시청 프로그램을 제한하기 위해 V칩 기술을 이용한다.) 심지어 문화적인 면에서 우리는 스스로에게 물어야 한다. 이러한 방해물이 인간의 살아 있는 시스템을 이해하는 데 도움이 되는가? 생존에 대해 알려주는 바는 무엇인가? 번식에 대해서는? 우리의 자원 배분가와 내부 판정자는 언제 어떻게 우리의 에너지를 더 생명 친화적인 실천에 할당할 것인가? 이러한 집착이 (참여를 통해) 강화되고 있는 순응에 대해 알려주는 바는 무엇이며, 우리는 다양성 생성에 대해 어떻게 보상할 것인가?

## 문화적 중요성을 재창조하다

도시는 문화적 삶이 번성하는 컨테이너이지만 종종 문화적 가치를 묵살하거나 심지어 억누르기도 하는 컨테이너다. 산업혁명보다 더 오래된 역사를 지닌 도시에서는 문화적 삶이 수 세기에 걸쳐 진화했고 그런 삶이 자리를 잡는 동안 미친 영향이 복잡했다. 산업혁명 기간이나 그 이후에 출현한 젊은 도시는 문화적 깊이가 얕다. 제조업과 일에 중요성을 부여하기 때문에 존재하고 관계를 맺는 즐거움이 옆으로 밀려났다. 그뿐 아니라 그로부터 생긴 세계관은 인간 시스템을 레고처럼 눈에 보이는 부분이 조립된 기계로 보았다. 시정 담당자나 도시 개발자, 토지 소유자, 기업가는 도시의 눈에 보이는 측면에만 집중하고 도시를 함께 짜고 있는 보이지 않는 관계는 거의 이해하지 못한다.

산업혁명 전의 도시에서는 사람 간 관계, 가치 시스템, 세계관에 매우 견고한 역사가 있어서 사람들은 도시의 영토를 떠나고 사람들과 분리될 때에만 그로부터 벗어날 수 있었다. 이러한 종류의 관계가 도시를 감싸고 의식의 장을 형성했으며 도시에서 감지되는 영혼 즉 핵심이 되었다.

가족 및 친족의 유대가 강한 이런 전근대적 가치 시스템에는 공유된 미적 가치관이나 분명해 보이는 건축 양식, 독특한 미각으로 표현되는 문화가 있다. 이는 생물-심리-문화-사회적 상호 연결성의 실체를 설명하는 우리의 이야기—구전의 역사—때문에 생기는 문화다.

1950년대와 1960년대에 공공주택이 거의 대부분 건설되었고, 단순히 감당할 수 있는 건물을 짓는 것만으로는 이웃이나 커뮤니티를 형성시킬 수 없음을 대가를 치르면서 힘들게 배웠다. 기능 장애가 있는 지역의 사람들을 그들의 이야기가 반영되지 않고 건설된 다른 지역으로 이주시키면, 그들은 이전의 생활에서 유래된 문화적 기능 장애의 경험과 응어리와 생각을 그대로 가져간다. 주택 개발자는 새 고층 건물이나 새 주택 개발 단지(글래스고, 토론토, 시카고)로 이주하는 사람들의 삶의 질을 크게 향상시키고자 했지만, 이전의 주택에서 생긴 오래된 문제는 새 주택 단지에서도 금세 나타나 경악하게 했다.

관계가 일단 정착되었을 때 출현하는 새 문화는 오래된 병리에 바탕을 둔다. 이러한 실험은 새 세대의 경험이 더해진 후에야 문화적 연결성은 고통스러운 현실이며 커뮤니티의 형성과 즐거움이라는 면에서 엄청난 역할을 한

## 문화를 무시하고 건물을 세우다

중국은 싼샤 댐을 건설하면서 도시에서 사람들을 쫓아냈다. 기반 시설과 전기 에너지 생산에 우선순위를 두었고, 중국에서 특히 중요한 조상과 장소에 대한 문화적 유대는 무시했다. 이보다 더 나쁜 것은 새로운 도시가 사우디아라비아부터 일본과 중국 개발자의 제도판 위에서 잉태되고 아름답게 설계되었음에도 불구하고 문화적 연결성이라는 실체에 아무런 주의를 기울이지 않고 사람들을 건물 안으로 '몰아넣을' 작정이었다는 점이다. 제2차 세계대전 후 글래스고에 건설된 빈민가는 기능 장애 상태여서 범죄 조직과 마약이 들끓었는데, 불행히도 개발자들은 그때의 교훈에 주의를 기울이지 않았다.

다는 사실을 분명히 보여준다.

이제 우리는 문화가 커뮤니티와 캐나다 같은 국가의 지속 가능성에서 주요한 기둥임을 확실히 알며, 지속 가능한 커뮤니티 방정식에 문화를 공식적으로 넣음으로써 그러한 사실을 최근에 인식했다. 리처드 플로리다의 창조도시(2005) 모델을 통해 문화적 창조성이 도시 삶의 특성에 어떤 결과를 더할 수 있는지 이해할 수 있다. 캐나다의 창조도시 네트워크는 새 커뮤니티라면 키워야 하는 문화적 창조성이 활발하게 발휘될 수 있게 도시 수준에서 지원한다. 그러나 캣 러널스의 연구는, 2005년 캐나다 연방 정부에 의하면 문화가 지속 가능성의 네 번째 주석이지만 대부분의 지방 정부에는 그 네 번째 주석에조차 의미를 부여할 전략이나 자원이 거의 없음을 보여준다.[2]

문화적 참여는 어떤 커뮤니티든 새롭게 뿌리 내리도록 돕는다. 문화는 주택 단지라는 황무지에서 연결과 지지를 끌어내고 지원한다. 문화라는 실체가 무시된다 해도, 연결은 사회적 홀론의 본성이므로 어떻게든 문화는 형성될 것이다. 그러나 연결이 인위적으로 이루어질 때 그 연결은 연결을 만드는 사람들의 중심점 및 삶의 조건에 반응할 것이다. 따라서 공공 주택은 종종 가장 어려움에 처한 사람들을 보호해야 하는 임무에 실패한다. 그리하여 어려움에 처한 사람들은 포식동물 같은 마약상이나 범죄자의 영향에 취약해지고 거주자들이 건강한 방식으로 자기 조직화하는 것을 방해한다. 새 가치를 획득하려면 새 역량이 자랄 환경이 필요하고, 가치의 기능 장애를 극복하는 데는 지도와 지원이 필요하다. (최근의 홈풀니스 실험은 커뮤니티가 웰빙의 방향으로 가는 데 또래의 지지가 촉매라는 점을 보여준다.)

문화적으로 다른 사람과 이어지는 추진력의 실체에 대한 증거가 더 필요하다면, 유튜브와 페이스북처럼 사회적 네트워크를 형성하는 소프트웨어의 성공을 들 수 있다. 사람들은 문화가 포용하는 자연스러운 연결에 목말라 있기 때문에 그런 관계를 이어주는 기술적 지원에 사실상 중독되어 있다.

## 커뮤니티와 대화: 참여의 장

사람 사이의 연결이 얼마나 중요한지 이해했으니 이제 커뮤니티 형성이나 대화처럼 오래된 실천 방식과 과정이 왜 관심을 끄는지 살펴보자. 그 방식들이 참여를 어떻게 심화할 수 있을까?

커뮤니티를 규정할 때 사람들이 부여하는 의미를 보면, 커뮤니티는 장소라기보다 '되어가는 과정'인 것 같다.[3] 이러한 의미에서 커뮤니티는 적응하고, 변하며, 의미를 만들고, 발견하고, 탐구하면서 우리 자신이 되도록 돕는, 관계 속에 존재하는 과정이다.

'커뮤니티'라는 용어는 '함께 봉사함', '서로 결속함'이라는 개념에서 나왔다.[4] 많은 저자들이 혼돈과 와해를 포함하는 여러 단계를 거쳐 '커뮤니티가 되어가는' 과정이 진화(그리고 공진화)하는 것을 관찰했다.[5] 여러 전통적 실천과 최근 연구에서는 탐구와 성찰을 통해 통일성의 결여나 단순한 공손함 혹은 가짜 커뮤니티를 극복할 수 있음을 보여준다. 탐구와 성찰에는 주의 집중과 의도가 필요한데, 우리가 보통 그 일에 시간을 들이지 않기 때문에 커뮤니티를 건설하는 오랜 시간 동안 혼돈의 가장자리에서 사는 경우가 많다.

이는 대화 훈련이 재발견되어 사람들이 새로운 방식으로 서로에게 귀를 기울이도록 돕는 강력한 도구가 된 여러 이유 중 하나다. 대화는 의사소통 과정을 느긋하게 만들어, 사람들로 하여금 자신의 이야기를 하고 다른 사람 말에 귀를 기울이고 새로운 가능성을 고려하며 다른 행동을 이끌 새로운 의미를 찾게 한다.

대화 과정을 검토하면서 윌리엄 이삭(1999)은 대화의 장 네 가지—공손함, 붕괴, 탐구, 플로우—를 언급한다. 가장 눈에 띄는 정신 모델에 따르면 첫 번째 '공손함'의 장에서는 '일어날 것 같은' 것을 제안한다. 이 수준의 상호 작용을 안내하는 규칙에 대해 '당연시되는' 가정이 있다. 사람은 자신이 정말로 생각하고 느끼는 바를 털어놓지 않는다. 이는 일반적인 일상 대화의 장이다.

대화가 '붕괴'라는 두 번째 장으로 들어가면 대화는 통제되고 정교해진다. 사람은 자신의 생각을 말하기 시작한다. 강도와 압력이 증가하며, 대화가 촉진 과정 중이라면 커뮤니티의 에너지에서 모습을 드러내는 '컨테이너'에 의해 지지를 받는다. 이런 식으로 조절되는 대화는 종종 논쟁이나 기술적 분석 혹은 톺아보기 도전이다. 이 두 번째 단계에서 커뮤니티는 다양한 참가자들과 씨름하기 때문에 장의 모호함은 더욱 뚜렷해진다. 개인이 "치유하거나 개조하거나 해결"하려 들기 때문에 사람들의 에너지는 밖으로 투사되는 것 같다.[6] 이는 커뮤니티 전체의 가치와 의미를 발견하는 과정이든 개인의 가치와 의미를 발견하는 과정이든 조화를 이루지 못하는 단계다. 마침내 붕괴가 일어난다. 종종 많은 모임이 다툼의 장을 넘지 못하고 공손함의 단계로 돌아간다.

두 번째 장을 성공한다면, 서로 진정으로 들을 의사가 있는 사람들은 '탐구' 단계로 알려진 대화의 세 번째 장, 즉 공식 용어로 다른 사람에 대한 깊은 존경이 드러나는 '사려 깊은' 대화로 들어간다. 이때 사람들은 '가정'하고 정신 모델을 '탐구'하기 시작한다. 서로 다른 관점을 드러내고 평가한다. 마침내 다른 사람을 변화시킬 필요가 없음을 이해하게 된다. 지위와 사람의 중요한 차이가 관점으로 들어온다. 다른 방식으로 말하고 듣기 시작한다. 스티븐 코비(1990)가 주장하듯이, 이 단계의 커뮤니티에서 구성원은 "먼저 이해한 다음에 이해받으려고" 한다.

대화의 네 번째 장에서 사람들은 대화와 사람을 새로운 상태로 바꾸어 놓는 '플로우'의 장으로 들어간다. 전체가 최고의 자리를 (되)찾고, 여러 방식으로 연결되어 학습 커뮤니티[7] 혹은 행동 연구 모임[8]을 만들기도 한다. 깊은 수준의 공동체 소속감이 높은 수준의 신뢰를 불러일으킨다. 상호 작용하는 새로운 규칙을 만들어냄에 따라 새로운 가능성이 나타난다. 집단의 사고와 개인의 인식을 연결하는 새로운 생태계가 등장하여 정신 모델과 패러다임의 제약을 덜 받는 의미 발견 과정을 유지한다. (우연의 일치가 의미 있게 일어나는) 동시 발생이 여기서 나타난다.[9] 종종 절정 체험으로 보고되는 이 단계에서 사람은 깊이 연결되고 매끄럽게 자기 조직화되며 지속 가능하고 유능하다고 느낀다.

이러한 지속 가능성 개념에서 나오는 몇몇 단순한 규칙은 위르겐 하버마스가 설명한 이상적인 의사소통 조건[10]과 공명한다. 그 조건은 다음과 같다. 대화에 참여하는 개인은 발언권이 동등하며, 해석하고 다른 사람에게 반응하는 권리도 모두 동등하다. 모두 자신의 의도와 감정에 투명해야 하고, 자신의 행동에 책임을 지며 다른 사람에게도 책임을 요구해야 한다. 일상 대화에서 이러한 네 가지 '단순 규칙'을 실천하려면 다음과 같이 하면 된다.

- 개개인이 자신의 목소리를 내게 한다
- 분별 있는 자세로 경청한다
- 자신의 가정/정신 모델과 확실성에 대한 욕구를 유예한다
- 다른 사람을 존중한다

파커 파머는 커뮤니티는 애매한 개념이 아니며 분명히 친밀함과는 동일하지 않다고 우리를 일깨운다. 그보다 커뮤니티는 '유대 능력'에 관한 것이다. 그는 커뮤니티가 "적으로 인식되는 사람까지 끌어안아야 하고 (……) 커뮤니티는 당신이 가장 같이 살고 싶지 않은 사람이 늘 살고 있는 장소이고 (……) 그 사람이 떠나면 다른 사람이 즉시 그런 사람이 된다"고 믿고 있다. 파머는 유대 능력은 사색을 통해 얻을 수 있다고 주장한다. 사색은 '분리되어 있다는 환상'을 어떻게 극복할지 알 수 있는 방법이고, 그렇게 함으로써 상호 의존이라는 현실을 접하게 된다. 그는 매우 유익한 형태의 사색으로 실패, 상실, 고통을 든다. 따라서 유대 능력은 공용 구조물을 세우는 일이 아니라 우리의

문화와 사회에 만연한 단절의 힘에 저항하고 내적 노력에 마음을 여는 것에서 시작한다.

커뮤니티를 이루는 것은 '되어가는 과정'인 반면, '커뮤니티에 속하는' 것은 '균형'이라고 할 수 있는 상태에 있을 때, 즉 우리의 마음과 몸, 영혼이 동시발생적으로 서로 도움이 될 때 일어난다.[11] 이는 전체 시스템이 내부적 통일성을 지니고 공명하고 숙달된 수준으로 도움이 되는, 엘리자베스 사투리스의 홀론을 상기시킨다. 이상적으로 우리가 적응하는 복잡한 인간 시스템으로서, 공생하는 통일된 방식으로 서로의 욕구에 도움이 되고 연결될 때 지구와 조화를 이루며 산다고 할 수 있다. 그렇게 함으로써 우리가 경험하는 즐거움은 공유되고 말을 초월한다.

그런데 이렇게 균형 집힌 조화를 이루려면 스스로 동기를 부여하고 성찰하도록, 우리를 시험대로 내모는 관계 속에서 혼돈의 가장자리에 설 수 있어야 한다. 커뮤니티에 속하는, 부인할 수 없는 목적과 결과는 복잡한 적응 시스템인 우리의 생존과 지속 가능성을 보장한다. 경쟁하고 협력하고, 탐험하고 동시에 약탈하며, 관계를 즐기고 그 때문에 몸부림치는, 이러한 이중 속성은 우리가 종으로 생존하는 데 충분한 힘을 얻는 진정한 길일 것이다.


## 실천 커뮤니티: 건강한 교육, 건강관리, 일터를 위해 진화하는 문화

커뮤니티와 대화에 관한 연구를 진행하면서 그 작업을 통해 우리가 목적 기반의 '실천 커뮤니티'를 개발한다는 인식에 이르렀다. 에티엔 웽거는 통합적 관점을 실질적으로 뒷받침하는 '실천 커뮤니티라는 유용한 틀을 제공한다(사이드바 〈실천 커뮤니티〉 참고). 웽거는 학습의 상호주관적 특성과 객관적 특성(통합 모델에서 왼쪽 면과 오른쪽 면)과, 집단 작업에서 서로 얽힌 개인과 집단의 역

할을 인정한다. 웽거는 세 가지 차원에서 커뮤니티를 이야기한다.[12]

- 상호 참여
- 공동 기업
- 목록의 공유

## 실천 커뮤니티

시청의 교육, 건강관리 시스템, 고용 서비스 분야의 전문적 실천 커뮤니티는 규칙을 만든다. 권위자의 생각은 공적 패러다임과 연구, 어떤 커뮤니티에서든 적용되는 실천 방법을 결정한다.

레오니 샌더콕은 이러한 실천 커뮤니티에서 비타협적인 태도에 대응하는 네 가지 방법을 제안한다[13]

1. 입법 변화를 통해 계획 시스템을 점검한다(문화적 확신과 변화 지지자들의 지속적인 에너지가 모두 필요한 벅찬 과제이다).
2. 변화를 이루기 위해 시장의 힘을 허용하고 격려한다(부분적이며 종종 불공평한 해법인 경우가 많다).
3. 커뮤니티 간 대화의 기회를 만든다.
4. 계획가들을 교육시켜 기량(과 가치관)을 확장하고 습득하게 한다.

웽거는 현실적으로 (지역적인 것과 세계적인 것 사이의 균형처럼) 학습과 실천 커뮤니티 사이에서 균형을 맞추며, 한 종류의 복잡성이 다른 복잡성을 대체하고, 어떤 제약을 수용함으로써 다른 제약을 극복할 수 있음(1999, 132쪽)을 강력하게 옹호한다. 그는 도시/지역 개발자들이 실천 커뮤니티로서 활동하는 경계는 "지역적인 것과 세계적인 것이 상호 작용하는 (……) 협상, 학습, 의미, 정체성의 공간으로서 중요하다"(133쪽)고 다시 한 번 말한다.

웽거가 제안한 학습 설계(232쪽)는 통합적 설계를 더 이끌어내는 네 쌍의 역설적

차원을 아우른다.

1. 참여/거리 두기
2. 지역화/세계화
3. 식별/협상
4. 설계/창발

웽거의 교육 방식은 메타 패러다임을 끌어안는 동시에 복잡하고 적응성 있는
지역적 학습의 특성을 주장하는 것으로 보인다.

이 중 첫 번째 차원은 무엇이 가치 있느냐는 의미의 공유에서 나온다. 두
번째 차원은 의미를 공유하는 협상 과정에서 발달하며 창발적 관계에서 나
온다. 세 번째는 앞의 두 차원에서 나오는 능력이다.

### >> 공공 부문, 민간 부문, NFP 부문 간 네트워크 설계하기

실천 커뮤니티가 암묵적 지식과 앎의 방식에 의해 제한받고 있다면, 우리
는 그 제한을 어떻게 넘어설 수 있을까? 문화가 도시의 웰빙에 매우 중요하
다면 공공 부문, 민간 부문, NFP 부문의 사일로 사이에 어떻게 다리를 놓을
수 있을까?[14] 공공 부문, 민간 부문, NFP 부문 안에 있는 굴뚝 사이에 어떻
게 다리를 놓을 수 있을까? 공공 부문, 민간 부문, NFP 부문의 개인들이 느
끼는 고독감에 어떻게 다리를 놓을 수 있을까? 건강하게 정렬되고 통일성 있
는 방식으로 도시의 문화가 관여하는 커뮤니티 관계를 적절히 설계하는 일
에 있어서 인간 문화의 본성은 어떤 단서를 제공하는가?

수준 6의 포괄적 설계 능력이 수준 7의 섬세한 복잡성 능력의 영향을 받
는다면 대화는 새로운 연결에 실질적으로 기여할 수 있는 반면, (10장에서 논

의하듯이) 네트워크 형성에는 자기 조직화 시스템에 관여하는 수준 7의 기술과 계층 구조를 동시에 조직하는 수준 8의 과학이 필요하다. 네트워크 형성의 기술과 과학은 생산적인 연결을 만드는 일과 관련 있다. 새로운 능력과 새로운 가치가 네트워크 형성 과정에서 출현할 때 우리는 연결이 생산적임을 알게 된다.

네트워크 형성은 종종 의도적인 촉매가—종종 지켜보고 파헤치고 모델을 세움으로써 시스템과 상호 작용하는 사람이—존재한다는 특성이 있다. 흥미롭게도 뇌과학에서는 어떤 정상 상태에서 다른 정상 상태로 전환이 일어나도록 촉매 기능이 시스템을 통한 에너지-물질의 흐름을 지시한다는 것이 알려져 있다. 문화적 연결은 정보를 이용하여 에너지-물질의 흐름을 재

---

### 게팅 하이어 합창단

노래는 유대를 맺게 하는 매력적인 방법이 되기도 한다. 브리티시컬럼비아 밴쿠버에서 시본 로빈송(Shivon Robinsong)이 창단했고 데니스 도넬리(Dennis Donnelly)가 공동으로 이끄는 게팅 하이어(Gettin' Higher) 합창단은 오디션 없이 누구든 들어갈 수 있는 커뮤니티 합창단으로 시작되었다. 로빈송이 누구나 노래를 부를 수 있다는 믿음을 가지고 1996년에 만든 이 합창단은 이제 단원이 300명이 넘어 세 그룹으로 나누어 연습해야 한다. 도넬리는 서구가 아닌 문화권에서는 두 명 중 한 명은 노래를 부른다는 데—'수준 미달'이라고 배제되는 일이 없다는 데—주목했다. 단원들은 회비를 내고 참여해 건강과 에너지와 영혼의 만족감이라는 혜택을 본다고 말한다. 이들은 전문 성악가, 세계적인 합창단의 지휘자와 공연했고, 〈우분투〉(당신이 있기에 내가 있다)라는 딱 맞는 이름을 붙인 앨범도 냈다. 나아가 모잠비크의 마을 캄파세니를 지원하고자 (이제 1만 달러가 넘는) 한 해 공연 수익금 모두를 기부한다. 합창단을 만드는 데 마을이 필요하고, 마을을 세우는 데도 합창단이 필요한 것 같다.

조정하는데, 예를 들면, 갈등이나 충돌을 일으키는 개인과 집단 사이에서 단순한 규칙에 대한 합의를 끌어내어 그들로 하여금 새로운 지지 관계를 조직하도록 한다.

밴쿠버 도심의 가난한 동부에서 자선 건축업 단체의 활동을 다룬 고든 위베의 연구가 좋은 예다. 그에 따르면 세를 놓는 건물에 거주지를 마련하고 처음에는 무능력자 5퍼센트를 수용했다. 그러자 집을 구하기 힘들었던 나머지 95퍼센트도 서로 지지하는 커뮤니티를 스스로 조직했다. 교회 목사부터 비정부 기구까지 가격이 적당한 혁신 주택을 개발한 사람들은, 사회 기관이 노숙자의 단기적 생존과 장기적 웰빙을 돕는 체계적이고 유연한 과정으로 서비스 제공 프로젝트를 재조정할 수 있는 길을 찾고 있다. 이렇게 볼 때 네트워크 형성의 핵심은, 변용과 변형의 과정을 통합함으로써 능력을 쌓는 것이다.

## 커뮤니티의 정신 건강 시스템

캔자스 주 위치타 북쪽에 있는 뉴턴과 그보다 작은 네 도시에서는 제2차 세계대전 후 메노파 커뮤니티가 정신 건강 연구소를 세워 연방 정부가 포기한 일을 시작했다. 이렇게 만들어진 프레리뷰(Prairieview) 커뮤니티 정신 건강 시스템은 통합적인 지원으로 개인과 단체를 돕는다. 프레리뷰는 여섯 커뮤니티에 자원을 제공하는데 각 커뮤니티는 개인에게 적절한 일터(곡물 농장부터 보잉 조립 공장까지 다양)와 가족 돌봄을 지원하면서 문화적으로 민감한(이 커뮤니티에는 독일, 네덜란드, 스코틀랜드, 스웨덴, 라틴아메리카계 사람들이 포함) 정신 건강 서비스를 제공한다. 견문이 넓은 정신과의사를 채용하고 현대적인 의료 설비를 유지하고 (웃음 요가도 포함하여) 전 세계의 효과적인 방식을 다양하게 활용한다. 프레리뷰는 커뮤니티에 지혜와 도움을 주는 〈생각을 위한 한 달 음식〉 기조 연설자들을 지원하는 일도 10년 넘게 해왔다.

## 결론

도시의 문화는 사람들 관계의 특성에서 나온다. 관계가 풍부할수록 문화는 활기가 넘친다. 도시는 자연적 생명 주기를 거치면서 자라는데, 그 관계는 10년, 1년, 한 달, 하루마다 변한다. 도시에서 우리의 관계는 우리가 도시의 역동성을 느끼는 방식이다. 관계는 살아 있는 시스템인 우리의 현재 좌표를 보여주기 때문에 우리가 얼마나 온전히 살아 있는지 알려준다. 관계는 함께 생존하고 (다른 사람들을 포함하여) 환경과 연결되고 번식하고 재창조하고 재생될 능력이 있는지 알려준다.

도시의 문화는 시민의 가치를 대표한다. '이곳에서 무엇이 중요한지'를 보여주는 영원한 지표다. 우리가 가정과 직장에서, 놀거나 영성 활동 중에 그 가치에 어떻게 우선순위를 매기는지는 우리들 관계의 특성 및 도시 문화의 특성으로 나타난다.

사실 도시의 문화는 다양한 하위문화가 공식·비공식 경계에 둘러싸여 있는 것이다. 우리가 도시 문화를 창조하고 살아가는 방식은 생명지능의 함수이며 서로를 의식하는 능력의 증거다.

## 질문

1. 문화가 출현하는 창조 과정을 우리는 어떻게 존중할 수 있을까?
2. 다양한 목소리와 운율과 문화가 건강하게 표현되는 조건을 창조하려면 싱가포르에서 무엇을 배워야 할까?
3. 호모 사피엔스 사피엔스의 가장 위대한 문화적 능력을 반영하도록 미디어를 어떻게 개발할 수 있을까?

## 통합도시 원칙을 적용하기 위한 간단한 규칙 세 가지

1. 나와 다른 사람을 존중한다.
2. 경청한다.
3. 함께 실천 커뮤니티를 창조하기 위해 자신의 이야기를 나누고 다른 사람도 이야기할 수 있게 한다.

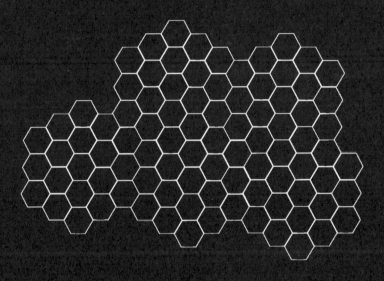

Inguiry Intelligence

9장
———
**탐구지능**

이 장은 〈과제: 도시의 잠재력을 깨우는 네 가지 질문〉이라는 제목으로
2005년 7월 앨버타 주 캘거리에서 열린
캐나다 설계자 협회 컨퍼런스(주제: 계획과 설계의 최전선)에서
발표(주제: 통합적 계획과 나선형 역학의 새로운 모델)한 내용을 담고 있다.

• • •

더 이상 질문이 없는 것보다, 검증할 대답—가설—을 두루 상상하지 못하거나
시간과 돈을 많이 들이고도 제대로 된
실험을 해볼 괜찮은 방법을 생각해내지 못하는 것이 문제다.
– 굴드 & 굴드, 『꿀벌』

질문 자체를 사랑하는 법을 배워라.
– 루미Rumi

## 과제

　나는 분주한 양봉가처럼 도시의 잠재력을 드러낼 인간 시스템을 찾고 있다. 삶의 질을 최적화하려면 도시에서 무엇을 어떻게 바꾸어야 할지 알려주는 전문가가 필요했다. 도시 계획가, 사회학자, 경제 전문가, 사회 개발자, 의료 전문가, 교육 전문가, 그리고 기반 시설과 부동산 개발자 등 모든 직업이 그런 전문 서비스를 제공했다.[1] 그들은 정량적 자료와 정성적 자료를 막대하게 수집했고 거대한 데이터베이스를 개발했고 기반 시설 관리 기술을 발달시켰으며 복잡한 지리 정보 시스템 소프트웨어를 만들어냈다. 하지만 이런 서비스 대부분이 기술적으로 앞서 있음에도 불구하고 도시에서 일상을 사는 사람들로부터 단절되어 있다.

　지난 10년간 시민의 지혜와 전문가의 지식 사이에 어떻게 다리를 놓을 수 있을지 궁리했다. 동료인 앤 데일도 비슷한 고민을 했는데 그의 표현에 따르면, 그 일은 도시에서 외부의 사일로, 내부의 굴뚝, 고독한 개인들 사이에 다리를 놓는 것이었다.[2] 커뮤니티에서 그리고 최근에는 도시에서 인간 시스템의 역동성을 연구하는 과정에서 나는 도시의 잠재력을 드러내는 간단한 질문 네 가지를 만들고 평범한 시민들에게서 답을 얻었다. 조사, 위즈덤 서클wisdom circle, 문헌 분석, 민족지학적 분석, 소수 그룹focus group 인터뷰,

대화 등을 통해 자료를 수집했다. 제임스 서로위키의 『대중의 지혜』(2004)를 회상하면서, 그 질문들이 도시의 메타 지혜를 밝힐 열쇠가 될 수 있다고 믿게 되었다.

네 가지 질문은 놀랍고도 강력하다.

### >> 우아한 정원

첫 번째 질문은 도시에 생명력을 부여하는, 꽃이 만발한 우아한 정원으로 이끈다.

● 우리 커뮤니티/도시의 강점은 무엇인가?

이 질문은 사람들로 하여금 자신이 그 도시에서 정말로 좋아하는 것에―이곳이 훌륭하다고 느낀 점은? 왜 이곳에 왔고 머물게 되었나?―집중하게 한다. 대부분 이 질문에 반응하며 놀랍고도 풍부하며 구체적인 예를 풀어놓는다.

"내가 사는 곳은 거리가 안전해요."

"아이들 키우기에 정말 좋은 곳이죠."

"이 도시에는 올림픽 수준의 운동 시설이 있어서 몸을 단련할 수 있답니다."

"차가 필요 없어요. 대중교통 시스템이 잘되어 있거든요."

"저는 공장에서 20년간 일했어요. 보잉사가 이곳에 사업을 확장해서 직장 일이 잘 풀렸죠."

"문화적으로 다양한 도시고, 여러 민족이 섞여 지내는 게 정말 좋아요. 예술가로서 정말로 활기찬 예술 커뮤니티에 참여할 수 있거든요."

"이곳은 실제로 전 세계와 연결되어 있어요. 저는 편안한 고향을 떠나지 않고도 여러 나라 사람과 일할 수 있어요."

"우리 협회가 전 세계와 정보를 나누고 문화적 의식을 확장하기에는 여기가 이상적이죠."

커뮤니티 표적 집단은 이 첫 번째 질문과 관련 있는 자료를 수집하는 경우가 많다. 그러나 커뮤니티 리더나 조력자는 이 질문에 대한 반응에서 상호연결성의 숨겨진 패턴이나 일관된 주제를 못 보는 경우가 많다.

가치 파악을 통해 생생한 이야기를 수집하고 인간의 벌집처럼 지도 위에 나타낼 수 있게 하는 지점이 여기다. 학제적 과학 연구를 통해 우리는 인간 시스템이 진화함에 따라 여덟 가지 주요 가치 시스템이 출현했고 각각은 앞선 것보다 더 복잡함을 알게 되었다. 진정으로 활기찬 도시라면 위의 진술이 각각 하나의 가치 시스템을 대표하며, 도시 전체가 건강하려면 그 가치 시스템이 건강해야 한다. 여덟 가지 가치 시스템은 다음과 같은 주제로 대표된다.

- 개인의 안전과 생존
- 유대, 가족 관계, 씨족과 부족의 관습
- 개인의 표현력, 기쁨, 개인의 권력
- 질서, 권위, 규칙, 법, 규약, 법령, 기반 시설
- 조직, 효율, 효과, 전략, 성과
- 커뮤니티, 다양성, 차이의 수용, 동등한 권리
- 통합 시스템 사고, 생태적 연결
- 전 지구적 세계관, 공유된 세계의 출현

### ≫ 치명적인 사막

내가 묻고 싶은 두 번째 질문은 도시의 '사막'—꽃이 피지 않고 꽃가루도 드물고 심지어 해로우며 인간 거주지로는 활동을 유지할 수 없는 거친 땅—으로 이끈다.

● 커뮤니티/도시의 잠재력을 막는 것은 무엇인가?

도시 거주자로 살다 보면 개인의 일상적 역동성과 복잡성을 보지 못하기도 한다. 그래서 도시 삶의 특성에 영향을 주는 섬세한 방법을 인지하지 못한다. 일례로, 앨버타 주 애버츠퍼드는 캐나다에서 아주 빠르게 성장하고 있는 도시다. 부모가 자녀를 등하굣길에 태워줄 때마다 생기는 교통 정체에 대해 시민 대부분이 투덜대고 이는 당연하다. 하지만 지난 30년 동안 그들이 투표한 결과로 단기적 도시/학교 구역 토지 이용 정책과 하루에 두 번 도로 곳곳에서 긴급 구조대의 접근을 막는 교통 정책이 생겨났음을 알지 못한다.

재단과 비영리 단체, 비정부 기구 등을 통해 도시 관련 일을 할 때 시 당국의 권력 구조에 낙담한 적이 많았고 소외된 사람들의 관심사를 드러내지 못했다. 캔자스 주 위치타 북쪽에 모인 작은 도시들에서는 라틴아메리카계

도표 9.1. 사막을 극복하는 새 지평.

| 사막<br>가치 시스템의 수준 | 사막 | 새 지평 가치<br>시스템의 수준 | 새 지평 |
|---|---|---|---|
| 1. 위험<br>5. 효과 없음 | (에버츠퍼드)<br>통학 시간대의 교통<br>체증과 긴급사태에<br>대한 미흡한 대처 | 5. 효과적인 전략 | • 시장과 시청 직원들이 공식적인<br>커뮤니티 계획을 재검토하고<br>개선함 |
| 2. 새 시민을<br>가로막는 관습 | (캔자스)<br>인종차별 | 6. 커뮤니티/다양성<br>7. 온시스템 사고 | • 커뮤니티 정신건강시스템을 통해<br>건강한 민족 다양성의 가치를<br>인식함 |
| 4. 도시의 질서와<br>인프라 붕괴 | (그레이프바인)<br>마을 붕괴 | 2. 마을의 관습<br>5. 변화 전략 | • 시정 담당자가 역사적 뿌리에 대한<br>관심을 되살리고 역사에 기초하여<br>중심가 활성화 전략을 수립함 |
| 5. 부적절한 경쟁<br>전략 | (카본데일)<br>대형할인점 확장이<br>도시의 문화 및<br>환경과 맞지 않음 | 6. 시민의 이의 제기<br>7. 온시스템 사고 | • 시민들이 투표를 실시하여 시<br>의회의 결정을 뒤집음<br>• 도시의 미래상에 대한 시민의<br>의견을 수렴하기 위해 시정<br>담당자가 로드맵 위원회를 구성함 |

노동자들이 전통적인 시골 지역으로 유입되었는데, 인종 차별로 인해 관계가 무너지고 이웃 사이에 벽이 생겼다.

시 당국이나 학교 위원회나 의료 기관의 관점에서 도시를 관리할 때, 다양한 이해 당사자를 만족시키는 결정을 내려야 한다는 요구에 당황하여 정작 중요한 것에 주목하지 못하기도 한다. 텍사스 주 그레이프바인 시가 인접한 댈러스 포트 워스 공항의 막대한 개발에 직면했을 때 중심가의 사업상 손실은 그레이프바인 소매상에 타격을 주었고, 시 당국과 도시 서비스, 학교 구역, 의료 시설 경제의 숨통을 끊어놓았다.

도시에 투자하는 개발자는 토지 개발로 가능한 한 높은 수익을 올리려고 한다. 벽돌과 골재에서 투자 수익으로 관심이 치우쳐지고 도시의 사회적·문화적 짜임새가 부동산 가치 혹은 미래의 수익에 기여한다는 점에 주목하지 않는다. 콜로라도 주 카본데일 시의회는 예술인 커뮤니티의 문화에 분명히 반하며 도시 입구의 뛰어난 전경을 해칠 것임에도 불구하고 판매세를 약속하는 대형 할인매장 설립을 허가했다.

너무 눈이 멀었거나 너무 낙심했거나 너무 정신이 팔린 것이다. 이는 재개발 산업 단지의 저주와 심지어 사막화의 원인이 될 수 있다. 그로 인한 결핍은 건강한 인간 거주지에서 자원의 자연스러운 흐름을 막는다. 도시 개선을 위한 탐색에서 어떻게 하면 사막화의 원인을 극복하고 인간 거주지를 지탱할 활기찬 정원을 재발견하고 재창조할 수 있을까?

### ≫ 새 지평

세 번째 질문은 도시를 위한 새 지평—도시의 비밀스러운 소망과 희망과 꿈이 있으며 오랫동안 잊고 있었거나 가보지 못한 꽃밭—으로 이끈다.

● 커뮤니티 혹은 도시를 어떻게 개선할 것인가?


이 질문에 대한 답을 통해 도시의 잠재력을 펼치는 데 필요한 변화의 틀을 잡을 수 있다. 이는 "무엇에서 무엇으로 바꿀 것인가?"에 답하는 것이다.

시민이 이야기하는 새 지평에는 도시의 정원과 사막의 오아시스를 창조하는 비밀이 간직되어 있다. 사실 '정원'에서 논의되었던 가치 파악 과정을 '사막'과 '새 지평' 이야기에 똑같이 적용할 수 있다. 도표 9.1에서는 앞 섹션의 네 가지 이야기로 돌아가 '사막'(그리고 그와 관련 있는 가치 시스템)에 반작용한 '새 지평'(그리고 그와 관련 있는 가치 시스템)을 정리했다.

앨버타 주 애버츠퍼드에서는 시장과 시청 직원들이 위험하고(수준 1) 비효과적인(수준 5) 교통정체 문제를 해결하고자 공식 커뮤니티 계획의 일부로 효과적인(수준 5) 운송 계획을 수립했다.

캔자스에서는 커뮤니티 정신 건강 시스템에서 인종 차별주의 행동(수준 2)에 대처하여 다양성의 가치(수준 6)에 대한 인식을 높이고 커뮤니티가 새 이민자들과 자원을 교류할 수 있는 접근법을 설계했다(수준 7).

텍사스 주 그레이프바인에서는 시민과 시청 직원이 도시의 역사적 뿌리(수준 2)를 재발견하고 재평가할 수 있는 기회를 시정 담당자가 마련하고, 활성화 전략으로 새로운 상업적 관심을 끌어냄으로써(수준 5) 죽어가던 도시 기반 시설(수준 4)이 활기를 띠게 되었다.

콜로라도 주 카본데일에서는 시 위원회의 결정을 뒤집는 시민 투표를 통해 약탈적인 대형 할인점 전략(수준 5)이 철회되었고(수준 6), 뒤이어 시정 담당자는 도시의 미래를 위한 새 비전을 창조하는 일에서 시민들을 지원하는 절차를 마련했다(수준 7).

## 정원, 사막, 새 지평을 도표화하다

이러한 가치 파악 과정에서 최고의 성과는 인간 거주지에서 정원, 사막, 새 지평을 이야기하고 해석할 공통 언어가 생긴다는 점이다. 위에서 언급한

도표 9.2. 정원, 사막, 새 지평.
(가로축의 색깔은 8 수준 가치 시스템 중 수준 2에서 수준 3에 해당.)

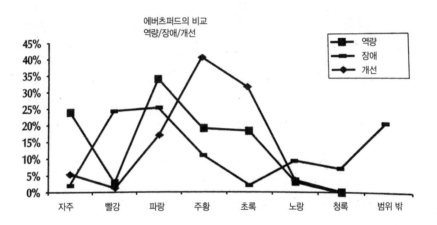

도표 9.3. 거주자와 이사진의 견해 비교.

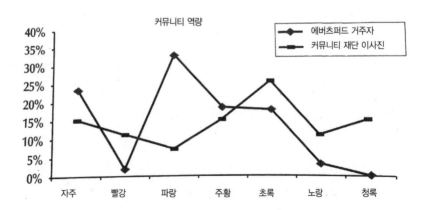

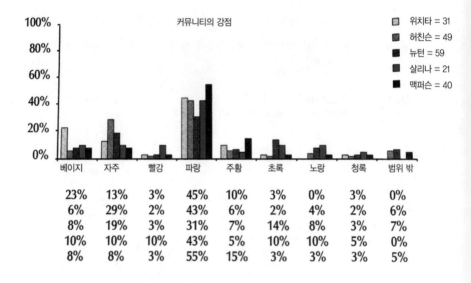

| | 베이지 | 자주 | 빨강 | 파랑 | 주황 | 초록 | 노랑 | 청록 | 범위 밖 |
|---|---|---|---|---|---|---|---|---|---|
| | 23% | 13% | 3% | 45% | 10% | 3% | 0% | 3% | 0% |
| | 6% | 29% | 2% | 43% | 6% | 2% | 4% | 2% | 6% |
| | 8% | 19% | 3% | 31% | 7% | 14% | 8% | 3% | 7% |
| | 10% | 10% | 10% | 43% | 5% | 10% | 10% | 5% | 0% |
| | 8% | 8% | 3% | 55% | 15% | 3% | 3% | 3% | 5% |

각 예에서 새 지평이 도시의 여덟 가지 가치 시스템 중 하나 이상에 새 에너지를 불어넣어 사막화 과정에서 생긴 장애를 극복한 점을 주목하자.

사실 이러한 여덟 가지 가치 시스템에 관한 공통 언어를 쓰면 도시의 정원, 사막, 새 지평 사이의 관계를 실제로 (시간 벡터와 공간 벡터뿐 아니라 가치 벡터로도) 도표화할 수 있다. 도표 9.2는 한 도시의 역량(정원), 장애(사막), 개선(새 지평)을 비교하여 보여준다.

같은 종류의 가치 파악 과정을 이용하여 같은 도시 안에서 서로 다른 집단의 견해를 비교할 수 있다. 도표 9.3에서는 애버츠퍼드의 능력/정원에 대한 견해를 일반인들과 커뮤니티 재단 이사진의 관점에서 비교한다.

이런 가치 파악 시스템을 이용하는 최종 이점은 정원, 사막, 새 지평 중 어떤 것이든 혹은 모두 도시 안에서 비교가 가능하다는 점이다. 도표 9.4는 캔자스 주 도시 다섯 곳의 강점을 비교한 결과를 보여준다.

마지막으로 묻고 싶은 네 번째 질문은 도시의 '지혜'로 이끈다. 이는 내부 판정자와 자원 배분가라는 거주지 지능일 수도 있다.

● 커뮤니티 혹은 도시를 어떻게 설명할 것인가?

이 질문에 대한 답에서 다양한 사람들이 도시를 어떻게 보는지에 관한—인간 거주지가 자신에 대해 어떻게 인식하고 있는지에 관한—도시의 지혜가 드러난다. 도시의 지혜는 실제로 시민 개인과 집단, 조직, 모든 종류의 집합체에 내적으로 그리고 외적으로 담겨 있다. 지혜는 도표 9.5처럼 사상한 지도 위에 간단히 정리할 수 있다.

'도시 지혜 지도'는 삶과 일이 각 상한에서 도시 삶의 특성에 의해 규정되는 사람들의 다양한 관점을 보여준다. 흥미롭게도 개인의 측면은 각 상한에 위치한다.

**좌상** : 나는 어떻게 생각하고 의도하고 사랑하고 미워하고 믿는가(때로는 다른 사람에게 보이지 않음).

**우상** : 나는 어떻게 행동하며 신체적으로 어떠해 보이는가(다른 사람들에게 보임).

도표 9.5. 도시 지혜 지도.

|  | 내부 | 외부 |
|---|---|---|
| 개체 | 감성, 마음, 영성 | 신체, 특성, 행동 |
| 그룹 | 신념체계, 문화 | 인프라, 일터, 기술 |

**좌하 :** 나의 신념 체계가 내게 어떤 영향을 미치는가(가족, 종교, 문화).

**우하 :** 나의 사회적 시스템이 내게 어떤 영향을 미치는가(일터, 건물, 기술).

덧붙여서 각 상한마다 일과 관심 때문에 전문지식을 갖춘 사람들이 있다. 두 번째와 세 번째 질문에서 활용한 예가 이를 보여준다.

**좌상 :** 도시 거주자/부모

**우상 :** 시정 담당자, 학교 위원회, 건강관리 전문가

**좌하:** 재단, 비영리 전문가

**우하:** 개발자

사상한 지도와 가치 지도를 결합하면 각 상한에서 정원/사막/새 지평을 각각 비교해볼 수 있다. 이러한 파악 과정을 더욱 정교하게 하는 일은 11장에서 설명한다.

더 나아가 도표 9.6처럼 분석틀을 이용하여 정성적 가치를 대표하는 반응의 실제 가중치를 각 상한에 투자하는 정량적 세금 자원의 분석과 비교할 수 있다.

## 잠재력

원래의 탐색 과제와 질문으로 돌아가 보자. 도시의 잠재력 문을 어떻게 열 것인가? 이 과제는 단순한 질문 네 가지로 규정해볼 수 있다.

1. 커뮤니티/도시의 강점은 무엇인가?

2. 커뮤니티/도시의 잠재력을 막는 것은 무엇인가?

3. 커뮤니티/도시를 어떻게 개선할 수 있을까?

4. 커뮤니티/도시를 어떻게 설명할 것인가?

이 질문에 대한 반응을 가치 기반의 분석틀로 해석하고 그 흐름을 도표로 만들면 통합 시스템이 작동할 때 나타나는 아름다운 시너지를 이해할 수 있다. 우선 통합 언어 덕분에 우리는 (꿀벌들이 춤을 추고 서로 먹이를 제공할 때 의

도표 9.6. 도시의 질적 가치와 세금 부과량 비교.

|  | 내부 가치 vs 세금 | 외부 가치 vs 세금 |
|---|---|---|
| 개체 | • 16% vs < 3% | • 13% vs 9% |
| 그룹 | • 53% vs 12% | • 11% vs 76% |

## 변화의 마법사

도시 변화의 시나리오가 한창 펼쳐질 때, 커뮤니티 지속 가능성을 위해 활동하는 앤 데일[3], 인간 시스템 역학 전문가 글레다 에오양[4], 인간 발생학의 개척자 돈 벡[5] 같은 변화의 마법사들이 움직인다. 이들은 각각 적응, 변화와 흐름, 설계와 파괴 시스템에 정통하여 여러 수준과 층위와 패러다임에 걸쳐 조직을 전환하고 변화시키는 교환이 일어나게 돕는다. 이들은 '무엇이 중요한지'에 초점을 맞추고 여러 이해 당사자 사이에서 교환이 일어나도록 돕는다. 이들은 사람들이 왜 다른지 묻는다. 시스템 안의 사람들 사이에서 어떤 종류의 변화가 일어나며 어떤 교환이 이루어지는지 살핀다. 그리고 사람들이 꿈꾸는 미래에 대해 질문을 던진다. 이렇게 해서 시민들의 복잡한 적응 행동에 대해 배우는데, 역사적으로 형성되었고 미래에 의해 영감을 받지만 여기서 사람들의 자연적인 다음 발달 단계이기도 한 습관을 설계하는 데 초점을 둔다.

사소통하는 것처럼) 서로 의사소통을 할 수 있고 정원, 사막, 새 지평에 관한 이야기를 나누고 반응과 관점을 비교하고 대조해볼 수 있다. 이러한 공통 언어가 있으면 서로 다른 집단(전문가, 거주자, 연령, 성, 역할 등)에서 나온 답을 훨씬 쉽게 비교할 수 있다. 이들이 무엇을 원하고 무엇을 원하지 않으며 다음번에 건너야 할 지평으로 무엇을 보고 있는지를 설명하는 다양한 능력을 인식할 수 있다.

통합지도는 개인과 집단, 문화와 기반 시설 사이의 관계를 보는 매우 유용한 관점을 제공한다. 모든 담화를 펼쳐 보일 수 있고, 세부 사항을 보여주는 동시에 지도의 서로 다른 요소들이 어떻게 함께 결합하며 다른 요소를 반영하는지를 밝혀주기도 한다.

통합지도는 인간 거주지에서 자원 배분가를 위한 훌륭한 자원이다. 통합지도는 도시에서 정성적인 능력과 정량적인 능력 사이에 존재하는, 다루기 힘들고 잘 보이지 않는 벽을 무너뜨린다. 통합지도를 활용하면 '성과를 위해 누구에게 어떻게 자원을 배분할 것인지'에 대한 결정을 내릴 때 유용하며 전후에 재정적 투자와 정성적인 자원, 정량적인 자원을 비교할 수 있다.

통합지도의 여덟 가지 수준의 복잡성과 변화 상태는 도시의 자연적 흐름 상태를—자연적 강점인 도시의 정원은 무엇이고, 도시의 잠재력을 막는 사막은 무엇이며, 문제를 개선하는 데 필요한 새 지평은 무엇인지를—드러내 보인다.

도시 잠재력의 문을 열려면 불균형과 부조화의 가치 시스템과 불균형적 지혜 상한에서, 균형적 흐름의 여덟 가지 가치 시스템과 균형적 사상한의 지혜 상한으로 전환하기 위한 전략을 개발해야 한다.

## 결론

통합지도를 활용하여 간단한 질문 네 가지에 대한 답을 해석하면 인간 거주지의 지능에 대한 탐색 작업이 단순해진다. 질문에 사람들이 어떻게 답하는지, 인간 거주지의 에너지가 어디서 왜 막혀 있는지, 도시의 운율(8장에서 논의)도 반영할 것이다.

네 가지 질문에 대한 답은 탐사 과제의 시작점과 목적지를 알려준다. 이 질문들은 우리로 하여금 에너지와 자원의 자연적 흐름을 돕고, 강점을 기반으로 삼고, 새 지평을 열고, 인간 거주지의 잠재력을 최적화하려는 탐색에서 끊임없이 지혜를 배우게 한다.

## 질문

1. 정상적으로 움직이는 것은? 정상적으로 움직이지 못하는 것은?
2. 뒤처진 사람은? 이에 대한 대화에 참여시킬 사람은?
3. 우리의 미래를 어떻게 전망하는가?

## 통합도시 원칙을 적용하기 위한 간단한 규칙 세 가지

1. 정상적으로 움직이는 것(과 그렇지 못한 것)이 무엇인지 묻고 도시가 지구에 기여할
   수 있는 비전을 함께 만든다.
2. 통합 도시와 커뮤니티 계획을 세운다.
3. 도시의 모든 수준에서 도시 계획을 적절히 시행하고 관리한다.

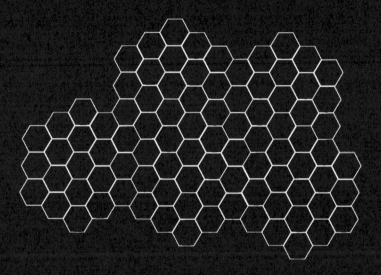

Meshing Intelligence

10장
———
네트워크지능

· · ·

꿀벌 사회의 전체 짜임새는
의사소통—메시지를 보내고 받으며 암호화하고 해독하는
타고난 능력—에 달려 있다.
— 굴드 & 굴드, 『꿀벌』

철학자 앤디 클라크가 주장했듯이 우리의 마음은 서로 다른 종류의 지능이
아무렇게나 얽혀 있는 클루지(혹은 브리콜라쥬)일지도 모른다.
어떤 지성의 능력은 분산된 병렬 과정에서 나오고 또 다른 능력은
집중된 순차적 과정에서 나온다.
— 드 란다, 『집』

## 네트워크 형성이란

지속 가능한 커뮤니티를 연구하면서 오래전부터 앤 데일은 외딴 곳, 사일로, 굴뚝에 의해 우리의 거버넌스 시스템에 균열이 생기고 있음을 인식했다 (2001). 도시 삶을 전체적이고 통합적인 관점에서 보기 위해 단절되고 환원주의적이고 기계론적이며 선형적인 관점을 전체적이고 통합적이고 자연적인 흐름의 관점으로 바꿀 수 있을까? 이 장에서는 네트워크 형성이 어떻게 인간 거주지에서 통합 시스템 능력을 가능하게 하는지를 설명한다.

몇 년 전에 나는 내가 하는 일을 기술하기 위해 '네트워크'라는 용어를 빌려왔다.[1] 앞 장에서 설명했듯이, 도시에서 네트워크가 형성되면 서로 다른 능력과 기능과 위치를 정렬해 계층 구조와 자기 조직적 관계의 그물망을 통합하여 이들이 목적에 기여하고 서로 도움이 된다. 네트워크가 형성되어 만들어지는 정보 고속도로 덕분에 감도가 매우 높은 활력 징후 모니터의 설계와 실행이 가능해지고, 그 결과 피드백 고리가 만들어져 역동적이지만 안정적인 웰빙 상태를 유지할 수 있게 된다.

도시를 위해 다행스럽게도 내가 네트워크 형성자라고 부르는 '통합전문가 integral practitioner'를 통해 새로운 통합 기능과 통합 능력이 출현하고 있다. 세계주의자인 꿀벌들처럼 이들은 무수히 다양한 환경 속에서 살 수 있고 뚜렷이 다른 형태의 방언과 거주지 지능을 받아들일 수 있다. 네트워크 형성자는 오래된 경계를 넘어 사일로를 합치고 네트워크 형성의 관점에 맞는 공간을 창조한다.

두 가지 작동 시스템—하나는 자기 조직화하는 시스템이고 다른 하나는 계층 구조를 복제할 수 있는 시스템—에서 최선의 것을 끌어 모으는 네트워크 형성으로 2단 구조가 만들어진다. 엄밀히 말하자면 뇌과학자들은 자기 조직화하는 신경망과 관련해서는 네트워크라는 용어를 쓰고 계층 구조적인 작동을 강화하는 수준에 관해서는 계층 구조라는 용어를 쓴다. 뇌는 거대한 시냅스 고속도로를 놓음으로써 자신을 구축한다. 시냅스 고속도로는 의사소통 통로의 골격이 되고 여기서 2차 통로와 3차 통로가 나와서 결국 거대한 '축색돌기 헤어네트'가 뇌를 덮는다. 헤어네트가 자리를 잡으면 뇌는 연결, 생

## 사일로를 합치다

앤 데일의 지속 가능한 커뮤니티 기반 시설에 관한 연구는 계층 구조를 연결함으로써 사일로를 어떻게 합칠 수 있는지를 보여준 훌륭한 사례. 데일은 의도적으로 학계와 NFP, 비영리 부문, 공공 부문 등 여러 분야에 걸쳐 연구 팀을 구성함으로써 계층 구조의 네트워크를 형성했다. 그는 참가자들이 에너지나 폐기물 처리, 운송, 토지 사용 계획, 거버넌스 등 특화된 도시 기반 시설의 계층 구조를 보여줄 수 있는 대화 채널을 설계했다. 구조화된 온라인 대화 플랫폼 안에서 데일은 참가자들을 초대하고 그들로 하여금 첨단의 경영법, 장애물, 지속 가능성 해법 등에 관한 견해를 공유하게 함으로써 부문 간 연결과 멀리 떨어져 있는 지역 간 연결을 촉진했다. 그는 또한 전자 대화 기록을 보관하고 모범 경영 사례를 20건 넘게 기록함으로써 관찰된 연결과 잠재적 연결을 가시화했다. (www.sustainableinfrastructure.crcresearch.org에서 볼 수 있다).

각, 혁신, 학습을 무한히 자지 조직화할 수 있고, 동시에 신뢰할 수 있는 학습된 방식으로 행동을 지시할 수 있게 된다.

어떤 연구자들은 세로토닌, 도파민, 콜린, 노르아드레날린 같은 주요한 신경 전달 물질에 의해 조절되는 핵심적인 시냅스 연결을 뇌/신체 기능의 조절에서 참작되는 가치관과 연관시킨다. 이 가치관은 삶의 조건에 따라 변경될 수 있는 것 같다. 지능 기반의 가치관에 관한 현대 뇌과학 연구의 증거는 환경의 부조화(즉 제약)에 의해 지능이 뇌에서 촉발된다는 클레어 그레이브스의 주장(2004)이 정당함을 입증한다. 새로운 가치 시스템의 출현은 자신을 재조직하고 새로운 잠재력을 발휘하는 뇌의 능력이 있어서 가능했다. 다시 말해, 뇌에 자기 조직화하는 능력이 없다면 새로운 능력은 출현하지 못할 것이다. 동시에 계층 구조적 능력이 없다면 생존을 위한 선택을 내리게 하는, 분류와 선택 메커니즘도 존재하지 못할 것이다.

유기체는 신경망을 연결함으로써 끊임없이 자신을 재창조하며, 유용한 계층 구조를 만든다. 여러 선택 사항을 분류하고 결정을 내릴 수 있는데, 이는 우리 뇌가 보여주는 놀라운 특성들이다.

게다가 네트워크는 이질적인 능력이나 실체를 연결하고 계층 구조는 동질적인 요소나 기능들을 연결한다. 하지만 가치 시스템이 출현하면서 복잡성 수준은 발달했고 뇌는 계층 구조를 연결하고(심장, 폐, 간 등 기관의 연결) 네트워크에서 계층 구조를 만드는(경락 에너지 시스템의 24시간 주기) 수준에 이르렀다. 내가 쓰는 '네트워크 형성'이라는 용어의 핵심에는 계층 구조적 네트워크와 계층 구조 둘 다 포함된다.

네트워크 형성이 뇌 기능에만 적용될까? 네트워크 형성은 커뮤니티와 도시가 어떻게 기능하는지를 훌륭하게 설명할 수 있을지도 모른다. 커뮤니티와 도시는 인간 삶의 인공물이므로, 커뮤니티와 도시를 인공물을 만드는 뇌의 성과물로 본다면 어떨까? 커뮤니티가 계층 구조를 연결하고 네트워크의 계층 구조를 만들어내는 능력을 단순히 반영한다면 어떻게 될까? 이는 도시가 어떻게 기능하고 진화하는지를 이해하는 데 있어 핵심일 수 있다.


## 네트워크를 형성하는 사람들

네트워크 형성에는 예술과 과학이 모두 수반된다. 예술의 창조성을 자기 조직화하는 시스템과, 현상을 설명하는 과학을 계층 구조의 조직화와 연관 시키는 것은 구미가 당기는 일이다. 하지만 네트워크 형성에는 둘 다 동시에 필요하고, 그 과정에서 생성되는 새로운 연결 덕분에 다시 새로운 능력과 새로운 가치가 출현할 수 있다.

나는 네트워크 형성이 의도적인 촉진제 역할을 할 때 눈에 띄었다. 흥미롭게도 뇌과학에서는 촉매 기능이 시스템 내에서 에너지-물질의 흐름을 지시하여 하나의 정상 상태에서 다른 정상 상태로 전환이 일어남을 알고 있다. 나의 작업 중 상당량은 정보를 이용하여 에너지-물질의 방향을 바꾸는 일이다. 일례로, 어떤 사람에게 일어난 일을 이전에 만난 적이 없는 사람에게 소개하면 그들은 자원을 합치고 혼자라면 할 수 없을 무언가를 만든다. 또는 (통합적 삶의 실천 워크숍 같은) 복잡한 통합 패러다임을 발견하도록 고안된 훈련 과정에서 개인과 집단의 의식 발달을 이루어냈고, 선형적인 과정과 분석을 체계적인 진화적 관점으로 전환하도록 도왔다.


## 네트워크 형성의 중요성

마누엘 드 란다(2005)는 "인간은 이질적인 표현보다는 동질적인 표현으로

## 전망을 통합하다

사이먼 프레이저 대학의 대화 프로그램의 책임자 조애나 애시워스(Joanna Ashworth)가 지휘하는 이매진 BC는 지역 전체에 걸쳐 전망을 통합함으로써 계층 구조의 네트워크를 형성하기 위해 설계되었다. 애시워스는 (이 경우 브리티시 컬럼비아 전 지역에서) 이 지역의 30년 후를 상상하는 계층 구조를 연결할 수 있었다. 5년 동안 환경/경제, 학습/문화, 건강/커뮤니티라는 세 가지 중점 주제를 중심으로 다양한 배경을 지닌 사상가들을 이어주었다. 각 주제별로 (매년) 진행되며 CBC 라디오로 방송되는 대화는 사상가와 정책 입안자, 대중 등 다양한 이해 당사자의 관심을 끈다.

프레이저 밸리의 에버츠퍼드처럼, 대화 과정은 지역의 목소리를 담고자 한다. 이매진 BC의 대화는 주제별로 참가자를 연결해 계층 구조의 네트워크를 형성한다.

생각하는 편이 훨씬 쉽다"고 말한다. 하지만 그는 전자가 더 나은 미래를 위한 비밀을 쥐고 있다고 믿는다. 드 란다는 "비동질적인 사고의 비밀을 새에게서—심지어 바위에게서—배울 수 있을지도 모른다"고 생각한다.

(사이드바의) 몇몇 네트워크 형성의 예는 실천이 시스템의 아래나 꼭대기에서 시작될 수 있음을 보여준다. 과정이 성숙해감에 따라 네트워크 형성은 시스템 안에서 전환을 촉진하여 새로운 능력이 출현한다. 그리고 시스템은 내부적으로 공명하고 외부적으로 삶의 조건과 통일되는 상태로 재조직된다.

네트워크 형성의 막대한 가치는 객관적인 영역과 상호 객관적인 영역에 머물지 않는다는 데 있다. 오히려 도시의 주관적 영역과 상호주관적 영역에서 두드러지게 능력을 끌어낸다. 이는 의도와 목적, 문화의 영역이다. 이런 능력에 동등한 가중치를 줄 때 우리는 통합도시라는 생기 넘치는 약속을 이룰 수 있다.

네트워크 형성에 관한 최근의 통합도시 화상 회의에서 참가자들은 네트워크 형성의 역설을 인식했다. 네트워크가 형성되려면 전체 시스템을 포함하는 경계에 대한 이해가 필요했고 그와 동시에 더 큰 시스템 내에서 모든 시스템이 서로 연결되어야 했다.

화상 회의 참가자들은 완전히 새로운 접근이 가능할 수 있게 묵은 방식

---

### 지능의 네트워크

핼리팩스 노바스코샤에서 사전학습평가원(PLAC: the Prior Learning Assessment Center)의 공동 설립자 메리 모리세이는 개인의 학습 흥미를 끄는 포트폴리오 개발 과정을 기반으로 새로운 계층 구조 네트워크를 만들고 있다. 소규모 커뮤니티의 많은 사람이 개인을 넘어 커뮤니티 발달 수준에서 만든 연결은 삶을 바꾸는 이런 경험에서 예상하지 못했던 성과다. 이들은 자기 조직화 과정을 거치면서 다음과 같은 질문을 던지게 되었다. 이전의 학습은 왜 커뮤니티 학습에 적용되지 못했는가? 새로운 기회를 개발하기 위해 커뮤니티의 능력을 인식하는 규모로 이 과정을 적용한다면 어떤 일이 벌어질까?

모리세이는 계층 구조를 연결함으로써 이런 자기 조직화 도전에 대응했다. 그는 컨퍼런스를 조직하고 커뮤니티 개발 분야의 이해 당사자들을 커뮤니티 전체와 캐나다 전체에서 초대했다. 우선 그는 전체 커뮤니티의 대표들[교육, 건강, 민간, 공공(연방, 주, 시), NFP, 국제 분야]을 한 방에 모았다. 그는 참가자들이 PLAC에서 잘되고 있는 것은 무엇인지, 규모를 바꾸려면 무엇을 고려해야 하는지, 기존의 계층 구조를 어떻게 발판으로 삼을 것인지를 탐구할 수 있는 과정을 고안했다. 또한 그는 미디어와 그래픽, 파워포인트, 면담도 활용했다. 그리하여 (동질적인) 개인에게 효과적이었던 구조화된 계층 구조 패턴을 기반으로, 개인 학습에서 커뮤니티 학습을 끌어내는 조건을 창조하고, 이질적인 커뮤니티 조직들을 자기 조직화하는 단체로 바꾸고 있다.

을 떨쳐버리는 데 필요한 공간을 충분히 유지하는 것을 삶의 조건 창조의 경험과 연결 짓는다. 혁신이 일어날 수 있게 묵은 것을 해체하는 이 과정은 종종 꽤 오랜 시간(수년)이 걸린다. 말 그대로 뇌와 몸, 관계, 기대치, 패러다임의 재정비가 수반된다. 이러한 재정비 과정을 촉진하려면 집단의 지혜에 접근하고 새로운 앎의 방식에 다가갈 수 있도록 비언어적 과정(음악, 춤, 그 밖의 표현 예술)을 이용할 필요가 있다. 네트워크 형성자 중 한 명은 이때 에너지 손실로 시스템이 서서히 멈추는 엔트로피에서, 해체되는 시스템의 에너지 방출로 완전히 새로운 패턴이 생기는 신트로피syntropy로 전환되는 것처럼 보인다고 주장했다.

우리는 위에서 네트워크 형성 접근법이 본질적으로 계층 구조를 재평가하고 재조정한다고 설명했다. (이는 홀라키, 즉 계층 구조의 계층 구조라고 부르는 것으로 복잡성이 진화하는 과정이다.) 네트워크 형성에서는 계층 구조를 구식 조직 형태로 폄하하는 대신 계층 구조가 모든 자연 시스템을 단단히 뒷받침하고 있다고 본다. 이런 계층 구조에서는 정보와 에너지, 물질이 여러 방향으로 흘러 전체의 웰빙에 도움이 된다. 동시에 네트워크 형성은 자기 조직 과정을 통해 시스템에 새로운 요소가 주입될 수 있게 한다. 이처럼 영원히 진화하는 네트워크 형성을 통해 의식과 행동, 문화, 사회를 바꾸고, 뛰어넘고 재구성할 수 있다.


## 네트워크는 인간 둥지에서 창발을 가능하게 한다

인간 거주지에서 네트워크 형성의 가치를 요약하고 다음 장에서 논의할 통합적 활력 징후 모니터의 필요성을 예측해보자.

## ≫ 연구

- 네트워크 형성자는 일반 시민들이 변화하는 세상에서 그들이 경험하는 자산이나 가치, 능력을 분명히 인식하고 그들이 중요시하는 방향으로 변화하도록 도울 수 있다.
- 네트워크 형성자는 시민이나 공직자, 직원, 전문가 사이의 조정과 방향 합의를 위해 분석, 비교, 논의를 촉진할 수 있다.
- 네트워크 형성자는 변화 상태의 표현을 관찰하여 변화 과정을 설계하면서 그 표현들이 고려되게 할 수 있다.
- 네트워크 형성자는 각 부문의 다른 수준의 권위자들 사이에서 논의를 촉진할 수 있다.

## ≫ 계획

- 네트워크 형성자는 사회 계획이나 토지 이용 계획, 커뮤니티 교육 및 건강관리의 통합적 개발 등의 의도를 통합할 수 있다.
- 네트워크 형성자는 통합지도를 체크리스트로 활용하여 모든 상한, 수준, 규모, 홀론, 구조에서 균형 잡힌 변화를 설계하고 무분별과 차단으로 인한 변화의 장애물을 극복할 수 있다.
- 네트워크 형성자는 규모의 변화에 대처하는 데 능숙하며, 프랙털 패턴을 통합하여 공명, 응집, 새로운 능력의 출현을 야기할 수 있다.

## ≫ 관리

네트워크 형성자는 다음과 같은 목적을 가지고 통합도시 메타 지도라는 공통 언어를 사용한다.

- 갈등 조정에서 선택권을 넓혀, 네트워크 형성자로 하여금 다양한 목소

리 사이에서 논의를 촉진할 수 있게 한다.

- 생물 지역적으로, 전 지구적으로, 정부의 세 수준 모두에서 정책 변화를 촉진한다. 이로써 자금과 자원을 공동 관리할 가능성이 생긴다.
- 통합 접근법으로 혜택을 볼 여러 커뮤니티 이해 당사자의 다양한 관심사를 전달한다.
- 전략적 계획, 집단 차이 분석, 도시 관리 전문 커뮤니티의 개발, 위협, 약점, 기회 등을 파악할 전략을 개발한다.
- 여러 규모의 다양한 관점이 다양한 집단 사이에서 고려될 수 있게 한다.
- 지구의 마을화라는 맥락에서 커뮤니티의 풍요로움을 탐구한다. 이는 가치의 표면 아래 있는 역동성을 드러낸다.


## 결론

네트워크 형성자는 도시에서 주관적 능력과 상호주관적 능력이 상관관계를 보이는 강점에 의존한다. 그들은 상상, 용기, 끌어당기는 힘을 활용한다. 사람들의 차이와 특성이 도시를 모호하게 이질적인 덩어리로 만들 수 있지만, 그들은 사람들이 지닌 다양성의 네트워크에서 지성적인 설계를 끌어낸다. 그렇게 함으로써 드 란다가 분명히 표현한 동질성이라고 부른 것(2006)에 의해 현재 막혀 있는 지능들을 펼쳐내고 재조직한다.

네트워크 형성자들은 그들의 재능으로 복잡성의 이면에 숨은 단순함을 드러내 큰 공헌을 했는지도 모른다. 하지만 네트워크 형성이 계속 효과적이려면 네트워크 형성자에게 통합적 활력 징후 모니터 같은 피드백과 피드포워드(일어날 만한 변화의 원인을 검출하여 이를 미연에 예방하기 위해 작동시키는 제어—옮긴이) 도구가 필요하다. 인간 거주지의 진화 지능을 창조하기 위해서도 고려해야 할 내용이다.

## 질문

1. 자연스럽고 생명 친화적인 계층 구조를 우리는 어떻게 인식하는가?
2. 어떻게 하면 우리의 진화적 문화 역사를 초월하고 내포하는 자기 조직화 창조성이 가능해질까?
3. 어떻게 하면 밈, 사일로, 지능 사이에 다리를 놓을 수 있는 최고의 통역자가 될 수 있을까?

## 통합도시 원칙을 적용하기 위한 간단한 규칙 세 가지

1. 인간 거주지 내에서 프랙털 연결을 촉진한다.
2. 사일로, 굴뚝, 외딴 곳 사이에 의사소통 다리를 놓는다.
3. 능력을 변용하고 초월하고 변형하는 네트워크와 계층 구조를 만든다.

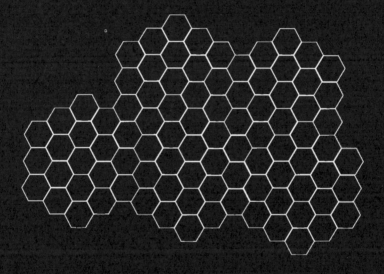

Navigating Intelligence

11장
—
항해지능

• • •

꿀벌이 어떻게 방향을 찾는지 살펴보면 (……) 여러 감각(냄새, 시각, 빛)을
실제로 이용하고 있음을 알 수 있다.
꿀벌은 태양, 하늘의 편광 패턴, 익숙한 지형지물을 감지하고
방향을 찾을 수 있다.
- 굴드 & 굴드, 『꿀벌』

우리 사회에 작용하는 파괴적 힘을 조절하려면 통일을 위한
탐색부터 재개해야 한다.
이를 위해 풍요로움, 다양성, 복잡한 문제, 역사적 깊이 등 모든 면에서
개인과 커뮤니티에서 시작해야 하며, 이는 수단이자 노력의 종착지다.
- 멈포드, 『생존의 가치』

## 활력 징후 통합 모니터

버크민스터 풀러는 지구라는 우주선을 타고 있는 인류가 역사적인 임계 상태에 있다고 경고했다.[1] 그는 인간 거주지를 이끌 더 지성적인 방법을 고려할 것을 제안했다. 이 장에서는 활력 징후 통합 모니터가 제공하는 통합 시스템 피드백 과정을 설명한다.

꿀벌이 주는 영감을 떠올린다면, 꿀벌에게 활력 징후 모니터가 있음을 기억할 것이다. 그들의 목표 지향적 행동은 해마다 꿀 18킬로그램을 생산한다는 목표에 의해 추동된다. 그래서 벌집은 내부 판정자라는 형태를 써서 목표 달성을 위해 가장 효과적인 성과를 내도록 자원을 배분한다.

### ≫ 활력 징후 모니터 정의하기

활력 징후 모니터에 대해 이야기하려면 먼저 이 용어가 무슨 뜻인지를 이해해야 한다. 나는 활력 징후 모니터가 시스템 혹은 시스템의 건강을 모니터링하고 알려주는 프로토콜이라고 여긴다. 한의사는 진맥을 할 때 당신의 활력 징후를 살핀다. 간호사는 당신의 체온과 혈압을 잴 때 활력 징후를 점검한다. 의사는 혈액 검사 결과를 해석할 때 건강한 시스템의 기본 기능과 관련된 자료를 조사한다. 팀 리더는 팀의 수행 성적을 평가할 때 일련의 목표에 비추어 달성도를 추적한다. 재무 담당 최고 책임자나 내부 감사는 조직의 투자 이익을 검토할 때 최적의 성과를 내는 비율을 고민한다. 국회는 국가 예산을 심의할 때 국가의 웰빙을 위해 핵심 추정치를 숙고한다. 세계보건기구는 동물에서 유래한 최근의 감염 질병 보고서를 보고 전 세계 전염성 바이러스의 상황을 확인한다. 날씨 예보관은 기상 시스템에서 얻은 인공위성 사진을 보고 지구의 활력 징후를 확인한다. NASA의 천문학자는 운석의 경로를 추적하여 지구 밖의 조건을 감시한다.

건강과 웰빙, 삶의 질(그리고 행복), 성공의 지표를 정리하려는 세계적 관심은 브룬틀란 보고서 이후 더 커졌다. 지난 20년 동안 세계보건기구WHO부터 《타임》, 플로리다의 잭슨빌, 삶의 질 지표를 다루는 다양한 그룹까지 모두 각양각색의 지표를 개발했다.

그런데 커뮤니티 웰빙의 상태 파악이 거의 전 세계적 관심사가 되었다는 사실에도 불구하고, 현재의 논의는 대부분 '지표 전쟁'의 수렁에 빠져 있다.

---

### 활력 징후 모니터

캐나다의 여러 커뮤니티 재단은 2002년에 선두로 나선 토론토 커뮤니티 재단을 따라 시를 위한 활력 징후 모니터를 만들었다. 오타와와 밴쿠버가 활력 징후 프로젝트의 실행에 성공하자 10개 도시가 뒤를 따랐다. 모든 커뮤니티 재단에서는 토론토의 지표를 표준 도구로 삼고 성적표(A+, B−, C 등)를 활용하여 수입 격차, 안전, 학습, 주택 공급, 예술과 문화, 환경, 일과 소속감, 리더십 등의 지표를 보고한다. 이러한 활력 징후 보고서는 (선형적인 지표 보고이기 때문에) 통합적이지 않지만, 인간 거주지의 핵심 활력 징후에 대한 도시 간 비교의 첫 단계가 되었고 연차 보고서를 통해 변화 양상을 보여줄 수 있다.

이는 전문가 집단이 지표 세트를 적극적으로 홍보하는 영역 싸움이 되고 있다. 커뮤니티 건강 상태에 기여하는 요소에 대해 이야기할 수 있는 공통 언어를 찾는 작업은 아직도 요원한 목표인 듯하다.[2] 우리에게 정말 필요한 것은 메타 지도와 맞는 메타 모니터, 즉 활력 징후 통합 모니터Integral Vital Sigsn Monitor: IVSM이다.

내가 내리는 활력 징후 통합 모니터, IVSM 시스템의 정의는 다음과 같다.

IVSM은 보고 시스템이고 통합 분석틀에 기반을 두고 있다. 이는 생명 유지 지표를 활용하고 보편적 언어로 그 결과를 전한다. IVSM 시스템은 기존의 데이터베이스를 파고들어 새로운 자료를 모으고 관찰 내용을 (여러 버전과 번역으로) 모두가 접근할 수 있는 전 지구적 그래픽 언어로 보고한다. 그 목적은 현 세대와 미래 세대를 위해 흥미 있는 지역 시스템과 전 지구적 시스템의 발달, 유지, 출현을 돕도록 의사 결정에 필요하고 생명력 있는 친화적 자료를 제공하는 것이다. IVSM은 어떤 규모의 인간 시스템에서도 존재할 수 있으며 개인부터 지구까지 그 규모를 늘리고 줄일 수 있게 설계되었다.

## >> 여럿으로 이루어진 하나

세계환경개발위원회와 브룬틀란 보고서가 가장 크게 기여한 바는 지속 가능성 담론에서 경제 요소, 사회 요소, 생태 요소라는 세 가지 요청 사항을 찾아낸 것이다.[3] 이는 지난 30년 동안 근본적으로 지속 가능성을 측정하고 추적하는 접근법의 뼈대가 되었다.

그렇다면 지속 가능성 분석틀, 지표 보고 및 그래픽 보고를 다루는 모델에서 기술의 상태는 어떠할까?

전 세계적으로 점점 더 지지를 받고 있는 분석틀은 내추럴 스텝에서 나왔다.[4] 내추럴 스텝의 분석틀은 브룬틀란 보고서에서 나온 지속 가능성에 관한 전제를 기반으로 경제, 사회, 환경이라는 세 가지 요청 사항을 고수한다.

내추럴 스텝은 세 가지 요청 사항에 대한 지구적 심리 공간을 효과적으로 확보하고 있다. 이런 식으로 전통적인 대차대조표에서 완전히 빠졌던 환경 문제가 다시 받아들여졌다. 2010년에 올림픽이 열린 브리티시컬럼비아 휘슬러는 내추럴 스텝을 지지하며, 내추럴 스텝이 밝힌 체계적인 지속 가능성 조건과 인간 욕구를 활용하여 지역의 개발과 활동에 대한 지침을 세운다.

GRI(Global Reporting Initiative)(기업의 지속 가능 보고서에 대한 가이드라인을 제시하는 국제기구다. 지속 가능 보고서란 기업이 환경과 사회 문제에 대해 책임을 다하겠다는 계획을 담은 보고서를 뜻한다―옮긴이)에서는 똑같은 경제, 사회, 환경 범주를 활용하여 지속 가능성 보고를 위한 지표를 선택하는 프로토콜을 확립했다.[5] GRI의 G3 지도는 이 세 범주의 원칙, 전략, 개요, 관리 접근법, 성과 지표를 다룬다.

마지막으로 LOOP Iris 보고 시스템은 내추럴 스텝, Noisette Rose, One Planet Living Ten Principles, Harrup Spear, Holland Barr Sustainability Matrix를 포함하여 다수의 지속 가능성 보고 시스템을 통합하는 그래픽 설명 모델을 개발했다. LOOP Iris는 생태발자국 크기에 특별히 초점을 맞추는데 사상한을 이용하여 에너지와 대기권, 커뮤니티와 번영, 자연환경, 물질과

---

### 거버넌스 시스템을 위한 진화 지도

스티브 매킨토시는 스윔(Swimme)과 베리(Berry)의 분화, 오토포이에시스(autopoiesis), 교류(communion)라는 우주 생성의 원리를 기반으로 진화의 방향을 반영하는 사상한 지도를 만들었다. 이 지도(도표 11.1)는 IVSM이 거버넌스 시스템을 추적할 수 있는 12개의 잠재 영역을 구분했는데 그 영역은 의지, 사고, 감정/의식, 복잡성, 통일성/도덕, 과학, 미학/인간 조직, 기술, 예술이다.

소비재를 표시한다.[6]

이런 세 가지 지표 기술의 예는 통합 설계의 전 단계다. 역설적이게도 이들의 초점은 지속 가능성에 있기 때문에 이 모델들이 부분적으로만 다루는 핵심 외부 맥락은 에너지/기후 스펙트럼이다. 세 모델이 모두 문화나 사회 요소를 일부 포함하지만, 여기에는 내적 발달(좌상한)을 외적 물리적 발현(우상한)과 연결하는 심도 있는 매트릭스가 없다.

대부분의 지표 기술에 없거나 부분적으로만 표시된 핵심 내적 상황은 인간의 의식, 다시 말하자면 통합모델의 심리-문화 상한이 기여하는 바다. 2006년에 지속 가능성의 네 번째 기둥으로 문화를 인식한 캐나다에서조차 시간에 따른 발달이나 변화의 결과를 빠뜨리고 있기 때문에 이 모델은 여전

도표 11.1. 진화의 방향.
출처 : McIntosh, 2007, P. 293.

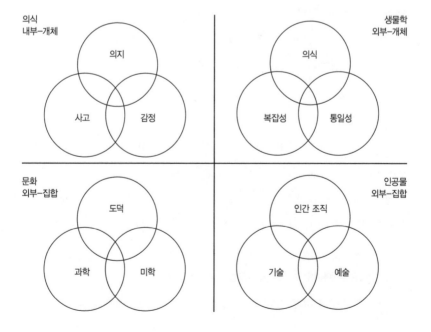

히 '편평한' 모델로 남아 있다.

전 세계 데이터베이스에서 방대한 자료를 이용할 수 있고 무수히 많은 지표가 생성되고 전 세계의 건강 상태를 보고하기 위한 여러 분석틀이 만들어지고 있어서 IVSM의 현재 발달 단계는 바벨탑과 같다. 건강한 도시(웰빙, 삶의 질, 행복), 지속 가능성, 기후 변화 지표에 관한 담론을 따랐을 때 나는 도시(혹은 어떤 수준이든 도시의 홀론)를 위한 지속 가능한 활력 징후 모니터를 만드는 첫 단계는 통합 설계를 사용하는 메타 모델로 옮아가는 것이라는 결론에 도달했다. 통합 설계는 전 세계의 고급 보고 시스템에서 밝혀진 수천 가지 지표를 모두 메타군meta cluster으로 바꿀 수 있으며 그 결과를 공통 언어로 나타낼 수 있다.[7]

지난 20년 사이에 지구정보시스템인 GIS 지도 제작 기술이 출현했다. GIS에서는 인간 시스템과 자연 환경의 상호 연결을 드러내는 방식으로 지도를 층층이 쌓는 기능을 도입했다. GIS 지도 제작은 도시나 지역의 어떤 시스템이든 지속 가능성의 경계 문제를 효과적으로 드러낸다.

GIS 지도는 사람과 장소의 다층적 관계를 보여주지만, 자연부터 사람까지 모든 시스템이 진화하고 변해온 시간을 나타내려면 또 다른 벡터가 필요하다. 이 과정은 3장에서 설명한 지도 1과 지도 4에서 볼 수 있는데, 시간에 따라 나선형으로 펼쳐지는 변화 벡터로 드러난다.

지도가 제공하는 수평 벡터, 수직 벡터, 대각선 벡터, 관계 벡터는 활력 징후 통합 모니터를 위한 전일적 분석틀을 창조하는 데 유용하다. 통합도시모델은 이런 분석틀을 만들 수 있게 하며, 각각이 통합 활력 징후에 어떻게 도움이 되는지 보여준다.

>> 주목할 수밖에 없는 분석틀: 지속 가능한 삶의 조건

그런데 그렇게 하기 전에 지속 가능한 삶의 조건과 관련 있는 활력 징후

모니터의 기본 특성과 맥락을 살펴보아야 한다. 이 일은 로버트 라이트나 재레드 다이아몬드 같은 사람들이 시작했고, 기후 변화에 관한 최근의 많은 책들[8]이 힘을 보탰다. 다이아몬드는 지속 가능한 인간 사회에 영향을 주는 요인 다섯 가지를 밝혔다.[9]

1. 기후 변화
2. 환경의 건강 상태
3. 환경 문제에 대한 사회의 반응
4. 긍정적인 경제 관계
5. 적합하지 않은 인접 요인

이들은 이 요인들에 주의를 기울인다. 다이아몬드의 제안은 수많은 지표들에 대한 근시안적 시각에서 물러나 외부 공간 혹은 적어도 1만 미터 상공에서 지속 가능성을 보아야 하는 이유가 된다. 그의 출발점은 기후이고 다음이 환경이다. 그는 이 요인들을 먼저 고려한 다음 세 가지 견해를 내놓는다. 다이아몬드는 우리가 인식하든 하지 않든 이 다섯 가지 요인은 끊임없이 상호 작용하면서 도시의 지속 가능성에 영향을 주는 삶의 조건을 창조한다고 말한다.

다이아몬드의 주장은 활력 징후 모니터의 통합 분석틀을 도입할 수 있는 기초 작업을 제공한다. 앞 장에서 탐구한 이 통합 분석틀은 본질적으로 사상한 8 수준의 골격을 이용하는 메타 지도다. 하지만 다원적이고 역동적인 특성을 지닌 도시의 메타 지도의 맥락은 다이아몬드가 말한 결정적 요인인 환경과 기후에 전적으로 달려 있다.

통합 메타 지도는 기본적으로 복잡성이 점진적으로 진화하여 빅뱅에서 현재 상태까지 실체가 출현했다는, 에디(2003b)의 통합 지리적 제안에 기반을 둔다. 이 진화 과정은 1장에서 소개했다. 에디는 다음과 같이 설명한다.

통합 지리는 지리-공간적 관점에서 의식과 체현을 탐구하는 수단을 제공하고, 역으로 공간과 장소가 개인의 '마음'과 '몸' 모두에 미치는 영향을 설명하는 데 쓰인다. (……) 의식은 중심적인 초점으로 남아 있으며 거기서부터 인간-환경 상호 작용을 탐구할 수 있고 지리-정치적 긴장, 생태적 환경적 가치, 사회문화적 배경, 기술-경제적 생산의 수준과 세계 무역 같은 다양한 쟁점도 검토할 수 있다.[10]

에디의 강렬한 통찰은 어떤 새로운 수준의 발달도 그것이 출현하고 의존하는 능력을 초월하고 내포한다는 통합 진화의 원칙을 보여준다. "어떤 식물은 특정 토양 조건이 필요하고 그 조건은 토양 아래 있는 바위의 종류와 기후 패턴의 영향을 받아 형성되고 (……) 이는 인류권에서 패턴이 출현할 가능성을 열어놓는데, (……) 어떻게 해서 이렇게 되는지 살펴볼 수 있다."[11] 에디가 설명하듯이, 분화라는 필터를 통해 각 수준을 분리해 살펴볼 수도 있고 통합이라는 필터를 통해 한꺼번에 고려할 수도 있다.

그리하여 지속 가능성을 위한 다이아몬드의 다섯 가지 요인 목록 그리고 에디의 통합 지리에 주의를 기울여야 한다는 다이아몬드의 역사적 경고를 들은 우리는 통합도시의 활력 징후 모니터 분석틀을 제안한다. 이 통합지도는 (지역의 생태적 상황을 포함하여) 도시의 웰빙 역학을 수용할 만큼 충분히 복잡하다. 그리고 도시의 이해 당사자에게 지도를 이해시킬 만큼 충분히 단순하다.

다이아몬드의 연구를 보면 통합도시의 활력 징후 모니터는 다음 내용을 인식하는 지표와 기준을 개발해야 한다.

- 자연과 인간의 지속 가능성에 영향을 미치는 기후 시스템(강우, 지하수)
- 공기, 땅, 물 등 기초 자원에 대한 수용 용량의 한계
- 개인, 가족, 일터, 구역, 도시 시스템의 생물–심리–문화–사회적 건강을 나타내는 지표
- 운송, 건강, 교육, 상업 발달을 위한 지속 가능한 기반 시설
- 자연 시스템과 인간 시스템의 건강에 영향을 미치는 적절한 인접 요인과 적절치 못한 인접 요인(대기, 수질, 운송 시스템, 인간의 이동, 전염병)
- 물리적·심리적·문화적·사회적 경계

## ≫ 통합모델은 분석틀을 어떻게 재구성하는가

활력 징후 통합 모델은 에디와 다이아몬드의 지구적 분석틀을 포함하면서도 위에서 제시된 모델을 모두 초월하고 내포한다. 사회 요인과 경제 요인을 환경 맥락 안에 둠으로써 전통적인 브룬틀란 지속 가능성 모델의 맥락을 재설정한다. 이로 인해 우리는 기본적으로 경제 행위(그것/그것들)의 관계 속에서 사회 경험(나/우리)의 관계를 볼 수 있다. 우리는 이들이 환경적 삶의 조건과 기후라는 더 큰 맥락에서 동시에 나타남을 알 수 있다. 이는 나의 내부적 경험이 환경과 기후의 지배를 받고, 내가 외부적으로 다른 사람들과 공명하는 것도 같은 요인의 영향 아래 있다는 뜻이다.

이 모델은 '프랙털' 모델이기 때문에 유연하면서도 포괄적이다. 작은 개체 생명부터 거대한 도시 정착지까지 다양한 규모의 인간 시스템에 적용될 수 있다는 뜻이다. 이 모델은 다양한 인간 시스템을 포함할 수 있고 전체 속에 포함된 다른 시스템들과의 관계에서 각 시스템을 볼 수 있다는 점에서 '전일적'이기도 하다. 예를 들어, 공립학교 위원회와 의료 시스템 같은 연합 시스템과, 민간 기업 같은 단독 시스템을 아우를 수 있다. 운송, 폐기물 관리, 물, 에너지, 커뮤니케이션 등의 기반 시설 같은 연결 시스템도 받아들일 수 있다.

GIS와 CAD/CAM 지도 제작 시스템을 써서 이 모델의 홀로그래피적 특성을 보여줄 수 있다. 이는 어떤 방향에서든 이 모델을 돌려서 하위 시스템을 들여다볼 수 있고 하위 시스템에 반영되어 있는 전체를 볼 수 있다는 뜻이다. 구역이나 커뮤니티 하나(심지어 운송, 폐기물 관리, 물, 에너지, 커뮤니케이션 등의 기반 시설 같은 하위 시스템 하나)에서 도시 전체를 볼 수 있다. 반대로 도시 전체를 보면서 특정 구역의 핵심 특성을 파악할 수도 있다.

우리는 지구 행성이라는 맥락 속에서 살아 있는 복잡한 적응 시스템을 위한 활력 징후 모니터를 효과적으로 설계하고 있다. 이 설계의 목적은 우리 자신을 통합적으로 심도 있게 알게 되는 것이다. IVSM의 진짜 측정값은 우리가 이 행성에서 지속 가능하게 살아가는 가장 현명한 방법을 찾고자 한다면 알아야 하는 정보다. IVSM을 설계함으로써 우리는 우리 자신을 더 잘 알고 우리를 창조한 지구와 태양계, 은하계, 우주 시스템 안에 우리가 어떻게 포함되어 있는지 어느 때보다 잘 이해할 수 있다.

1960년대에 제임스 그리어 밀러(1978)가 이끈 컨소시엄에서는 단세포부터 가장 복잡한 인간사회 시스템까지 모든 규모의 살아 있는 시스템이 공유한 하위 시스템 19가지를 밝혔다. 이 하위 시스템은 물질-에너지-정보와 관련된 것, 물질-에너지와 관련된 것, 정보와 관련된 것 등 세 부류로 분류되었다. 수천 개의 지표를 과학적으로 분석했는데, 우리는 살아 있는 인간 시스템의 IVSM을 만드는 데 필요한 지표를 그중에서 고를 수 있을지도 모른다.

그런데 유용한 IVSM의 비법은 지속 가능한 삶을 최적으로 건강하게 이끄는 데 도움이 되는 결정적 정보를 최소한으로 제공하는 것이다. 베커(2007)가 제안하듯이, 지표를 얻는 데 일단 능숙해지면 우리가 원하는 정보를 제공하는 것은 지표의 양이 아니라 건강한 관계나 홀론, 과정, 패턴, 구조 등의 메시지를 밝혀내는 분석틀이다. 이는 환경과 기후라는 삶의 조건의 맥락에서 주관적·상호주관적·객관적·상호객관적 피드백 고리를 인식하고 추적한다는 의미다. 다시 말하자면 IVSM은 지표의 분류 체계를 보고하는 분석틀을 제공할 뿐 아니라 사상한 수준 8의 복잡성 패턴의 관계를 드러내는 '퍼지 논리 골격'을 제공한다.

>> 활력 징후 통합 모니터의 이점

위에서 설명했듯이, 이 책의 기술을 사용한다면 2차원 도표로 전달되기 때문에 IVSM 모델의 다차원성을 제대로 이해하기는 어렵다. 활력 징후 통합 모니터에서는 인간 개인과 이해 당사자 집단을 포함하여 모든 수준의 존재가 다양한 발달 능력 상태에 있음을 인식한다. 에디가 보여주었듯이 이러한 다양성은 여러 층으로 기술해야 한다. 활력 징후 통합 모니터를 쓴다면 발달의 사상한과 수준 8을 써서 인간의 층위를 온전히 나타낼 수 있고 그 층들을 지속 가능성 원칙으로 통합할 수 있다.

이런 발달 단계 각각에는 브라운이 기록했듯이 세계관, 가치관, 건강한 표현, 지속 가능성이나 웰빙에 대한 건강하지 못한 저항 등이 고유한 패턴으로 남아 있다.[12] 활력 징후 통합 모니터는 수준 8 모두를 위해 적절한 내부적 외부적 조건에 대한 자료를 감시하기 때문에 다음과 같이 각 수준의 가치를 인정한다.

1. 안전과 물, 식량, 주거지, 의복 등 생필품 제공
2. 가족 및 다른 중요한 관계를 위한 삶의 질
3. 개인의 권력과 권한 부여
4. 체계적인 구조, 프로토콜, 규칙, 법
5. 주도적·이성적·과학적 생산성
6. 사회 네트워크
7. 복잡하고 전체적이고 적응하고 상호 작용하고 서로 연결하며 유연한

과정

8. 행성 차원에서 통합 시스템의 환경과 기후의 웰빙을 감지

이렇게 함으로써 IVSM은 건강한 혹은 건강치 못한 지속 가능성의 표현을 드러내고, 건강치 못한 장애를 극복하는 데 필요한 행위의 촉발 지점을 알려준다.

**≫ IVSM의 작동 방식**

요약하자면, IVSM은 에너지-물질-정보-의식을 추적하는 시스템으로 지구에 존재하는 인간의 척도에서 복잡성의 사상한 수준 8로 에너지, 물질, 정보 사이의 관계를 드러낸다. 다수의 매트릭스를 이용하여 에너지, 물질, 정보의 투입을 측정할 수도 있다.

그런데 IVSM은 끊임없이 사용함으로써 지속적으로 개선하는 학습 시스템이기도 하다. IVSM은 닫힌 고리 형태의 피드백을 도시에 제공한다. 상한마다 고유한 매트릭스가 존재하지만 각 상한은 복잡한 수준의 렌즈를 통해 다른 모든 상한과 관련을 맺는다. 상한과 수준이 모두 데이터베이스와 하이퍼링크를 이루고 있어서 자료의 출처와 특성, 목표를 밝힐 수 있다. 더욱이 각 지표에는 자료 제공에 헌신적인 소유주가 있다. 지표의 목표와 소유권은 (전문가, 전문가 그룹sapient circle, 커뮤니티 구성원 등으로 이루어진) 전문 패널에 의해 선택되며, 이들도 보고 시스템의 피드백을 통해 끊임없이 학습하고 있다.

적어도 하나의 IVSM 원형 기술이 지난 세기 동안 민간 부문에서 사용되었다(이 장의 사이드바 〈활력 징후 통합 모니터: 실행 기술〉 참고). IVSM에서 사용하는 단순하지만 효과적인 목표 설정 프로토콜 덕분에 조직은 지표를 고르고 목표를 선택하고 지표 소유자를 설정하고 전 세계적인 기반 위에서 중심 계기판에 정보를 모을 수 있다. 그리하여 전 지구적 상황과 지역적 세부 내용

을 모두 포함하는 엄청나게 복잡한 자료를 감당할 수 있으며, 그 자료는 웰빙 상태를 표시할 때 단순한 교통 신호등 표시를 이용하기 때문에 서로 다른 문화 사이에서도 접근할 수 있다. 목표의 상태는 누가 보아도 지표가 목표를 향하고 있는지(녹색) 벗어나 있는지(노랑) 위기 상황인지(빨강) 한눈에 이해할 수 있게 표시된다.

### >> 활력 징후 통합 모니터를 위한 통합 지표 선택하기

통합 계기판은 최근의 발달, 능력, 복잡성 수준에 해당되는 목표 지표의 달성도를 추적하는 소형 ISVM이다. 지표는 인류 이전의 것(인간의 생물물리적 삶에 필요한 모든 요소)과 인간적인 것, 두 종류로 분류할 수 있다. 인류 이전의 것은 기본적이며, 다이아몬드의 가설과 에디의 모델에 근거하여 다음으로 확인할 수 있다.

- 에너지(태양 에너지 및 다른 종류들)
- 암석권(암석, 미네랄, 토지 유형들)
- 수권(수질)
- 대기권(공기의 질)
- 생물권(다양한 종)

인간적인 것(인류권)은 서로 다른 규모의 인간 시스템의 프랙털에 기반을 두고, 인간 발달과 정착 과정에서 나타나며[13] 도표 11.2에 나와 있듯이 기초적인 도시연구 방법론을 통해 잘 기록되어 있다.

### >> 지표 선택의 기준

지표는 전문가 그룹, 전문가 패널, 변형된 델파이 방법을 통해 선택할 수

# 활력 징후 통합 모니터: 실행 기술

가이아소프트에서는 정보 시스템 DNA 라이브러리를 만들었다.[14] 그 통합 계기판은 활력 징후 통합 모니터에 기반을 두고 있으며, 웹 브라우저를 통해 실행하고 접근할 수 있다.

통합 계기판은 IVSM 측정값을 저장하고 인출할 수 있는 지식 기반을 제공하며, 필요할 때 언제 어디서든 사용할 수 있다.

시 홈페이지에서는 다음 사항에 대한 시의 지표를 개략적으로 보여준다.

- 기본
- 개인
- 가족
- 건강관리 시스템/교육 시스템/일터
- 커뮤니티/구역
- 자치 지역

지표 소유자를 위해 전략 실행 과정은 금융 및 전략 자료를 위한 민간 부분 연합체에 의해 개발된 교통 신호등 표시에서 볼 수 있다. 자체적인 전 세계적 메타언어로서 색깔은 다음과 같은 정보를 즉시 전달한다.

파랑: 목표 초과
녹색: 목표 범위 내
노랑: 주의—목표 범위를 벗어남
주황: 비상 상황—활력 징후 경고
빨강: 목표 미설정—행동 필요

이 표시판은 전문가 그룹, 실행팀, 관리인에게 그들이 책임져야 할 모든 것을—조치, 결과, 행동을—보여준다. 일일 기록을 남김으로써 핵심 준수 사항과 전략 실행 결정에 대한 감독을 보장한다.

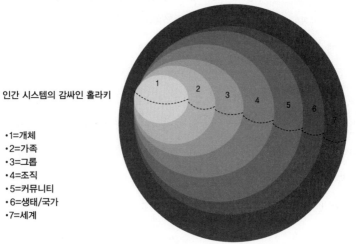

인간 시스템의 감싸인 홀라키

- 1=개체
- 2=가족
- 3=그룹
- 4=조직
- 5=커뮤니티
- 6=생태/국가
- 7=세계

있다. 암스테르담에 있는 GRI가 이 분야에서 이룬 작업은 적절하며 대단히 중요하다. 이들은 지표 선택 프로토콜과 씨름하면서 전 세계적 정보 체계와 (여러 부문과 도시에서 나오는) 목록을 만들었다. 지표를 선택할 때 결정적으로 고려해야 할 점은 자료를 이용하는 사람의 문화적 표준에 맞아야 한다는 것이다. IVSM은 지역적으로도 전 세계적으로도 자료 소유주에게 중요한 것으로 평가받는 자료를 보고해야 한다.

따라서 지표 선택은 선택하는 사람과 사용하는 사람의 필터에 영향을 받을 수 있다고 보는 것이 맞다. 어떤 문화권의 인간 의식(정서, 심리, 지성, 영성적 발달)에서 대표되는 복잡성 수준과 그들이 공유하는 신념 체계가 필터로 작용할 것이다. 지표가 기록 소유주보다 높은 복잡성 수준에서 선택된다면, 자료는 의미 없는 것으로 취급될 것이다. 자료가 기록 소유주보다 낮은 복잡성 수준에서 선택된다면, 자료는 지나치게 단순한 것으로 무시될 것이다. 양쪽 모두 IVSM은 다른 프랙털이나 상황에 도움이 될 수 있지만, 지역의 자료 제공자나 기록 소유주에 의해 받아들여지지 않을 것이다. 따라서 IVSM의 창조는 다수의 필요에 도움이 되는 참여 과정이어야 한다는 점이 중요하다.

IVSM에 필요한 지표의 수는 신뢰성을 유지하고, 기록과 보고를 계속할 수 있는 문화 역량에 의해 결정된다. 개인을 추적하기 위해 선택하는 지표의 수는 주관적 지표 1~5개와 객관적 지표 1~5개 정도라고 본다. 각각의 집합적 인간 시스템(가족부터 지역까지) 내에서 1~5개의 상호주관적 지표와 상호객관적 지표가 선택되어야 한다. 이 숫자는 지역에 따라 다를 수 있다. 중요한 기준은 사용하는 사람이 지표가 의미 있다고 생각해야 하고 지표가 그들에게 중요하며 (지구 규모의) 지속 가능성을 위해서도 중요한 것을 측정해야 한다는 점이다.

IVSM 설계자의 기본 과제는 기존의 데이터베이스에서 자료를 모으고 새 자료를 수집하는 방법을 조직하는 것이다. 그다음에 원하는 목표를 설정하기 위해 '자료 소유주'를 조직한다. 이 목표는 사용자(의사 결정권자부터 정책 개발자, 대중까지)를 위한 교통 신호등 표시로 전환되고, 목표 달성도를 빨리 평가하고 위험하거나 최적이 아닌 상태일 때 행동을 개시할 수 있게 한다.

전 과정은 행동 학습의 형태가 된다. 이를 위해 자료 소유주는 설계 단계에서 정착된 표준과 모범 운영 사례와 비교하여 책임감 있게 스스로 평가하고 보고해야 한다. 이 과정에서 사용자는 자신이 만족시키고 달성해야 하는 표준을 점차적으로 학습하고 이해하며, 동시에 자료가 어떻게 서로 연결되어 있는지 배운다. IVSM은 네트워크의 효과성을 추적하는 기술이다. IVSM은 또한 도시가 열망하는 네 가지 웰빙 틀—전통, 모던, 포스트모던, 통합—에서 진화한 도시 네트워크와 계층 구조를 보여준다.

IVSM 설계자는 어떤 지표 유형이나 상한이나 수준도 누락되지 않게 재차 확인 가능하도록 통합 분석틀을 쓸 수 있어야 한다. 동시에 사용할 수 없는 수많은 지표를 가려낼 수 있게 사용자를 주의시킬 수도 있다. 따라서

IVSM 설계자는 개인 역량과 전문 능력이 7이나 8이 되어야 하고, 시스템이 서로 연결되어 있는 전체성을 이해할 수 있어야 한다. 하지만 IVSM 설계자들은 지표 소유주의 중심점이 수준 2 내지 수준 7의 범주에 있는 도시를 위해서도 설계할 수 있어야 한다.

앞에서 언급했듯이 핵심적인 도시 관리자가 복잡성 수준 4의 능력을 달성하지 않았다면 도시는 제대로 기능하거나 효과적으로 관리될 수 없다. 그런데 개발도상국에서는 도시 관리자들이 대부분 복잡성 수준 3이나 심지어 2일 것이므로 효과적인 상한 개발이나 활력 징후 관리가 매우 어렵다. 이 책을 쓰는 동안 이 점이 명백해졌다. 바그다드와 칸다하르에서는 신념 체계가 복잡성 수준 2나 3에 있는 사람들에 의해 정의, 건강, 교육, 물 관리, 운송 등의 기초적 기반 시설이 끊임없이 방해를 받았다. 여기서조차(아니면 특별히 여기서) 도시의 웰빙이 유지되려면 단기 자원뿐 아니라 장기 자원이 어디에 필요한지 IVSM이 보여줄 것이다.

### ≫ IVSM은 어떻게 가치를 더하는가

IVSM은 네 가지 방식으로 가치를 더한다.

1. IVSM의 주요 설계 요소는 여러 문화권에서 결과를 공유할 수 있게 분석틀, 지표 조직자, 공동 언어를 제공한다.
2. 각 상한과 수준별로 자원 투자 양상을 볼 수 있다. 다시 말해, 에너지, 물질, 정보를 추적할 수 있다. 전통적 금융 관리, 전략적 금융 투자, 사회 네트워크의 밀도, 탄소 기반 자원 같은 지속 가능성 벡터 중 어떤 면에서든 혹은 모든 면에서 투자 양상을 살필 수 있다.
3. 하이퍼링크를 이용함으로써 실체들(사상한), 복잡성 수준(8 수준), 시간(발달/진화), 규모 사이의 연결을 볼 수 있다.

4. 이로 인해 내부적으로 도시 시스템 안에서, 그리고 외부적으로는 도
시 시스템 사이에서 결과를 비교할 수 있다.

다른 사람들이 개발한 자료를 분석하고 원형을 만드는 과정에서 나는
IVSM의 가치가 공통 렌즈, 공통분모, 공통 언어를 제공하는 것임에 주목
했다.[15]

통합 분석을 통해 서로 다른 지식 영역의 연구가 서로 연결될 수 있는 가
능성을 보았고 변화와 개발, 진화에 대한 우리의 이해가 깊어졌다. 각 연구에
서는 어떤 방법론이나 연구가 독자적으로 할 수 있는 것보다 훨씬 풍부하고
더 포괄적이며 통합된 지표 지도에 기여하는 기술어를 제공한다. 통합 분석
틀은 다시 출처나 규모, 위치, 삶의 조건이 서로 달라서 지표들이 복잡해
짐(즉, 변함)에 따라 그에 대해 서술할 수 있는 공통 언어(와 공통분모)를 제공한
다. 이러한 분석으로 통합 자료 지도에 있는 빈틈을 볼 수 있어서 우리는 초
점을 넓히고 자료 수집 방법과 지표를 강화하고 해석을 심화할 수 있다.

나는 IVSM이 도시의 변화를 위한 4중의 핵심 바탕을 이룬다고 결론을
내린다. 내가 감독하거나 다양한 분야의 정보를 얻은 연구에서는 개인[16], 집
단[17], 조직[18], 도시[19], 커뮤니티[20], 생물 지역[21], 생태계[22], 국가[23]에서 변화를
추적하는 데 사상한 8 수준(4Q8L) 지도가 유용함을 보여주었다.

이 기술은 다수의 데이터베이스를 수용하고 연결하고 하이퍼링크를 형성
하는 능력을 제공하여 '기상도 제작' 접근법으로 자료를 파고들고 요약하며
에디(2003b)가 "현대 커뮤니티, 소도시, 도시의 영향력 원에서 수렴하고 있다"
고 주장하는 토지/생물/마음-지형의 역동적인 복잡성을 표시한다. 나는 애
버츠퍼드 시의 가치관을 정리해봄으로써 초기 원형을 개발했다. 보웬 아일랜
드 커뮤니티Bowen Island Community의 생태-생물-지성 시스템과 자급자
족하는 북부의 퍼스트 네이션First Nation(원주민 단체—옮긴이) 커뮤니티의 원

형 작업에서 기회가 두 번 더 활짝 열렸다.[24] 보웬 아일랜드 커뮤니티의 경우, 자료의 출처는 지질 라이브러리와 커뮤니티 포럼이었다(사이드바 〈활력 징후 통합 모니터: 실행 기술〉 참고). 퍼스트 네이션 커뮤니티의 경우, 자료는 커뮤니티 전략 계획 분석에서 얻었다. 통합도시 분석에서는 전략 계획에서 제공된 자료를 사용했고 필요성, 빈틈, 전망을 사상한 8 수준(4Q8L)으로 나타냈다. 게다가 추적 과정에서 간과하기 쉬운 것과 새로운 기회를 파악할 수 있게 제공된 모든 지표는 사상한 8 수준 형식으로 정리했다.

두 경우 모두 IVSM 설계 형판은 기존의 자료를 모으고 그 자료를 통합 형판으로 바꾼 것이다. 이 과정에서 자료를 쉽게 구할 수 있는 강력한 지표가 나타났고, 자료 출처가 밝혀지지 않았거나 누락된 자료도 있었다. 두 경우 모두 IVSM은 강점과 빈틈을 알아차리기 위한 통합 점검표를 제공했다.


### IVSM의 실재: 충분한 정보로 내리는 선택

IVSM이 일단 설계되면, 통합 계기판(아래에서 설명)은 도시의 모든 이해 당사자에게 정보를 주는 보고 수단이 된다.

통합도시가 인간의 벌집에 해당된다면, 통합 채점표는 꿀벌의 의사소통 춤에 해당한다. 이는 우리가 지속 가능한 방식으로 도시의 목적과 목표를 달성하고 있는지 알려준다. 또한 우리가 자신을 유지하는 데 필요한 에너지, 물질, 정보를 모으고 있는지 보여준다. 이는 도표 11.3에서 보여주듯이 능력과 잠재력을 나타내는 방식이다. IVSM에는 맥키번이 『심각한 경제Deep Economy』에서 밝힌 불균형을 보여줄 능력이 있다. 예를 들어, 초개인주의가 등장하는 상황에서 우리는 좌상과 우상의 개인 상한이 아래의 집합 상한보다 더 작음(혹은 그 역)을 볼 수 있다. 역량과 자원이 왼쪽 상한보다 오른쪽 상한에 더 많이 할당되는(건강관리 교육 대신 의료시설을 늘리는) 상황도 볼 수 있다.

이는 에너지와 물질을 생산하는 환경과 기후에 관한 보고로 우리가 이 과정을 계속해야 하는지, 방향을 바꾸어야 하는지, 얼마나 바꾸어야 하는지 알기 위해 내부 판정자와 자원 배분가에게 필요한 정보다. IVSM은 이해 당사자의 정보도 나타낸다. 여러 이해 당사자의 관점에서 각 상한과 수준별로 자원이 어떻게 선호되는지 보여준다(도표 11.4 참고). 그리고 IVSM은 각 상한과 수준에서 자원이 어떻게 사용되는지도 보여준다(도표 11.5 참고).

IVSM이 없다면 자원 배분 상황이 우리의 가치관과 부합하는지 알 수 없다. 게다가 사용하는 자원의 종류와 양을 계속 늘림에 따라 새로운 지식과 능력, 가치, 자산을 반영할 수 있는 더 복잡한 지도가 필요하다.

새로운 실체에 대한 통합지도가 있어서 IVSM은 우리가 내리는 선택의 역동적인 지도와, 실행 전에 결과를 추정한 시뮬레이션을 보여준다. 일단 선

도표 11.3. 통합지도에서 역량 측정하기.

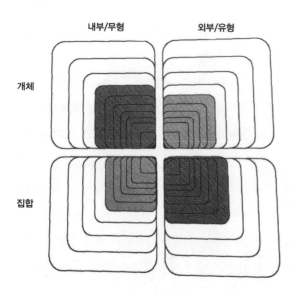

도표 11.4. 바람직한 자원에 대한 평가.
출처: 해밀턴(2003)의 에버츠퍼드 커뮤니티 재단 연구.

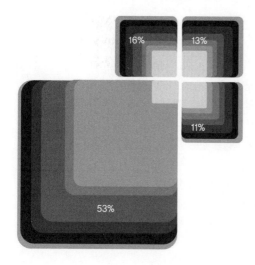

도표 11.5. 에버츠퍼드의 2003년 세금 배분.

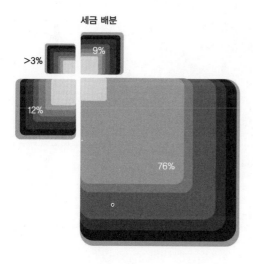

# 정책 주기 모니터링

도표 11.6은 활력 징후 통합 모니터를 기반으로 모니터링과 정책 개발 사이의 연결(모니터링-정책 주기)을 보여준다. 베티아 게이큰Bettia Geiken은 위기관리에 노력을 기울이는 유럽 도시에서 이를 이용했다.[25]

정책, 전략, 계획으로 관리 구조, 조직 구조, 기반 시설이 생기고 서비스가 제공되는데 이들은 모두 사람의 세계관과 행동뿐 아니라 경제, 환경, 문화, 사회 구조에 긍정적이거나 부정적인 영향을 미친다. 다양한 방법으로 이를 정성적으로 그리고 정량적으로 측정한 값은 적절한 분석틀을 이용하여 지표로 전환될 수 있다.

동시에, 지역 개발을 평가하고 기준을 정하려면 목표 및 성과와 비교하여 서비스 제공, 관리 구조, 정책 등의 효과와 효율을 측정하는 것이 필요하다.

**도표 11, 6. 통합 모니터링과 정책 주기.**

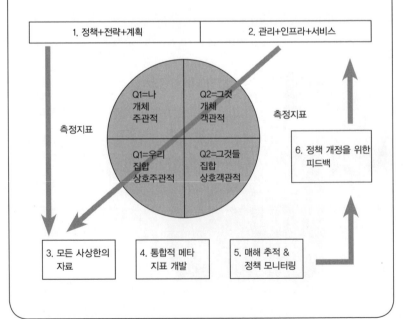

측정된 실체의 복잡성이 있고 지역 수준의 경제적·환경적·사회문화적 지표가 많기 때문에, 내부적 기준과 외부적 기준뿐 아니라 제한된 수의 핵심 지표 혹은 메타 지표를 개발하고 선택해야 한다. 이러한 메타 지표와 기준 설정 결과를 통해 추천 정책을 끌어낼 수 있다.

통합 접근법을 사용하면 이상적으로 어떤 지역이든 커뮤니티 상황을 더욱 통합적으로 보는 사회문화적 지표, 기준, 정책이 생길 것이다.

도시 개발 상태에 대한 이러한 포괄적 정보가 있으면 경향 분석이 촉진되고 부문별 정책 실행에서 생기는 서로 다른 경제적·사회문화적·환경적 현상의 상호연결성이 눈에 보인다.

택했다면, IVSM은 지속 가능성과 삶의 질을 최적으로 유지하는, 지혜로운 자원 배분 판단에 도움을 줄 것이다.

### IVSM의 다음 단계

활력 징후 통합 모니터를 개발하고 원형을 만드는 과정에서 다수의 계기판 양식을 설계하는 유연성이 필요함이 분명해졌다. 각 지역이 의미 있는 방식으로 자료를 모으고 분석하고 표시하려면 다수의 양식이 필요하다.

그런데 도시 규모에서 수집하는 목적으로는 중심 허브가 다양한 원천과 소유주, 상태들을 정제하는 역할을 할 것이다. 사실 IVSM만으로도 책 한 권을 써야 하지만, 사이드바를 통해 통합 채점표 시스템의 기술적 실행 과정을 기술했다.

## 변화 학습: 활력 징후 모니터가 정보를 제공하는 방식

개발자나 거버넌스 당국이나 선출된 공직자는 시민에게 공약한다. 공약을 실행하려면 다른 사람(지방 공무원, 공직자, 기술관, 행정관)의 도움이 필요하다. 자원과 노력을 쏟아붓고도 종종 의도한 결과를 얻지 못하기도 한다.

통합 지리학자 브라이언 에디는 연구에서 지역과 장소에 대해 우리가 어떻게 생각하고 어떤 말을 하는지(좋은지 나쁜지)는 부분적으로 어떤 경계를 써서 정의하는지에—외부 세계에서는 물리적으로, 정신 모델에서는 개념적으로, 가치관, 세계관, 실체의 투사 면에서는 실존적으로 정의하는 것에—달려 있음을 보여주었다. 에디는 그 연구에서 지속 가능성과 개발에 관한 여러 쟁점이 의식과 문화 발달의 다양한 수준이 투사되는 가운데에서 경계—갈등의 연장이라고 주장한다. 에디는 "인지적 실존적 경계 갈등이 외부 세계에서—통합적 접근법만이 지리정치학적 맥락에서 개발과 함께 지속 가능성 쟁점을 적절히 다룰 수 있을 만큼—다양하고 복잡한 방식으로 구체화됨"에 주목한다(2003a). 지리—정보 분야에서 20년간 일한 전문 경험과 함께 이 중요한 통찰로 인해 에디는 지역적이든 전 세계적이든 어떤 규모에서든 웰빙, 지속 가능성, 개발을 평가할 수 있게 되었다.


## 활력 징후 모니터가 있어야 통합도시가 가능하다

IVSM의 설계와 사용을 검토하면서, 이제 통합도시에서 변화를 연구하고 계획하고 관리하는 데 있어 IVSM 적용의 가치를 정리해볼 차례다.

**≫ 연구**

1. 의도적인 자료 수집 통합 접근법은 다른 방법론적 접근법보다 더 많은 것을 보여준다. 통합 분석틀은 자료를 모으는 통합 시스템 점검표와, 다양한 복잡성 수준의 여러 자료 출처에서 나온 결과를 통합하는 공통 언어를 제공하기 때문에, 어디서 렌즈가 투명하고 어디서 자료를 놓치고 있는지 모두 알 수 있다. 따라서 이 언어를 써서 어떤 규모에서든 서로 다른 실체, 지표, 가치를 반영하는 변화를 기술할 수 있다.

2. 다른 데이터베이스도 공통의 통합/나선형 '언어'로 전환되어 활력 징후 통합 모니터를 만들어낼 수 있다. 이는 기존의 데이터베이스를 무시할 필요가 없으며 대신에 메타 지도로 통합할 수 있음을 의미한다. 연구 결과는 기존의 다음 자료와 상호 참조할 수 있다.

   - 인구 조사 자료
   - GIS 자료
   - 학교 구역 자료
   - 대학 자료
   - 건강 영역 자료
   - 농업 조사
   - 민간 부문 여론 조사 등

3. 다양한 원형 사업과 시범 사업이 변화 과정의 첫 단계를 보여준다. (긍정적인 것과 부정적인 것 모두) 커뮤니티가 어떤 면에서 바뀌고 있는지, (원하는 개선 내용이 밝혀지듯이) 커뮤니티가 무엇을 바꾸고자 하는지를 밝힌다. 웹 기반으로 자료를 모으는 새로운 과정에서는 역동적인 자료 추적이 곧 널리 퍼지게 될 것임을 보여준다.

4. 서로 다른 규모에서 제작되는 IVSM은 서로 다른 세계관/가치관/시민, 선출된 공직자, 직원, 전문가 사이의 긴장을 도표로 보여준다.

5. 변화 상태와 역동적인 자료 수집으로, 역동적이고 복잡한 적응 특성을 추적하고, 변화 과정 설계에 자연 시스템을 이용한다.

6. 메타 지도 특성은 GIS 지도에 나타내고, 정부나 민간 연구자가 변화 자료를 수집한다.


>> 계획

1. 공통의 메타 지도는 사회 계획, 토지 이용 계획, 커뮤니티 교육과 의료 발전의 통합에 자료를 제공한다.

2. 메타 지도가 있어서 네트워크 형성자는 모든 상한에서 균형 잡힌 변화를 설계하고, 무분별성이나 장애로 인해 능력이 변하는 것을 막는다.

3. 정성적인(좌상한) 자료와 정량적인(우상한) 자료의 메타 지도는 개인, 조직, 구역, 도시, 지역, 생물 지역 규모로 바꿀 수 있다. 따라서 도시 계획가, 도시 지리학자, 개발자 등이 사용할 수 있는 복잡한 변화의 '기상도 제작'이 가능하다.


>> 관리

공통 언어로 된 메타 지도는

1. 극한의 복잡성을 다루는 네트워크 형성자들에게 도구를 제공한다. 공통 언어는 다양한 자료가 공존하게 하며 자료를 조직하고 계층화하여 의사 결정에 도움을 준다. 또한 피드백 고리를 통해 변화 관리자에게 의사 결정의 효과성에 대한 조언을 준다.

2. 동조시킨 통합적 활력 징후 지표를 제공하여 네트워크 형성자가 정책 변화를 촉진할 수 있게 한다.

3. 여러 커뮤니티 이해 당사자의 다양한 관심 사이에서 서로 전환할 수 있는 증거와 자료를 제공한다.

4. 네트워크 형성자가 모든 종류의 공간적·일시적 능력 파악 전략을 개발할 수 있게 정보를 제공한다.

5. 소생태계(개인/집단)와 대생태계(생물 지역, 국가, 세계)의 상호 관계 이해를 돕는 중간 수준의 도시 가치관을 드러낸다.

6. 표면적 가치 표현 아래에 존재하는 역동성을 드러낼 과정을 제공한다.


## 결론

이제 60퍼센트에 달하는 세계 인구가 도시에서 살고 있다. 도시는 세계의 건강에 불균형한 영향을 미칠 수밖에 없다. 전 세계적 시스템을 건강하게 만드는 일에서, 현대 세계의 모든 규모의 삶에서 변화를 지원하는 중간 규모의 역할을 도시가 안고 있다. 이제 서로 다른 상한, 수준, 시간대에 걸쳐 모든 변화 자료를 전환하는 공통 언어를 사용하여 IVSM을 이해할 수 있는 네트워크 형성자만이 효과적으로 촉매 역할을 하고 감시할 수 있다. 이 통합형 버전은 네트워크 형성이 국제도시의 복잡하고 방대한 상호연결성에 대한 통찰을 촉진할 수 있게 한다. IVSM 지능 시스템과 공통 언어가 있으니 이제 우리는 새로운 참여 협력과 계획 과정을 위한 기회를 창출하고 도시 삶과 전 세계적 삶의 질을 감시하고 개선하기 위한 분석틀을 창조할 준비가 되었다.

## 사례 연구: 지속 가능한 도시 지표

[윌 버레이(Will Varey, 2006)의 허가를 얻어 싣는다.]

지속 가능한 토지 사용 계획을 책임지고 있는 주요 정부조직 세 곳은 지속 가능한 도시를 위한 기본 지표를 개발하는 공동 연구에 참여했다. 3년이라는 정치 주기를 넘어 지속되고 정치권력의 단기적 변화와 변동이 심한 사회정책을 견뎌낼 수 있는 장기 도시 계획에 참여하려는 열망에서 연구가 시작되었다. 종합적 환경 보고에서 보이는 감소 지표와 도시의 주택 수요로 급격한 증가가 예상되는 지표에서 출발했다. 개발된 지표들은 지속 가능한 수용 용량에 대한 도시의 기본적인 요구를 특별히 살핀 것이다. 특히 정치적 영향을 받는 사회 요소와 경제 요소(범죄율, 커뮤니티 서비스, 실업률, 주거지 양도urban land-release)를 배제했는데, 그러한 요소들은 근본적인 생태계 온전성과 충돌하거나 그와 무관하게 사회 변화를 추동할지도 모른다. 이 접근법에서는 지속 가능한 통합 시스템 이론의 홀라키적 발달 원칙을 존중했다. 바탕이 되는 생물계의 온전성이 없으면 사회적·경제적·정치적 온전성은 궁극적으로 유지될 수 없다는 원칙이다. 한 전문가는 지표를 분류할 초기의 거대 범주 세트를 제안했다(1992 벨라지오 원칙, 여러 도시의 국제 사례 연구, 국가 표준, 최근의 환경 보고, 주 계획 서류를 포함하여 여러 출처에서 나왔다). 다목적의 이해 당사자 집단이 구성되어 지속 가능한 도시 계획이라는 관점에서 이 넓은 범주 세트를 다듬어 물, 폐기물, 에너지, 주거지, 통합적 토지 사용이라는 주요 지표 범주 다섯 개를 만들었다. 각 범주 내에서 거시적 수준의 전 도시적 지속 가능성 목표를 수립하고자 통합적 접근법을 이용하여 의도 설명(UL), 결과 가치(LL), 구체적 계획(LR), 측정 가능 지표(UR)를 명시했다. 분석틀에는 위치가 특정된 정보를 이용하여 시스템 지속 가능성에 관한 핵심 지표 25개가 할당되었다. 지속 가능한 거주지에 대한 인간의 기본 욕구를 서로 연결된 다섯 측면에서 다루는 이 기본 지표 세트는 어떤 시간대든 어떤 시간 틀에서든 도시의 지속 가능성의 기초 시스템−건강을 정의하는 수단이 된다. 이 역동성을 모니터링하고 관리함으로써 도시의 생태계 건강의 기본 수용 용량 위에 사회 정책을 바꾸려는 요구를 더할 수 있고, 전체적으로 지속 가능하면서도 문화적으로 진화하는 사회를 보증할 수 있다. 제안된 도시 계획 지표 세트는 도시의 전반적 설계를 위한 정부 간 보고 도구로 널리 채택되었다(Integral Baseline Sustainable City Indicator).

## 질문

1. 어떻게 하면 최소한의 수를 선택하여 우리가 사용하고자 하는 지표를 모두 통합할 수 있을까?
2. 삶을 기리고 모두에게 공유되는 언어를 어떻게 창조하는가?
3. 서로 다른 자료 '소유주'가 목표를 향해 나아가고 정책 입안자가 적절히 궤도를 수정할 수 있게 하는 지속 가능성의 대상을 어떻게 설명할 수 있을까?

## 통합도시 원칙을 적용하기 위한 간단한 규칙 세 가지

1. 전망에 기초하여 도시의 미래 목적지를 선택한다.
2. 도시의 웰빙을 나타내는 통합 지표들을 이용하여 통합 계기판을 설계하고 실행한다.
3. 자연스럽게 진보할 수 있게 결과를 알리고 궤도를 수정한다.

Evolving Intelligence

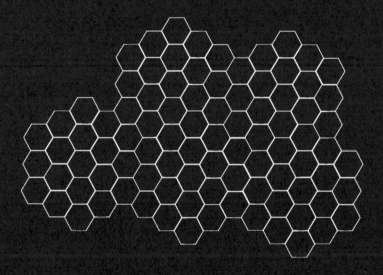

12장

진화지능

하지만 온갖 노력에도 불구하고 인간은 꿀벌을 길들이지 못했다.
인공 벌집에서 탈출한 벌떼가 야생에서 생존할 확률은 인공 벌집 주변을 떠도는
벌떼만큼이나 높고, 나무에 서식하는 야생 군집 수는 인간이 설계한 숙소에서
사는 집단보다 훨씬 많다. 양봉의 역사는 꿀벌을 길들인 이야기라기보다
인간이 꿀벌의 욕구와 선호도를 수용하는 법을 배운 과정이다.
– 굴드 & 굴드, 『꿀벌』

우리는 이 세상에 맞춰 우리 자신을 형성하고, 세상은 다시 우리를 형성한다.
눈에 보이는 것과 보이지 않는 것이 공동의 목적을 지니고 함께 작용하여
기적을 만든다.
– 화이트, 『미지의 바다 건너기』

## 탐구의 시작

이 책은 도시에서 어떻게 똑똑하게 살 것인지에 대한 탐구다. 도시를 살아 있는 시스템으로 이해하기 위해 예술, 인문학, 자연과학, 공학을 활용한다. 이 책의 원칙과 추정은 시민, 시민 사회, 모든 수준의 도시 관리자, 도시 개발자의 핵심 관심사를 다룬다.

호기심 많고 창조적이며 책임감 있는 시민을 위해 통합도시는 '모든 것이 중요함'을 볼 수 있게 온전체인 도시에서 사는 삶의 역동성을 설명한다. 각각의 생각과 행동, 믿음, 과제는 다른 모든 것과 연결되어 있고 어느 방향으로든 움직일 힘을 제공한다. 그렇지만 그 대신 생각, 행동, 믿음, 과제, 방향, 능력 면에서 돌이킬 수 없는 전환을 야기하는 티핑포인트가 될 수도 있다. 진실로 겸손할 때 '모든 것이 중요함'을 알아차릴 수 있다.

15년 전에 나는 국가 스포츠 행사를 위한 자원 봉사 위원회에서 일할 기회를 받아들였다. 그 경험으로 인간 시스템을 보는 눈이 열렸고 리더가 커뮤니티를 만드느냐 아니면 커뮤니티가 리더를 만드느냐는 질문에 대한 탐구를 시작했다.

답을 찾고자 노력하는 과정에서 새로운 과학, 새로운 도시 연구, 통합 운동 분야의 여러 대가들을 연구하는 (종종 직접 함께 연구하는) 혜택을 누렸다.

이 책은 내 학위 과정이 중단되었던 때도 계속 준비되었고 실제로는 출간까지 10년이 걸렸다. 나는 커뮤니티의 복잡성 고민에서 도시 전체의 복잡성 고민으로 나아갔다.


## 우리가 걸어온 길

이 책 전체에서 나는 도시와 유사한 지능 패턴을 보이는 살아 있는 시스템의 비유로 벌집을 활용했다. 척추동물인 호모 사피엔스 사피엔스의 복잡성은 무척추동물인 꿀벌보다 훨씬 높은 수준이기 때문에 이 비유는 직접적이지 않으며 불충분할 때도 있다. 그렇지만 벌집은 우리가 통합도시에 대해 생각할 수 있는 놀랍고도 기분 좋은 자극이다.

통합지도 네 가지는 진화 지능을 새로운 방식으로 탐구할 수 있는 도구를 제공하는데, 그 지능은 기후와 지질, 생물학과 공학의 외적 물리적 진화에서 오는 지능일 뿐 아니라 의식과 문화에서 나오는 내적 지능이기도 하다.

---

### 인간 거주지에서 지능을 진화시키는 사람은 누구인가?

경영진과 관리직의 공무원에 대해 통합도시는 그들이 기여하는 바를 살아 있는 시스템의 필수 기능으로 인식한다. 그 기능이 도시 규모에 충분히 맞는 복잡성 수준에서 작동하지 않는다면, 도시의 모든 부분의 웰빙에 어떤 식으로든 문제가 생긴다. 이렇게 중요한 관료들이 있는 곳은 시청, 시와 권한이 겹치는 주와 지방 부처(건강, 교육, 아동, 가족, 토지, 수자원, 에너지 분야), 시와 권한이 겹치는 연방 정부(공공 의료, 건강, 에너지 분야)이다.

---

도시가 출현한 기후와 지질의 맥락에서 시작함으로써 나는 이 기본적인 수준에서조차 지도가 매우 유용함을 알아차렸다. 기후와 지질이 인간의 행동에 영향을 미치는 패턴은 뚜렷이 다른 문화가 발달하는 중요한 조건을 형성하는 것 같다. 게다가 기후와 지질은 문화가 서로에게 우호적인지 적대적인지에 크게 영향을 미친다. 복잡성 과학을 통해 우리는 어떤 시스템이든 초기 조건이 시공간에서 그 시스템의 행동을 이끈다는 사실을 알고 있다. 그리고 수천 년 전 해안에서 발생한 도시는 오늘날에도 산이나 사막에서 발생한 도시와는 다른 방식으로 문제를 해결함을 알고 있다.

통합도시를 위해 찾아낸 지도는 우리가 도시의 모든 지능이 공진화함을 알지 못하고 일반적으로 서로 분리하고 단절시키는 지능을 드러내 보인다. 사실 내가 처음에 던졌던, 닭이 먼저냐 달걀이 먼저냐—리더가 커뮤니티를 만드는가 아니면 그 역인가—하는 질문에 대한 답은 그 둘이 함께 출현하는, 즉 상호 작용이 결코 끝나지 않으며 서로 영향을 미친다는 것을 보여준다. 마찬가지로 도시의 개인과 집단의 내적 삶과 외적 삶도 공진화한다. 사실 이러한 패턴의 자기 유사성은 도시에 담긴 인간 시스템이 프랙털 특성을 지니고 있음을—각 수준이 다른 수준의 패턴에 영향을 미치며 그 피드백 고리가 끝없이 이어짐을—나타낸다.

따라서 우리가 인간 거주지의 지능을 탐구하는 데 사용한 지도는 진화, 개인과 집단, 내면과 외면, 변화의 심리학, 생물–심리–문화–사회적 상호연결성의 감싸진 홀라키라는 벡터를 통해 도시를 탐구하는 데 도움이 되었다. 이러한 관점들은 삶의 단면을 들여다보는 특별한 방법으로서 강력하다. 하지만 리더가 자신 및 다른 사람을 어떻게 변화시키는지 그리고 커뮤니티와 도시는 어떻게 집단적 응집 행동을 보여주는지를(아니면 그렇게 못하는지를) 더 잘 이해하려면, 도시의 복잡성 때문에라도 그러한 관점을 통합해볼 만하다.

나는 도시 패러다임에 관한 앞선 문헌을 두루 살펴보지 않고 도시의 새

## 통합도시는 인간 거주지에서 지능을 어떻게 진화시키는가?

선출된 고위 공무원들에게 『통합 도시』는 삶의 특성이 보일 수 있고 달성될 수 있는 리더십 지형을 강조한다. 그러한 리더들은 모든 관료 사회에 있다. 그러나 이 책은 그러한 리더의 기능적 혹은 물리적 위치를 넘어 그들의 정신과 마음의 내적 지형을 다루고자 한다. 그들이 이끄는 모든 사람들이 번성할 수 있는 수준을 제약하거나 보장하는 것은 그들의 의식 능력이다.

민간 부문과 비영리 부문—교육, 건강관리, 사회 서비스, 기관, 민관 협업—의 경영자나 관리자에게 이 책은 도시 삶의 질을 최적화하도록 통합된 전체로 그들의 일을 연결한다. 통합도시의 프랙털 요소들이 충분히 그리고 동시에 논의되고 도시 개발을 위한 결정에 반영되는 것은 중요하다.

사법 부문을 위해 이 책은 인간 시스템의 발달 특성과, 건강한 에너지의 흐름이 막혀서 자연적으로 생기는 병리적 특성을 강조하며, 균형을 되찾을 적절한 방법을 밝힌다.

NFP, 비정부 기구, 사회적 기업에 대해 이 책은 그들의 기여로 종종 개인의 생존에 필수적인 문화 자산과 사회 자산이 생성됨을 보여준다.

교사, 교수, 학생, 학자를 위해 이 책은 도시에 관한 통합 시스템 사고를 다루는 교재와 교육 과정을 제공한다. 이는 도시 계획, 인류학, 심리학, 사회심리학, 법학, 지리학, 사회지리학, 사회학, 정치학에 적용될 수 있다.

퍼스트 네이션을 위해 이 책은 장소에 기반을 두는 그들의 문화를 도시와 주의 관점에서 볼 때 통합 시스템 사고를 그들의 부족 문화 및 전통 문화와 통합할 수 있다고 제안한다.

학습 커뮤니티를 위해 이 책은 개인과 집단의 학습을 최적화할 수 있도록 도시 사람이 선택할 수 있는 지성적 발달, 진화, 창발의 패턴을 보여준다.

---

로운 패러다임으로서 통합적 관점의 가치에 대해 자유롭게 고찰했음을 인정한다. 그럼으로써 도시의 전 분야를 연구하는 데 방해받지 않았을 것이라는 점도 분명하다. 이 과제 자체는 책 한 권을 낼 가치가 있고 기념할 만한 일이

다. 나는 이 과제가 너무 멀지 않은 미래에 실행될 것이라고 확신한다. 여기서 나의 과제는 통합 패러다임을 도시에 적용하고 인간 거주지의 현상을 설명하여 그것이 얼마나 효과적인지 살펴보는 것이었다.

## 앞으로 어디로

그럼 여기서 어디로 갈 수 있을까? 이 책의 편집 작업 후반에 떠난 유람선 여행에서 나는 3대륙, 15도시, 8국가 그리고 무수한 문화와 6개 언어를 만났다. 그러는 동안 인간 시스템의 향연에 대한 생각에 잠겼고, 『도시는 살아 있다』의 지도를 확인하면서 다음과 같은 인상을 받았다.

- 도시를 다른 온전체와 서로 연결된 온전체로 보면 창발적인 진화 시스템이 드러난다.
- 시스템을 보면 상호연결성과 비선형성이 드러난다.
- 비선형성은 예상치 못하는 일을 예측하고 대비하고 겪어나가는 데 도움을 준다.
- 예상치 못하는 일에 대한 근육을 키우면 회복력이 생긴다.
- 적응성이 클수록 생존력이 커진다.
- 생존력이 클수록 기쁨, 확장성, 창조성, 잠재력도 늘어난다.

통합도시를 탐구하면서 나는 도시의 잠재력을 알아차리는 과정에서 배울 것이 많음을 알았다. 여행 중에 사람들과 대화하면서 벌집의 우화, 세계의 지도자 이야기, 진화 지능을 향한 끝없는 충동이 계속해서 나에게 가장 큰 영감을 준다는 것도 알았다. 이 책을 마무리하면서 인간 거주지에 대한 나의

## 통합도시 목표의 요약

도시를 통합 시스템으로 보고자 하는 사람이라면 누구든 통찰을 얻어 자신의 삶 전체를 최적화할 수 있도록 이 책을 썼다. 『통합 도시』의 틀은 생명친화적인 원칙을 따른다. 이 책은 도시가 미치는 영향이 그곳에 사는 사람 모두에 의해 그리고 지구 행성에 미치는 영향을 이해해야 하는 사람 모두를 위해 종합적이고 통합적인 방식으로 이해될 수 있게 통합 시스템 사고에 기반을 두고 있다.

통합도시라는 개념은 지속 가능성 위에 세워졌지만 지속 가능성을 넘어 창발이 암시하는 바를 염두에 둔다. 다시 말하자면 인간의 조건은 끊임없는 적응과 변화를 수반하는 결코 끝나지 않는 과제라고 본다. 이는 좋은 소식이기도 하고 나쁜 소식이기도 하다. 이는 불확실성과 애매모호함이 우리의 영원한 짝이며, 도시의 실체는 끊임없이 펼쳐지고 있기 때문에 알고자 하는 것을 결코 다 알지 못할 것임을 받아들인다는 뜻이다.

통합도시는 도시 자체가 경제 능력과 사회 능력의 배경이 되는 환경이라는 맥락에서 도시를 고려했다. 이는 각 도시에 배양 접시와도 같은 환경이라는 독특한 특성이 있음을 우리가 이해했다는 뜻이다. 이 점은 존중되어야 하며, 도시의 개발 능력, 내부적 기능, 외부적으로 기여할 가능성을 이해하고자 할 때 고려되어야 한다.

통합도시는 도시 내부의 인간 생태의 역동성을 탐구하고 도시의 배경을 지구 생태와 지역 생태 면에서 설명한다. 이는 실제로 도시가 형성될 때 존재하는 긴장도를 드러낸다. 지구 생태와 지역 생태는 도시의 한계를 규정하는 자연적인 구심력을 형성하는 반면, 내부의 인간 생태는 도시를 밖으로 밀어내는 원심력을 형성하는 경향이 있다.

통합도시는 도시의 구조물과 기반 시설이 자연 시스템에서 나오고 자연 시스템과 연결되어 있다고 보았다. 도시의 건축물과 공학을 자연 시스템과 분리된 것 혹은 그 위에 얹힌 것으로 보고 싶은 유혹은 늘 있다. 하지만 구조물을 과학적으로 조사해보면 구조물도 영원히 모든 자연 시스템이 처한 것과 동일한 흐름 상태에 있음을 알 수 있다. 분명히 무생물인 구조물은 매우 느린(즉 겉보기에 저지된) 흐름 상태에 있을 수 있지만 식물, 동물, 인간 등 생물체가 자연 시스템의 일부인 것처럼 구조물도 그러하다. 마찬가지로 인간 시스템 내부에 있는 기반 시설도—우리의 몸, 뇌, 마음이라는 경이로운 존재도—DNA와 단백질을 통해 에너지, 물질, 정보의 자연적 변화와 흐름을 겪는 진화하는 시스템인 것 같다. 사실 통합도시는 인간 시스템을 (지구의 에너지 시스템과 분리되지 않고 그에 내재된 부분인) 에너지 변화와 흐름의 맥락에서 보았다. 에너지 노드 같은 역량을 지닌 도시를 존중한다면 우리는 도시가 모든 인간 능력의 진화에서 얼마나 중요한 역할을 하는지 알게 될 것이다. 통합도시는 도시가 공명, 통일성, 창발성이라는 특성을 지닌 역동적인 에너지장을 형성한다고 주장했다. 우리는 집단 지성에 의해 형성된 매우 현실적인 에너지장을 깨우고 있으며, 선천적 지능을 네트워크를 통해 의도적으로 퍼뜨릴 수 있음을 알게 되었다. 로봇을 만들고자 복잡한 인간 뇌를 파헤칠 때조차 우리는 정신적 영적 실천을 하는 커뮤니티 집단에서 얼마나 더 많이 얻을 수 있는지 배우고 있다. 공상과학 소설처럼 들리지만, 사실 통합도시는 이것이 호모 사피엔스 사피엔스의 자연적 진화일 뿐이라고 가르친다. 통합도시는 커뮤니티가 사람 집단이 전체성으로 가는 여정이며, 도시 커뮤니티의 특성이 도시 삶의 특성에 기여한다고 본다. 인간 시스템의 프랙털 속성 덕분에 우리는 커뮤니티가 인간 시스템을 위해 자연적이고 강력한 지렛대 역할을 함을 알 수 있다. 도시는 세계화되고 밖으로 뻗어나가기 위해 많은 에너지를 쏟을 때조차 지리적 커뮤니티, 특별한 이익 커뮤니티, 생기 넘치고 건강한 실천 커뮤니티를 만들고 안으로 향하는 데 그만큼 많은 에너지를 쏟아야 할 것이 분명하다. 이러한 종류의 커뮤니티에 속하는 일은 인간 조건의 기본이다. 통합도시는 효과적인 도시 리더십에 역동적인 인간 발달에 대한 이해가 필요하며, 건강한 일터, 교육, 건강관리 시스템이 통합되어야 함을 전제했다. 유능한 도시 리더는 자신, 다른 사람, 조직, 커뮤니티의 리더십에 관심을 갖고 적절한 수준으로 투자한다. 유능한 리더는 현재 발달 단계보다 반 단계 앞서서 이끌고, 약간 버겁지만 이룰 수 있는 전망을 제시한다. 통합도시는 인간 시스템이 감싸진 홀라키이고 부모와 가족을 위한 통합 역할을 포함한다고 보았다. 유능한 도시 리더는 문제를 해결할 네트워크를 형성하고, 환경을 만들며 사람들을 격려하는 일에서 가족과 부모의 역할을 초월하고 내포한다. 어떤 프랙털 수준이든 도시 리더가 통합적인 생물―심리―문화―사회적 성장에 동시에 투자할 수 있게 부모와 가족을 지원하지 않고는 커뮤니티의 성장을 달성할 수 없음을 알고 있다.

호기심을 공유하는 사람들과 그러한 생각을 나누고자 한다.

아마도 꿀벌은 자연계가 우리에게 가르쳐야 하는 것을 가장 잘 보여주는 전형적인 예일 것이다. 삶은 주기적이며 우리에게 적응하고 진화할 것을 요구한다. 벌집의 자연적인 리듬은 영원히 지속되는 정상 상태가 아니라 삶의 조건에 적응하는 반응에서 안정성이 나옴을 보여준다. 꿀벌 중 일부가 다양성 제공자이고 다른 꿀벌은 쓸 수 있는 자원의 사용을 최적화하기 때문에 벌집이 생존하는 것과 마찬가지로 도시도 그러한 적응성의 교훈을 차용하여 과도한 개발을 제한하고 재조직화하고 새로운 해법을 찾을 수 있다.

탄소 기반 에너지의 부족 현상이 심화되고 기후 변화가 그러한 자원에 대해 압력을 늘리기 시작함에 따라 도시는 환경친화적 건물로 에너지 소비를 줄이고 바람, 태양광, 파도 같은 에너지원의 개발로 대안을 찾는 등 꿀벌의 교훈을 실행에 옮기고 있다.

세계 중심의 지도자에게서 얻는 교훈은 놀랍고도 역설적이다. 배의 선장이 도시를 관리하고 이끄는 데 기여할 수 있는 훈련을 받았음을 누가 알았을까? "점검하지 않고는 알 수 없다"는 선장의 말은 수행 평가를 해보지 않으면 결과를 예측할 수 없다는 뜻이었다. 그래서 그는 모든 선원들이 두루 조정을 책임져야 한다고 주장한다. 동시에 그는 뜻밖의 일을 예측한다. 그가 선원들에게서 가장 기대하는 능력은 뜻밖의 일에 대응할 수 있는 것이다. 그는 비선형성의 현실을 강조했다. 또한 변화 주기를 이용했는데, 폭풍이나 예측 불가능한 일에 대비하여 고요하고 안정적인 기간 동안 자원을 준비했다.

땅에서 배운 통합도시의 교훈을 바다나 대기권 밖의 지형에 적용하여 확장하고 탐구할 가능성은 거의 시도되지 않았다. 항해사(심지어 우주비행사) 훈련 과정을 도시 관리자 교육과 함께 묶는다면 어떨까? 도시의 CAO, COO, CFO가 선장, 최고 기술자, 유람선 호텔 관리자(심지어 군대나 우주선에서 비슷한 일을 하는 사람)와 자리를 함께한다면 어떨까? 훨씬 덜 관대한 조건의 바다나 우주에서 개발한 해법을 이해함으로써 도시 딜레마의 해법에 관해 무엇을 배울 수 있을까?

## 어떻게

또 다른 세계 중심적 리더인 NASA 의학팀의 구성원과 이야기를 나누는 과정에서 통합도시의 가치에 대한 상상을 지구 행성의 범위 너머로 펼칠 기회가 생겼다. 그가 우주 공간에서 배운 교훈을 듣고 나는 새로운 현실을 창조할 가장 위대한 기회는 과거가 아니라 미래에서 온다고 다시 생각했다. 우리의 역사는 우리가 과거에 어떤 길을 걸어왔으며 어떻게 생존하고 적응하고 회복하여 또 다른 날을 살 수 있었는지 이야기한다. 하지만 상상을 통해서만 사면초가 지구의 독성 가득한 도시로부터 말 그대로 고도를 높일 수 있다. 우선 1만 미터를 올라가면 어떤 도시든 전체성을 볼 수 있다. 구글 어스도 도시의 패턴과 구조물을 여러 규모로 가까이 또 멀리서 볼 수 있는 도구를 제공한다. 하지만 지구를 온전체로 보는 것은 달이나 태양 정도만큼 떨어진 거리에서나(심지어 은하계의 시공간에서 아주 작게 보일 때나) 가능하다. 이러한 관점에서 볼 때 바늘 끝처럼 보이는 푸른 행성에 존재하는 지능에 진정으로 놀라게 될 것이다. 아주 작은 개인뿐 아니라 우리가 진화시킨 도시도 지능의 결정적인 교점임을—말 그대로 우주에서 지능이 합쳐지는 지점을 보여주는 밝은 점임을—더 잘 볼 수 있다.

그렇지만 우리는 시선을 우주로 돌리고 지능을 이용하여 그곳에 있는 자원을 찾고 분석할 때에 비로소 우리 미래의 잠재력을 알아차린다. 필요한 모든 에너지와 물질 자원은 태양계와 은하계에 풍부할 것이다. 그러한 자원에 어떻게 접근하고 우주적 지능과 진화를 위해 어떻게 활용할 것인지 파악해야 한다. 아마도 해답은 땅, 바다, 하늘의 지능을 결합하여 도시의 잠재력을 최적화하고 우주 거주지의 첫 번째 원형을 개발할 때에야 나올 것이다. 그러한 원형이 지구에도 있을까?

도시는 미래의 우주 거주지가 어떻게 작동할지 보여주는 가장 좋은 예다. 하지만 우주에서 떠다니거나 다른 행성에서 자리를 잡은 도시는 도시의 모든 목소리(시정 담당자, 개발자, 시민 사회, 시민)의 지혜, 배의 선장과 선원의 기술 노하우, 우주선 개발자의 투자와 상상이 필요할 것이다. 우리는 메디치가가 르네상스 운동(과 예술가 수백 명)을 지원하고 로스차일드가가 초기 산업혁명에 자금을 대고 록펠러가가 미국 서부 시대의 개막을 지원했던 시대를 되돌아보면서 이러한 투자와 개발 선구자들의 기상과 특성을 상상만 한다. 오늘날에도 어딘가에 선구자가 있어서 인류를 지구에서 우주 공간이라 부르는 곳으로 데려갈 우주 거주지를 건설하려 할지도 모른다. 어느 날 그 우주 공간에 갈 수 있게 되고 그곳에 사람이 거주하게 되어, 한때 지브롤터 해협이 경계였던 '세계의 끝'을 넘어 이 세계의 일부로서 그곳이 발달할지도 모른다. 미래에 우리는 과거를 돌아보면서 최초의 민간 우주선으로 휴가 여행을 떠날 것을 제안한 민간 투자가와, 운석을 파내고 필요한 수소, 산소, 물을 생산하는 기술을 개발한 사람들을 이야기할지 모른다.

하지만 어떤 미래로 가든 우리는 진화 과정을 거쳤을 생물-심리-문화-사회적 실체들과 함께 그 기능이 인간 거주지를 닮았을 우주선 공간에 있을 것이다. 따라서 도시의 지능을 탐구하는 일은 우리 자신의 효과성과 효율성 그리고 오늘날의 안락함에 대한 투자에 그치지 않는다. 이는 개발도상국 도시의 사회적 병증을 다루는 투자만은 아니다. 도시의 지능을 탐구하는 일은 이 지구에서 인간이라는 종이 충분히 오래 생존하여 인간의 삶이 우주 도시나 우주 식민지에서도 가능할 조건을 창조하는 데 필요한 연구 프로젝트다. 통합도시에 내재된 지능을 끌어 모으고 결정화할 수 있다면 이는 자연 유물로 우리에게 귀속될 것이다.

이 일의 전망을 보증할 수는 없다. 사실 우리는 여러 가지 위협에 직면하고 있다. 우리는 꿀벌의 과거, 현재, 미래 전망과 파워 8의 리더들을 살펴보고 얼마나 빨리 움직여야 할지 알아야 한다.

꿀벌과 벌집의 자연사는 종의 집단적 생존을 돕는 매우 정교한 시스템의 개발이 가능함을 보여준다. 세계의 모든 나라에서 일어나는 꿀벌의 진화는 그들의 회복력과 끊임없이 배우고 지역 조건에 적응하는 능력을 알려준다. 그러나 현재 미국에서 꿀벌이 처한 위험은 예상치 못한 일이 겉보기에 가장 안정적인 시스템의 기반까지 약화시킬 수 있다고, 인간 시스템에 분명한 교훈을 준다. 이 책을 쓰는 시기에 미국에서 양봉하는 꿀벌 떼가 한 해 동안 90퍼센트 가까이 전멸했다(Bjerga, 2007; Mittelstadt, 2007; Time Magazine, 2007). 750억 달러에 달하는 농업 생산을 위협하는 현상은 꿀벌이 벌집을 떠나 돌아오지 못하며 벌집 밖에서 죽는다는 점이다. 원인은 아직 밝혀지지 않았다. 가설로는 바이러스나 진드기 감염, 변화에 대한 씨꿀벌의 유전적 저항, 기후 변화, 환경 독성 등이 있다. 원인이 무엇이든 현재의 위협은 인류 농업의 미래에 심각한 문제를 일으키는데, 더 근본적인 문제는 꿀벌 종 전체의 미래를 곤경에 빠뜨린다는 점이다. 꿀벌 가족 일부의 멸종은 분명히 우려스러운 가능성이다. 이러한 일이 벌집이 아니라 도시에서 일어난다면, 우리는 전 지구적 전염병, 자원 오염, 선택적으로 진화한 일부 유전자의 소멸 등에 직면할지도 모른다.

바다의 선장은 과거에 호모 사피엔스 사피엔스의 리더들이 지구를 샅샅이 탐험하고자 공해로 나갔다는 점을 상기시킨다. 선장과 공해로 나간 항해사의 유사성은 대부분 문화에서 인간 종의 생존에 노아의 방주 이야기가 숙명적으로 담겨 있음을 떠올리게 한다. 미지의 바다에 떠 있는 생존의 지혜라는 이야기가 지구 행성의 역사 속에 있다. 따라서 우리가 지구와 기후가 변하고 있다는 '불편한 진실'을 무시한다면 위험을 무릅쓰는 것이다. 그 변화의 원인에 대해 아직 논쟁 중이지만, 해수면이 올라가고 빙하가 녹아내리는 변화 앞에서 생존은 논의될 수밖에 없다. 지구의 지형보다, 날마다 밀물과 썰물이 일어나고 파동 운동이 끊이지 않는 바다는 우주 공간의 더 큰 리듬을 반영한다. 규칙성에도 불구하고 바다는 비선형의 교훈도 매우 심각하게 가르친다. 바다는 예측 가능한 특성도 있지만 무시무시한 파도와 해류와 기후 흐름의 원천이다. 그리고 바다는 지구의 어떤 지형보다 바이오매스를 많이 품고 있다.

NASA의 리더들이 우주 공간 개척에 매료된 것은 여러 면에서 역사 속 리더들이 바다에 매료된 것과 유사하다. 해안을 따라 많은 도시가 건설되었다. 하지만 달과 우리 사이의 공간에 도전한 것처럼 심해 깊은 곳에도 늘 에너지를 효과적으로 불어넣어야 한다. 그런데도 바다는 활력 징후 모니터와 관련하여 리더의 기술을—상호연결성, 단기·중기·장기 생명 주기, 비선형성, 예측불가능성을—아주 잘 훈련시켰다. 세계의 중심된 리더에게 바다는 지구 웰빙의 자이로스코프와 같다. 바다는 지구 크기의 도구이고, 바다의 건강과 안녕의 척도는 모든 규모에서 인간의 건강과 안녕을 반영하는 거시적 수단을 제공한다.

리더들은 우주 거주지의 이점을 숙고하여 도시를 위한 어떤 교훈을 얻을 수 있을까? 우리는 러시아가 최초로 이룬 무인 달 탐사부터 미국의 유인 달 착륙까지 인간의 짧은 우주 탐험 역사에서 국제적인 우주정거장의 가능성을 엿볼 뿐이다. 아라비아 사막의 계획도시처럼 가능성의 청사진을 상상하고 있다. 하지만 말을 넘어 필요한 투자가 이루어지고 정치적 의지가 발휘되어야 한다. 문제의 진상은 우주 거주지 창조이기 때문에, 꿀벌이 떼 지어 이동하고 다시 정착하고 야생에서 새 벌집을 통째 짓기 위해 (야생에서 배웠든 인공 벌집에서 배웠든) 모든 지능을 적용하는 것처럼, 우리도 지구에서 개발한 지능을

> ## 통합도시 원칙을 적용하기 위한 단순한 규칙의 요약
>
> 통합도시를 창조하기 위해 적용해야 할 (각 장의 끝에 제시된) 단순한 규칙들을 다시 살펴보다가 내가 이야기한 우화에서 교훈을 발견했다. 인간 거주지의 규칙이 모여서 사람들이 발견한 거대 규칙이 될 수 있음에 놀랐다. 안젤레스 애리엔(Angeles Arrien)은 부족 사회를 세우기 위한 규칙 네 가지를 다음과 같이 제안했다.
>
> **드러내라. 현재에 머물라. 진실을 말하라. 결과는 놓아버려라.**
>
> 이러한 자기 조직화 규칙을 단순한 계층 구조 질서와 연결한다면(뉴질랜드와 뉴욕의 고등학교 교장이 해낸 것을 보았고, 기쁘고도 놀랍게도 최근에 만난 선구적인 도시 계획가들에게서도 반복적으로 들었다), 우리는 이 지구에서 인간 거주지의 웰빙에 필요한 거시 지혜의 정수를 얻을 수 있다.
> 자신을 돌보라. 서로 돌보라. 이곳을 돌보라.
> 요약하기 위해 앞 장들에서 나온 11세트의 '간단한 규칙 세 가지'를 다시 볼 것을 제시하며, 이 장에 해당되는 12번째 세트를 덧붙인다.
>
> **12장 진화지능**
> 1. 예상 밖의 일을 예상한다.
> 2. 규칙에 주의를 기울인다.
> 3. 수준 8과 그 이상의 통합 능력을 초월하고 내포함으로써 창발과 회복을 가능하게 한다.

활용하여 우주 거주지를 건설할 자원을 우주에서 얻어야 한다. (지구에서 우주 거주지로 필요 자원을 공급할 만큼 에너지와 자원이 충분하지 않다.) 따라서 스스로 유지되는 우주 거주지가 출현할 수 있기 전에 식량 생산과 주거지 건설부터, 내적 인간 발달 시스템, 운석 채굴까지 수 년 동안 통합도시 능력을 쌓아야 한다. 그렇게 하려면 인간 시스템이 지금까지 진화시킨 수준을 넘는 협력 능

력, 커뮤니티 능력, 개척 능력을 키워야 한다.

계통수 가지를 넘나들며, 무척추동물인 꿀벌은 척추동물인 우리 인간에게 야생의 도시냐 길들여진 도시냐 하는 선택이 항상 주어질 것임을 상기시킨다. 방랑 충동을 길들였다고 생각하는 순간, 다양성 제공자나 예상치 못한 환경 조건으로 인해 호모 사피엔스 사피엔스는 새로운 방향으로 떼 지어 움직이고 우리 종의 욕구와 선호도를 더욱 복잡한 진화지능으로 확장할 것이다.

그러한 개척지대의 최첨단은 어디인가? 그곳은 우리가 오늘날 고향이라고 부르는 도시에 사는 사람의 마음, 정신, 뇌, 몸에 있다. 우리의 거주지가 야생이든 계획된 곳이든 간에, 우리가 사는 곳에서 지능적으로 지속 가능성을 뒷받침하는 프랙털 규칙을 배움으로써 우리는 지능과 지능적 기술을 미래와 우주 공간으로 뻗칠 능력을 창조할 것이다.


## 결론

지금도 우리는 통합도시에서 형태장과 연결되는 신경 네트워크와 고속도로망을 형성하고 있다. (가슴도 마음도 넓고 식욕도 왕성한) 놀라운 미래에 대한 유일한 제약은 우리가 우주와 함께 지금까지 공진화시켜온 지능을 몸에 장착하지 못한다는 것이다. 우리는 벌집의 탈출구에서 자세를 취하는 꿀벌처럼 통합도시의 기로에 서 있다. 인간 거주지의 통합 능력을 갖추고 잠재력을 온전히 발휘하라는 부름을 받았다. 이제 우리를 기다리는 무제한의 미래를 느끼고, 끝없이 진화하고 더욱 깊어지는 지능을 향해 결코 끝나지 않을 과제를 계속 수행할 수 있게, 우리의 진화된 지능을 통합적으로 초월할 때다. 벌집이 전형적인 예를 보여주는 자연계의 지혜와 공해의 비선형 에너지와 통합도시의 사람에게서 구체화되는 우주를 향한 상상력의 진화를 공유할 때다.

오늘 인간 거주지 지능의 네트워크를 형성하는 일은 내일 은하계 공간을 지배할 통합 DNA를 창조하는 것이다. 함께 창조하는 행동, 사고, 관계, 과제는 모두 통합도시의 능력을 돌보고 창발시키며 심화시킬 것이다.

## 질문

1. 도시 관리자 교육을 해군 훈련과 우주 훈련과 연계할 수 있을까?

2. 개인, 커뮤니티, 도시, 지구 등 모든 홀론에 도움이 되는 도시 전망을 어떻게 개발할 수 있을까?

3. 우주 거주지라는 실체에 대한 상상이 통합도시의 지혜로운 진화에 어떻게 기여할까?

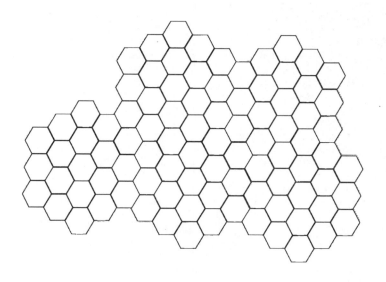

주
一

**서문**

1. Andranonovich & Riposa, 1993; Braudel, 1987; Trager, 1979.
2. Diamond, 2005; Wright, 2004.
3. Graves, 2003; Miller, 1978.
4. United Nations Human Settlements, 2005; Wackernagel & Rees, 1996.
5. Johnson, 2004.
6. Laszlo, 2004, p. 72.
7. Hamilton, 1999.
8. Berry, 1977.
9. Meller, 1990.
10. Jacobs, 1970, 1992, 1994, 2001, 2004.

**1장**

1. United Nations Human Settlements, 2005.
2. Fernández-Armesto, 2001.
3. McKibben, 2007.
4. Rees & Wackernagel, 1994.
5. Diamond, 2005.
6. Pakistan, 2005.
7. United Nations Human Settlements, 2005.
8. Gould & Gould, 1988.
9. Rees & Wackernagel, 1994, p. 67.
10. Rees & Wackernagel, 1994, p. 5.
11. Rees & Wackernagel, 1994.
12. Monbiot & Prescott, 2007.
13. Monbiot & Prescott, 2007.
14. Durning, 2004.
15. Lipton, 2005; Sahtouris, 1999; Sheldrake, 2003.
16. Lorenz, 1995.
17. Hochachka, 2005, p. 1.
18. Homer-Dixon, 2006.
19. Monbiot & Prescott, 2007.
20. Adger 외, 2007.
21. Homer-Dixon, 2006.
22. Weisman, 1998.

**2장**

1. Manuel De Landa, 2006.
2. Capra, 1996.
3. Alexander, 2002, p. 110.
4. Alexander, 2002, p. 239.
5. Lopez & Pearson, 1990.
6. Eoyang, 1997, p. 110.
7. Stevenson & Hamilton, 2001.
8. Alexander, 2002.
9. McQuade, 2005.

10. Holling, 2001, p. 394.
11. Eoyang, 2007.
12. Eoyang, 2007.
13. Eoyang, 2007.
14. Holling, 2001, p. 396.
15. Laszlo, 2004, p. 71.
16. Sheldrake, 1988, 1999, 2003.

**3장**

1. Miller, 1978.
2. Barnett, 2005; Diamond, 2005.
3. Wight, 2002.
4. Miller, 1978.
5. Wilber, 1995, 1996a, 2000b, 2007.
6. Dale, 2001.
7. World Health Organization, 2004.
8. Wilber, 1995, 1996a, 1996b, 2000a, 2000b, 2001, 2007.
9. Laszlo, 2004; Wilber, 2001.
10. Alexander, 2004.
11. Koestler.
12. Wilber, 1996c.
13. Sahtouris, 1999.
14. Gunderson & Holling, 2002.
15. Wilber, 1996c.
16. Holling, 2001.
17. Alexander, 2004, p. 110.

**4장**

1. Jacobs, 1992.
2. Capra, 1996.
3. Sahtouris, 1999.
4. United Nations Human Settlements, 2005, p. 23.
5. Ehrlich & Ehrlich, 1997.
6. United Nations Human Settlements, 2005, pp. 77~99.
7. Rees & Wackernagel, 1994.
8. Grunwald, 2007.
9. Sandercock & Lyssiotis, 2004.
10. Beck, 2007; United Nations Human Settlements, 2005, p. 85.
11. Kauffman, 1993.
12. Hamilton, 2007a.
13. Capra, 1996; Holling, 2001; Stevenson & Hamilton, 2001.
14. Adizes, 1999.
15. Jacobs, 2001, pp. 85~118.
16. Dutrisac, Fowke, Koplowitz & Shepard, nd;

Shepard, 2007b.
17. Tuckman, 1965; Tuckman & Jensen, 1977.
18. Beck & Cowan, 1994, 1997.
19. Beck & Cowan, 1996, pp. 4~13.
20. Cummins, 1996a, 1996b; Cummins 외, 2004; Hamilton, 2007b; Wills, Hamilton & Islam, 2007a, 2007b.
21. Cummins, 1996a, 1996b, 2004.
22. Hamilton, 2005.

### 5장

1. Gardner, 1999; Goleman, 1997; McIntosh, 2007.
2. Laszlo, 2004, 2006a, 2006b.
3. Cummins, 1996a, 1996b; Cummins 외, 2004; Hamilton, 2007b; Wills 외, 2007a, 2007b.
4. Wilber, 2000b, 2006, 2007.
5. Dawson-Tunik, 2005; Dawson, 2007; Gardner, 1999; Graves, 1971, 1974, 1981, 2003.
6. Gardenr, 1999; McIntosh, 2007.
7. Combs, 2002.
8. Gould & Gould, 1988.
9. United Nations Human Settlements, 2005.
10. Lipton, 2005.
11. Beck, 2002, 2004, 2007.
12. Barnett, 2004, p. 198.
13. Dale, 2001; Dale, Hamilton 외, 2007; Dale & Onyx, 2005; Dale, Waldron & Newman, 2007.
14. Hamilton & Dale, 2007.

### 6장

1. Rees & Wackernagel, 1994.
2. Gould & Gould, 1988, p. 21.
3. De Landa, 1997, p. 153.
4. McGregor, 2007.
5. Capra, 1996.
6. Dychtwald & Flower, 1989.
7. Gregory, 1987, pp. 245~247.
8. Howard, 1994, p. 137.
9. Howard, 1994.
10. Porker & Ullmann, 1988.
11. Rees & Wackernagel, 1994.
12. Pinker, 2003, p. 435.
13. Capra, 1996; Prigogine, 1997; Prigogine & Stengers, 1984.
14. T. W. H. Brown, 1989.
15. Leonard & Murphy, 1995.
16. Rosas & Rosas, 2005.

17. Morelli 외, 2006.
18. Murphy, 1992, p. 562.
19. Maturana & Varela, 1992.
20. Murphy, 1992, p. 562.
21. Murphy, 1992, p. 562.
22. Abravanel & Abravanel, 1983.
23. D'Adamo & Whitney, 2000.
24. Skyes, 2002; Wells, 2002.
25. Baron-Cohen, 2003; Moir & Jessel, 1991.
26. Braveman, 2006; Pinker, 2003.
27. Lipton, 2005.
28. Hamer, 2004; Lipton, 2005; Ridley, 2003.
29. Sheldrake, 2003.
30. Pointe, 2008.
31. Sheldrake, 1988, 2003.
32. Hagelin, 2007.
33. Hamilton, 2007a.

### 7장

1. De Landa, 1997, p. 152; 2006.
2. Rees & Wackernagel, 1994.
3. Gore, 2007; Monbiot & Prescott, 2007.
4. Wakernagel & Rees, 1996, p. 15.
5. Monbiot & Prescott, 2007, p. 15.
6. Gould & Gould, 1988.
7. Ascher, 2005.
8. Ascher, 2005.
9. McKibben, 2007; Monbiot & Prescott, 2007; Smith & MacKinnon, 2007.
10. Dutrisac, Fowke, Koplowitz & Shepard, nd; Shepard, 2007b.
11. Beck & Cowan, 1996.
12. Benyus, 1997.
13. Dychtwald & Flower, 1989; Foote, 1999.
14. Dale, Hamilton 외, 2007; Dale, Waldron 외, 2007; Hamilton, 2007b; Wills 외, 2007a, 2007b.
15. Monbiot & Prescott, 2007.
16. Dutrisac 외 nd; Shepard, 2007.
17. Homer-Dixon, 2006, p. 48.
18. Homer-Dixon, 2006, p. 53.
19. Tal, 2007.
20. McIntosh, 2007, p. 317.

### 8장

1. Durrance, 1997.
2. Kat Runnalls, 2007.
3. Stevenson & Hamilton, 2001.
4. Peck, 1993.

5. Gozdz, 1995.
6. Peck, 1987.
7. Senge, 1995.
8. Stringer, 1996.
9. Jaworski, 1996.
10. Habermas, 1984, pp. 177~178.
11. Jaworski, 1996.
12. Wenger, 1999, p. 73.
13. Sandercock, 2000.
14. Dale, 2001.

9장

1. Fainstein & Campbell, 2003; Gottdiener & Hutchison, 2006.
2. Dale, 2001; Dale & Onyx, 2005.
3. Dale, 2001; Dale & Onyx, 2005; Dale, Waldron 외, 2007.
4. Eoyang, 1997; Eoyang & Olson, 2001.
5. Beck & Cowan, 1996; Beck & Linscott, 2006.

10장

1. Beck, 2004, 2007b, 2008.

11장

1. Fuller, 1970.
2. Hamilton, 2006b.
3. Brundtland, 1987.
4. Cook, 2005; Naess & Rothenberg, 1989.
5. Global Reporting Initiative, 2006.
6. Loop initiatives, 2007.
7. Eddy, 2006; Hamilton, 2006b.
8. 예를 들어 Gore, 2007; Monbiot & Prescott, 2007.
9. Diamond, 2005, p. 11.
10. Eddy, 2006, p. 158.
11. Eddy, 2006, p. 158.
12. Brown, 2005a, 2005b, 2005c.
13. Eddy, 2003b, 2005, 2006.
14. Fourman, 2006
15. Hamilton, 2006b.
16. Reams, 2002; V. Smith, 2002; Tupper, 2003.
17. Reynolds, 2003.
18. Bates, 2006; Belanger, 2004; Deguire, 2005; Fisher, 2003; Hamilton, 1999.
19. Davison, 2006; Runnalls, 2007.
20. Hamilton, 1999; Nichol, 2006.
21. Eddy, 2003; Wight 2002, 2003.

22. Esbörn-Hargens, 2005.
23. Beck 외, 2002.
24. Hamilton, 2006a.
25. Geiken, Brown & Fourman, 2005.